教育的姿态

JIAOYU DE ZITAI

于漪 著
兰保民 编

山西出版传媒集团
山西教育出版社

图书在版编目（CIP）数据

教育的姿态 / 于漪著. — 太原 : 山西教育出版社，2014.8（2024.8重印）
（于漪基础教育论稿）
ISBN 978-7-5440-7008-9

Ⅰ. ①教… Ⅱ. ①于… Ⅲ. ①教育-研究 Ⅳ. ①G4

中国版本图书馆CIP数据核字（2014）第137333号

教育的姿态
JIAOYU DE ZITAI
于漪 / 著

责任编辑 刘继安
复　　审 李梦燕
终　　审 彭琼梅
装帧设计 薛　菲
印装监制 蔡　洁
出版发行 山西出版传媒集团·山西教育出版社
（地址：太原市水西门街馒头巷7号　电话：0351-4729801　邮编：030002）
印　　装 山西人民印刷有限责任公司
开　　本 787×1092　1/32
印　　张 13
字　　数 262千字
版　　次 2014年8月第1版　2024年8月山西第11次印刷
印　　数 39 001—42 000册
书　　号 ISBN　978-7-5440-7008-9
定　　价 42.00元

于漪　上海市杨浦高级中学名誉校长。长期从事语文教学，把知识传授、能力培养、智力开发、情操陶冶融为一体，形成独特的教学风格。专注基础教育研究，倾力培养青年教师。被评为首批特级教师，首批全国教书育人楷模，全国劳动模范，享受国务院政府特殊津贴。著作有《于漪文集》（6卷）、《于漪新世纪教育论丛》（6卷）、《于漪教育视点丛书》（4卷）、《岁月如歌》。主编有《教育魅力——青年教师成长钥匙》等。

前　言

在从教60周年之际，中学语文教育的志同道合者盛情邀我出一套关于教育视点的书，其中包括我写的以及研究我教育教学思想的中青年语文教师的著述。出版事宜均联系好，我突患肺炎住进医院，已无力整理近些年来所写文章，只能把原先授课但未公开发表的课堂实录集成一册，名为《涌动生命的课堂》，作为教育视点丛书的一本。对此，我心中常怀歉意，因为丛书中缺少了反映我教育视点的若干论述。时隔一两年，出版社领导还托人给我捎话，希望我能出一本个人关于教育教学的论述。今日集成的教育论稿也算是偿还歉愧的实际行动，放下背负的惴惴不安的心情。

我虽已进入耄耋之年，但仍怀有一颗青春年少之时易于激动的心。看到祖国建设事业蓬勃发展，教育、科技等某些方面取得重大成就，我会情不自禁地热血沸腾，作为中华民族一员的自豪感充盈胸际；读到许多平凡的教师坚守教育第一线，创造不平凡育人事迹的报道，我总感动不已。他们是教师队伍中的佼佼者，他们那种对学生的挚爱深情，那种千方百计克服困难向学生心中播撒知识种子的艰苦卓绝的精神，令我十分敬佩。人的高大与卑微，大概不以身高计，不以学历计，不以名声计，也不以职务高低或荣誉多少来考量，而是看脊梁骨是否挺得直，精神上是否晶莹透亮，是否有仁爱之心，是否有舍我其谁的勇气与毅力。生活中绝大部分人都是普通的人，平凡的人，叱咤风云的高大人物毕竟是极少数。在普通的人群中，有相当数量的人虽默默无闻，但守正，诚信，敬业，任劳任怨，无非分之想，也无熏心的利欲。在各行各业中，他们从事的是扎扎实实的地基工作，添砖加瓦的工作，推动着祖国建设事业向前发展。基础教育领域这种状况更是普遍存在，他们是教育大厦的建设者，默默地耕耘着，奉献着精力与智慧。我们可以发现，几乎每一位教师身上都有不少教育故事，生动、鲜活、动人，有些真是既扣人心弦，又给人以深深的启迪。

然而，无可讳言，教育领域也会有乱象，令人揪心，有些做法看似新颖，却剥夺了孩子自由成长的权利，乃至扼杀孩子的好奇心、求知欲望、美好梦想、创造意识和勇敢精神，令人不得不产生椎心的忧思与疼痛。社会转型时期，国内、国际教育方面的种种诉求、冲击、机遇与挑战，应是意料之中的事。从事教育的人当然不可能料事如神，但还是可以做到有点思想准备，有所为，有所不为，牢牢守住教育的底线，坚守培育儿童、青少年成长与成人的神圣使命，坚守教育者不媚俗、不向权钱卑躬屈膝的尊严。

干教育是良心活儿，一个成人的所作所为影响着未成年人人生的走向和对生命价值的认知，决策者略有偏颇，就可能影响到几代人。“文化大革命”时期对文化教育的摧残，至今在人的素质、社会价值与是非判断追求方面仍有印记。人是不能将良心交给魔鬼的，钱、权、色这些魔鬼大肆作祟，金钱至上的崇拜、个人私利膨胀的欲火、急功近利的钻营，以各种脸谱、各种花招淋漓尽致地表演，最受伤害的是儿童、青少年。在人生起步之始，就得做大官、做大款的扭曲价值追求植入少年儿童的生命之中，加之以无穷无尽的思想负担、学业负担、生存竞争负担，让他们被学习、被努力、被懂事、被优秀，使他们的生命背负上了不能承受之重。心灵的纯真晶莹、求知的快乐有趣、家庭的热爱亲情、伙伴的仗义关切、生命能量的聚焦与释放，就在成龙成凤的追求目标和育分不育人、求学不读书的氛围中，有意无意地被消解，着实令人痛心。

人生是无法打草稿的。稿子可以涂改，实在不行，可以撕掉重来。人生没有第二次，人为形成的缺憾，有时一辈子都弥补不上。因此，教育者，包括家长，对孩子的生命都应怀有敬畏之心，以高度负责的精神珍惜他们的生命，遵循他们成长的规律，并施以良好的教育，促使他们健康成长，活出人生的精彩。学生没有欢乐的童年，会造成一辈子的遗憾；青少年时代没有心灵的放飞，没有思想的驰骋，不能纵情编织家国情怀的美好的学生梦想，不仅影响今后生活的道路，还会影响人生的高度和厚度。我们不知说了多少遍要以学生为本，以学生发展为本，但要把这个理念变成行动的指南，落实到学校教育、家庭教育、社会教育中去，还有许许多多沟沟坎坎、许许多多明的暗的障碍。直面教育现场，作为一名老教师，我不断讲述、呼喊，竭诚地期望大家能振奋精神，群策群力，破除污染教育的雾霾，让学生在蓝天白云、阳光普照下快乐成长，茁壮成长。

身卑无甚高论，奉献的是教师一颗赤诚的心，求教于教育同行。

目　　录

椎心的忧思　竭诚的期望

让生命之花绽放

寻找教师之根

一辈子学做教师

人，活在价值体系中

记忆与情缘

椎心的忧思　竭诚的期望

1. 与时俱进，构建学校价值取向[1]

我是一名普通的退休教师，主要是来学习的，感谢杨浦区教育局的领导给了我这次学习的机会。我听了各位校长的发言，看了辽阳和昆明中小学的书面发言，感慨颇多，同志们面对的现状要比我过去碰到的难得多。校长们所讲的具有闪光点的东西非常多，尽管都是重点学校，但是学校的具体情况不完全一样。

我觉得第一个非常突出的优点是：都是扎根于自己学校的土壤。这一点非常重要，因为小平同志讲我们建国的方略、指导思想就是实事求是，就是一切从实际出发。六位校长的发言和两位校长的书面发言，都是扎根于杨浦区本学校的土壤，这是最有发言权，也是最能感动人的；如果我们离开了自己脚踏的实地，讲

[1] 本文是在杨浦区校长论坛上的发言，发表于《新绿》2004 年第 3 期。

得再好，也只是空虚的。因为这些理念都扎根于本土，所以有生命力，它是鲜花，鲜花是有生命的。

第二，我有一个强烈的感觉，就是我们优良的文化传统和我们现代学校的实际生活，是紧密融合的。每位校长的发言都谈到了，你不认识过去，也就无法了解现在，更无法创建未来，每个学校虽各有特点，但是都有优良的传统。谢校长讲的境界很高，“无为而治”，就中国的哲学而言，这是最高境界，用到学校里来，寓于教化之中，那只有复旦附中，在我们杨高就可能不行，生源差了一截。无为而治，当然不是无政府主义，是有为有不为。各校有各校的优良传统，如控江中学确实是“玩在控江”，我有个学生的孩子在控江中学，三点半就放学了，作业不多，但考试时从来都名列前茅，不知道到底有什么经验。高考状元怎么考出来的，这里面必有丰富经验，而且是文化的传统一脉相承。各所学校有各所学校的文化积淀、优良传统。如谢校长所说，过去的校长确实没有什么荣誉，你只要当校长，或者当官，你就不能参加任何有荣誉的评定，没有的。现在的思路、看法不一样了。但是，我想光环不代表水平，如果头上的光环代表水平的话，那就做几个光环套上好了。过去是怎么走过来的，确实有一个历史的传统，我们这些校长都能够回顾过去，清醒地认识自己这所学校闪光的东西究竟是什么，怎样创造的，很是重要。交大附中徐校长讲道：“交大附中是名校，当时何以是名校？今天会不会名存实亡？”这个问题是震撼人心的。为什么会成为名校，今后如何继续，须认真思考。因此一定要和现代实际生活相融合，也就是一定要与时俱进。

与现代生活相融合，这是一篇大文章，很不容易做。我谈两点看法。第一，现在做校长比我当时难得多了，我从 20 世纪 80 年代到 90 年代初做校长，那时刚刚改革开放，社会刚刚转型，和今日的改革开放，市场经济基本形成，面貌是不一样的。现在办学校难在哪里呢？我觉得最难的一点，办学校要以德兴校，依法治校。在不同学校怎么来以德兴校，怎么来依法治校，要各显神通。这里涉及一个重要问题，就是学校的价值观，学校的价值取向。因为我们整个社会处在转型时期，从计划经济转到社会主义市场经济，这是极大的变革。这样一个转型时期对我们的每一所学校都提出了严峻的挑战，我们现在的社会价值观和过去是完全不同的，我们做学生和老师的时候，是重“义”轻“利”，强调的是无私奉献。现在社会的价值观变了，把利益放在一定的位置，这是我们的主流价值观，非主流价值观的干扰和影响就不谈了。社会的主流价值观是把利益放在一定的位置上，因此对学校来讲要重构学校的价值观。今天如果用 50 年代的那套来做校长，就行不通。因此今天须重构学校的价值取向，“义”和“利”如何摆位置，就需要认真思考。我们既要讲“义”，又要讲“利”，如果有钱就能办好学校，那就太容易了，有钱是买不来现代化的，有钱也不完全能够办好学校。因此，既要把“利”放在一定位置，比如用“利”激励一些教师，但是，全局如何把握，教职工队伍如何协调才能形成一个有实力的团队，“利”和“义”的价值取向等等问题，就显得就非常重要。如果“利”第一的话，那就会见利忘义、唯利是图，在西方国家的学校也不都是这样。今日办学校仍要有“义”，有制度的约束，有人格的提升和思想的教化。所以我觉得重构学校的价值取向，是我们面临现代社会挑战的很重要的问题，关系到教师队伍的建设、学生队伍的培养。为什么这样说？我有时听到下面这样的话很伤心，那就是学生追求的目标，只是追求成为“白领”。我们的教育方针是培养德、智、体、美全面发展的人，全面发展的程度越高，将来越能够担当起重任，所以培养目标绝对不是有丰厚待遇的“白领”。因此，学校价值取向在教师队伍建设、在学生的培养中，是一个必须严肃考虑的大问题。学校“义”和“利”的问题，究竟怎么把握，怎样协调，怎样带队伍才和谐，要考虑，要探索。我们的社会价值观也须不断地完善，我指的是主流的社会价值观。这是我想到的第一点。

第二，谈一点题外话，就是学校究竟干什么。我们的教育专家、老领导都在，当然要说很多话。很简单，什么是教育？教育就是培养人；什么是中国教育？就是培养有中国心的人。我们从事基础教育工作，可以说是含辛茹苦。教师无权无势，只靠四个字：以身作则，这是我们的法宝。最近，我看了一套翻译的教材，叫《美国语文》，看后感触很多。教材一打开，我以为是历史资料教科书，都是宣扬美国历史。众所周知，美国的历史很短，但教材从头到尾都在标榜美国历史、美国文化。这本教材在美国有权威性，是在培养地地道道的美国人，在培养有强烈的民族自信心、民族自豪感、傲视世界的美国人，这与我小时候了解的美国人不一样。以前美国人讲 HAPPY（快乐），追求享乐，现在不是。教材是要培养他们的创造能力、应变能力，要他们傲视世界。因此我就想到，美国民主党人爱德华兹在大选时曾大言不惭地说，要选出一个能领导世界的总统，就毫不奇怪了。我们的教育是干什么的？我们的教育经费比别人少多了。只有国家强了，才能在世界上有发言权。所以，我在想，我们含辛茹苦，要培养什么人？绝对不是那些只给外国人打工的人，而是要培养有中国志气、中国自尊的，能放眼世界，为世界和平作贡献的人，也就是真正能够屹立于世界民族之林的中国人。如果我们学校只注重技能、技巧，而忽视了大目标，就会失掉我们的未来。一个十三亿人口的大国，其人民如果没有民族自尊，没有把民族优秀传统融入我们的现代生活，在学生的心中播撒优秀传统，那我们的教育工作岂不是白辛苦了吗？中学是育人的沃土，千万不能“重术轻人”。教师专业化第一条是树根立魂。没有热爱祖国、执着追求的精神，哪会有过硬的业务？有了业务又为谁服务呢？我想我们中国是有希望的，希望在于我们有许多有志办好教育的校长和老师，因为我们生长在这块多情的土地上，这是我们的精神家园。

2. 别赚走学生的未来[1]

现在学生的学习任务都比较重，渴望得到释放的机会，所以就很容易沉迷于《超级女声》《加油，好男儿》等吸引眼球的娱乐节目。电视媒体能做到声音、图像一体化，比纸质媒体的渗透力要强大，对青少年的影响也就特别明显。去年湖南卫视主办的《超级女声》大赛，就对在校学生造成了很大的冲击。一些女学生，特别是初中女生，很容易痴迷于其中。

在开放的社会中，社会文化对青少年的影响远远超过学校教育。学校教育仅仅在校园，但是社会的影响却是无孔不入的。我们生活在这个社会中，就好像一张纸浸入水里，每个细微的空隙都会吸进水。所以，教育绝不仅仅是学校和教育机构的责任，而

[1] 本文发表于《当代学生》2006 年第 10 期。

是全社会的责任。作为大众媒体，因为其强大的影响力，不仅应该担负起弘扬先进社会文化的责任，更应该担负起用优秀作品教育和引导青少年学生的责任。

人们的文化需求是有层次的，同样，娱乐也是分层次的，好的娱乐形式和内容既可以丰富人的学识，也可以鼓励人积极向上。如今的“选秀”节目却更多地迎合了一些粗俗的文化需求。之所以会这样，最主要的原因是这些“选秀”比赛是极度商业化的，是为赚钱而举办的。正是因为有着巨额的广告收入、短信投票收入以及其他收益，各种形式的“选秀”节目才会不断涌现。也正是为了吸引眼球、增加发行量，各种报刊才会不断“跟进”，才会不断挖掘“超女何洁买豪华别墅”之类的新闻，为“选秀”比赛推波助澜。但是，“选秀”比赛的主办者、各种媒体、广大观众有没有想过：除了赚取金钱，这些比赛还赚走了一些青少年学生的时间和青春，赚走了他们的是非判断，让他们执着于“一夜成名”的幻想，放弃不断充实积累的努力。这样赚钱，心何以安?

3. 教书要为育人服务[1]

本文原发表于《上海教育》1986年（中学版）7、8期合刊。2007年《上海教育》创刊50周年之际，选编了部分在该刊发表过的、具有重大影响且至今仍有现实意义的文章，本文入选并配发如下“回顾理由”：

新观念的提出，会引起百家争鸣，会带来不同的理解，但在此基础上的统一认识和坚持贯彻非常重要。比如，教书育人这个观念，早在20世纪50年代末60年代初就提出来了，但由于种种原因，二十年过去了，重“书”轻“人”、见“书”不见“人”的情况可以说仍然比比皆是。面对如此现状，作者大声疾呼：“教书要为育人服务”，这就意味着要对学生进行全面培养。用今天的

[1] 本文选自《上海教育》2007年第3、4期。

眼光去看，这个观点同样适用，需要每一个教育工作者铭记在心，落实在教育教学工作当中。正如作者所说的，任何一个学科的教学，头等重要的任务就是育人。寓教育于教学之中，是每位任课教师应精心探讨、研究的课题。

教育思想在教育实践中起灵魂的作用。教育思想端正，实践时目标明、方向正，教育质量才能真正提高；反之，则会越走越偏，对学生成长极为不利。

近来人们常提到教书育人的问题，强调教书育人的重要，这是令人欣喜的。教书育人，记得20世纪50年代末60年代初就提出来了，遗憾的是由于种种原因，这个观念在教育园地并没有牢固树立，在学校工作中“育人”没有被放到应有的重要位置上。重“书”轻“人”、见“书”不见“人”的情况可以说仍然比比皆是。不少同志认为“教书”是具体任务，不钻研教材就进不了课堂，不传授教材中的有关知识，就没有对学生尽到责任，因此，在传授知识方面精力花得多。“育人”，这似乎是个大概念，抽象得很，也复杂得很，想不了那么多。再说，“教书”是教课的人要负责的，弄不好不仅影响声誉，也影响威信，乃至影响评级升职等。因此，教师觉得自己肩上有这副担了，任务能落在实处。而对“育人”，或者认为是班主任的职责，或者认为该大家负责，所有学科的老师都有份儿，自己何必多“挑”呢？其结果，任务落空，大家都没有尽到应尽的责任和义务。很显然，要端正教育思想，上面列举的种种模糊认识必须澄清。

教书和育人，“育人”是大目标，“教书”应该为“育人”服务。譬如语文教师，教文是他的天职，须千方百计教会学生正确使用祖国的语言文字，提高他们听、说、读、写的能力。但教学生“文”是为育学生“人”服务的，只见“文”不见“人”，工作就失去了大目标。只“教书”，说到底只是教书匠；在“教书”的同时“育人”，才有可能成为塑造学生灵魂的工程师。做教书匠，不必花费太多的力气就可做到；而做一个培养社会主义合格公民、培养四个现代化建设人才的灵魂工程师，那就需要有正确的教育思想，需要教师用心血去浇灌。任何一个学科的教学，头等重要的任务就是育人。寓教育于教学之中，是每个任课教师应精心探讨、研究的课题。比如语文教学，语文教材中写了许多高尚的人、高尚的思想，其中有的歌颂我们中华民族赖以生存、发展、兴旺发达的最重要的精神支柱——爱国主义，有的歌颂反对剥削、反对压迫、以解放全人类为己任的共产主义思想，还有的歌颂无私忘我、献身人民的高尚情操。在教学生字、词、句、篇，训练学生语文能力的同时，教师必须有意识地以教材中感人的事迹、高尚的思想情操熏陶、感染学生，在他们心中播撒做人的良种。

又比如进行辩证唯物主义观点教育、集体主义观点教育、劳动观点教育等等，不一定要通过大报告解决。大报告只是进行教育的一条途径，大量的工作应该是通过各科的教学来实现。一节节课，一门门学科，都应讲究思想性、科学性，点点滴滴不断渗透。学生耳濡目染，在汲取知识养料的同时，也就逐步懂得了做人的道理。中国自古以来讲究读书做人，读书要明理，明做人的道理。文天祥就义之后，衣带里的纸条上写着："读圣贤书，所学何事？而今而后，庶几无愧。"一个封建时代的士大夫对读书的目的尚且有如此的理解，何况是 80 年代的我们呢？教师教学生读书，更要教学生做人，二者必须有机地结合起来。

对"育人"的"育"，我们有时理解得很片面。有的老师说"我也在'育'嘛，传授知识就是'育'"；有的认为"育"就是发展智力，发展学生的思维；也有的认为"育"就是进行思想政治教育。这些说法与看法都有点道理，问题在于只强调某一方面而忽视其他方面，那就很不全面了。"育"有极其丰富的内容。培养一个学生，对他的思想素质、道德情操、知识的深度广度、能力的强弱、智力的高低、体质的情况等等既要有总体的设想，又要有完整的概念。"育人"，是对学生进行全面培养。如果把"育"理解为只是开发智力，或者理解为只是提高解题能力，这就犯了以局部代替整体的毛病；以这样的观点指导教学实践，必然会影响学生的健康成长。

我们的教育工作，最贴切的说法应该是"培养"，这个字眼实在好。这在英语中叫 cultivation，解释为"耕耘土地以期收成"。我们教师就是教苑的耕耘者，应该像农民和园林工人满腔热情地培植五谷、养育花草那样，精心把学生培养成为四个现代化的建设人才。

4. 学校办学警惕“泛技术化”[1]

学校办学要实现个性化，必然要深入文化层面，这不仅是学校自身发展的趋势，更是顺应时代进步的要求。

然而，毫不客气地说，当前相当数量的学校仍停留在“技术办学”层面上，并没考虑过“文化育人”这个问题。现在的学校规模越来越大，设备越来越好，可为什么学校却越来越没有分量，质量也总是缺这少那呢？学校究竟缺什么？我认为最缺的就是人特有的情感世界。一个情感不丰富的人，不可能对社会、民族、国家满腔热情。因此，我们不得不反思，我们的教育在做什么？

学校文化非常重要，因为学校文化是一张名片，是学校的灵魂，学校的任务就是传承文化并加以发展创新，学校要把中国的

[1] 本文发表于《上海教育》2007年第11期。

优秀文化和人类的进步文化，通过教师的创造性劳动，传播到学生的心中。

文化是无所不在的，如果你没有意识去主动抓住学校文化的建设与发展，你就会在粗俗文化、西方入侵文化的浸蚀中随波逐流，渐渐失去主心骨。在现代社会，我们培养的接班人，没有很强的文化判断力，是无法为国家、社会作贡献的。

建设学校文化，有个如何继承传统的问题，学校必须传承优秀的传统文化。我认为，教师要学点哲学，这样看问题就不会走两个极端。一所学校要形成文化，绝不是在“零基础”上建立起来的，而是一种继承中的创新，要传承精华，再用时代的活水和正确的观点来加以阐发、充实。

要警惕“泛技术化”，就要求校长办学必须研究人，研究学生和教师。

教师水平的全面提升绝对不只是专业发展，精神层面非常重要。我们总是把育人这样一件大事，有意无意地降低到技术技能的层面，重“术”轻“人”。但是，培养人是一件大事，学生是完整的、活生生的生命体，一人一个样子，标准统一的“技术化”无法适应人的多样性。

今天我们研究“聚焦课堂”，必须注意一点，就是绝对不能用教材观来看课堂教学的发展，应该立足课堂观来看课堂教学的发展，否则，“聚焦课堂”仍然是顾此失彼。因为现代课程观告诉我们，课程是教材、计划、学生、环境、教师等诸多因素的整合，其中学生、教师是最重要的、活的因素。活的因素不重视，不研究学生，不研究教师，课怎能上得好？我常常这样形容，办学好比化妆，三流效果是涂在脸上的妆，二流效果是精神上的美化，一流效果才是生命的绽放。我们办学应该达到一流效果，而不只是在脸上涂脂抹粉。

实际上，在实施二期课改的过程中，教师和学生同步成长了，生命的价值和意义丰富了，这才是教育的本质。教育本是细水长流的事业，最忌讳功利，“十年树木，百年树人”这句话告诉我们，教育不是一蹴而就、立竿见影的，如果把“名”和“利”放在办学思想里，就如同牺牲教师和学生的生命质量，以谋取“三流化妆”。校长们都应认识到教育事业的庄严和高尚，真正珍惜和办好“手中”的学校。

5. 基础教育须狠抓基础[1]

基础教育面广、量大，关系到每个学龄儿童。今日的教育质量就是明日的国民素质，意义非凡。基础教育又是长效的，传授的是做人的基本道理和知识的“核”，从事的是人的基本建设，会陪伴人的终身。一名学生从小有幸接受良好的基础教育，一辈子受益不尽。

学生求学，学习目的、学习动机的端正是为人为学的基本准则，人生迈出第一步时，就应把基础夯正、夯实。然而，又有多少中小学重视这个问题并能切实施以有效的教育？有人讽刺说：“这是老古董，今日求学就是为自己。”说白了，就是为钱，为成为高管、白领，为优厚的待遇而少付出劳动。培养目标偏离了准

---

[1] 本文发表于《上海教育》2008 年第 19 期。

星，中华优秀传统中为人、为学的骨气、志气不知不觉丢失了。有同志看到了这些问题，但觉得社会环境金钱至上、急功近利，总之，胳膊扭不过大腿，教育无能为力。我不这样认为，教育必须有所作为，学校必须有所作为。今天讲个人价值，但个人价值与社会价值须和谐统一。社会上有许多好人好事、好思想，都是教育学生的好资源，我们又主动关注了多少，使用了多少？给学生为人、为学打正、打实基础，就是与不良风气抗争，就是培养他们判别是非正误的能力，指引他们人生的正确道路，怎能不作为、随波逐流？

基础教育教的是知识的“核”，是最不易老化的。基础打得扎实、牢靠，终身难忘，终身有用。科学文化基础在中小学要力求少而精，力戒多而杂。开设什么课程，安排怎样的教育内容要慎而又慎，必须尊重学生成长的规律。课程不能是个筐，什么东西都往里装。学生的青春是最耽误不起的，因为任何人只有一个青春，青春是无价宝。

眼下有两个基础须狠抓：一是课的质量，课的有效性；二是求知欲的培养。学生进学校，一天上七八节，乃至九节课，他们是否学有所得、学有兴趣、学有方向、学有追求，不仅影响他们的发展、成长，更影响其生命的质量。学生求学最为可贵的是求知欲和好奇心，这是成长、成才的动力与创造的火种。学生天生就具备这美好的条件，可惜又可悲的是不少学生在过重的机械操练、考试加码、分数计较的桎梏中，觉得学习寡然无味，甚至厌学。这不是小问题，教师要以满腔的热忱、优质的教学资源、科学而又艺术的教学方法，去点燃学生求知欲的火焰。这个能量比解几道题、背几个公式不知要大多少倍。什么叫优秀教师？优秀教师就要能把学生教得越学越想学，越学越会学，越学越聪明，越学越有追求、越有理想。

身体是人的本钱。中小学生在校求学，长知识、长能力、长身体，本是众所周知的平常事，可是现在，如何让每一个学生在学校时体质得到应有的锻炼，却成了一大难题。首先，这是认识问题。体育在学校应放在怎样的位置上，只是几节课的问题吗？它不只是一门课程，它是贯彻教育方针的一个重要方面。课内有课内的任务，课外天地广阔，下课后学生在操场上龙腾虎跃、欢声笑语，才像所学校。可看许多学校，400 米标准跑道，美丽的塑胶场地，鸦雀无声，寂寞得令人揪心。体育打基础，实质不仅抓学生体质、体能的发展，也在培养他们的团队精神和艰苦奋斗的体育精神。其次是时间问题。要舍得在体育上花时间。学校不是操练习题的王国，特别是毕业年级，应给学生体育锻炼的时间。德、智、体、美不仅是学生发展的要求，也是他们发展的权利。基础牢靠，教育质量必能有效提高。

狠抓基础需要真心、精心、恒心、耐心。锲而不舍，这样才会根深叶茂，繁花似锦。

6. 校园文化建设与“爱满天下”[1]

几位同志的主题报告、发言，体现了全体课题参与者的自主性、积极性和创造性。我非常感谢论坛组委会给我学习的机会，使我明白了很多道理。张步华校长介绍行知中学“培养真人”的做法，还有福建省重点中学惠安一中蔡校长的获奖材料，使我非常受益。现在，办学一定得与升学率挂钩，优质教育就是升学率，我是不能认同这点的。考试选拔只是手段，教育的本质是什么？这是应该考虑的重点问题。

什么叫教育？很简单，就是“培育人”！现在教育有急功近利的倾向，把简单的事复杂化了。莎士比亚在一个名剧中说：“简洁

[1] 本文2009年12月31日发表于《陶研之光》，原是在“2009年和谐校园文化建设上海高峰论坛暨课题年会”上的主题报告。

出自智慧。”所有工作都要抓住最核心的问题进行研究。现在把教育的概念复杂化了，方方面面多得不得了，却把最核心的问题淡化了。

柏拉图曾用他老师苏格拉底的话说：“教育是从一个洞穴中把囚徒的灵魂引出来往上升，达到真实之境界。”教育的本质是升华人的精神世界。西方文化讲科学，讲“真”。中国优秀传统文化讲“善”：“大学之道，在明明德，在亲民，在止于至善。”孔子说：“诗三百，一言以蔽之，曰思无邪。”陶行知说：“千教万教教人求真，千学万学学做真人。”如此都是要彰显内心美德。

伟大的人民教育家陶行知先生提出：人的教育就是教育本质的回归。但从当前的现状来讲，对技能技巧的培养十分重视，对人整体的培养不够，重术轻人，育分不育人，求学不读书。钱学森问“为什么几十年我们出不了人才”，是指我们的很多做法都违背了教育规律。

孩子不仅有一个身体物质世界，还有一个精神世界。人没有脊梁骨无法直立行走，人没有理想、抱负，同样站不起来，不能成为一个真正的人。

教育要在培养人的精神层面上下功夫，在当前形势下提出校园文化建设是十分重要的。和谐校园文化的核心是“爱”，这种爱是“大爱”。教师肩负着国家的使命、人民的嘱托，国家把未来交给你，今日的教育质量就是明日的国民素质。因此，肩上的担子很重，万万大意不得。

谈到校园文化建设我认为有三个层面：一、实践层面。文化是人类创造的物质文明和精神文明的总和。学校的校园文化应强调实践层面，文化不是标语、口号，是要实践的。宁波庄市小学高校长介绍中，最了不起的是一个“乐”字，令人欣喜。现在基础教育中的乐实在太少，简直是苦不堪言。办教育要使孩子快乐成长。庄市小学是一百多年的老校，有文化底蕴，在如何把原来的崇正书院的文化积淀与现代的教育特色结合起来方面，他们做得很好，确实有特色。这篇由小学生写的《中国男篮惨败》是非常好的探讨性文章，完全独立思考，把许多材料综合在一起，上升到理性层面来认识，小学生能如此做，实在了不起，这才叫能力。二、制度文化。“制度文化”值得研究，它一定有学生的内心需求。教育的有效性不能离开针对性，制度文化的创建一定是学校把教育理念化作制度，以适应师生内心的需求。张家港二中讲的“责任文化”很有见地。二中的“责任文化”中，每一个教学的环节，都蕴含了学校自身的要求和自身的提高，看得出他们很扎实地在做。三、校园文化提升的是精神层面文化。陶行知讲“大同大不同”，就是因人而异，因材施教。教育多元和谐，最后着力的都是学生精神层面的提高。

国民素质的提高要靠教育。文化无处不在，是否文明，小事就可看出，所有的行为都流露出一个人的文化底蕴。

教育人的精神层面是心灵养育，是教师以自己的人格培育学生的人格成长，以自己的高尚情操熏陶学生的情操，使他们有高尚的审美观。没有一个职业像教师那样意义非凡，教师的思想、情感、价值观无时无刻不在起作用；没有一个工作像是教师那样对人一辈子起作用。当老师很幸福，其价值、其意义非同凡响。

学习陶行知的“爱满天下”，绝不仅仅是关心学生的生活，要有超越血缘的大爱。“大爱”不只是分数的提高，还要关爱学生。业务一定要精湛，要钻研业务。要培养学生扎扎实实的科学文化素质、过硬的学科知识，老师首先业务要过硬。我们要提高教师的能力。当年我们是举一反三，对“一”很重视，而现在是举十反一，甚至是举百反一。学生没学过的东西就不会做——对“一”功夫下得不够，当然就不会做了。

爱学生首先要爱学生的全面发展，这才是师爱的核心。我们不仅要培养有脊梁骨的人，还要培养埋头苦干、踏踏实实的人。

学生道德缺失，不爱学校、老师，不爱亲人、同学，有的连自己生命也不爱，这样的状况，教育有责任。

葛起裕是我年轻时的学生，我只比他大十岁。我们在不同的岗位上，不大见面，但师生情谊很深。王厥轩是我从高一教到高三的学生，他找女朋友也要我搭搭脉、把把关，师生感情很真，师生之间完全没有金钱、商业关系，是心心相印，是心与心的交融。

所以，教育要打开学生的心门。教育是教心的工作，不知心无法教心。打开孩子的心门，孩子能与你思想交流、感情交流，你就是一个成功的教师。

现在社会上各种现象五花八门、光怪陆离。学校讲文明、讲道德，而传媒上的超女、好男儿，都一夜成名，一夜暴富；一个还珠格格把初中生全打倒，一个周杰伦打倒了 80% 的高中生。过去老师上语文课，好文章能使师生都感动，现在要感动学生太难了。我们太不了解学生，对学生的心灵世界太不了解。孩子的道德缺失很严重。知识缺失可用道德来弥补，勤能补拙；道德不完善则无法用知识来弥补。孩子成长的路上，基础教育是基本建设，做人的底线是道德。不是所有的问题都能用法律来解决，法律是消极的限制，而道德是人文，是提倡。爱学生就要让他们掌握做人的底线，否则，培养出来的人见钱眼开，不学无术，将来对社会危害更大。

教育要传授科学文化。人的精神要达到真、善、美的境界，做人之理要懂，而知识能力是做人的阶梯。中小学教的是知识的“核”，能陪伴人一辈子，永远不会老化，镌刻在心，并影响人的一生。学生要全面发展，体质要提高。现在好些孩子一碰就要骨折，男孩子连打架都不会，这样的体质怎么得了？师爱是大爱，承担着祖国的嘱托，千家万户的期望。让孩子德、智、体全面发展，这才是教师的真爱。陶行知的“爱满天下”非常值得我们学习。老师是对学生滴灌生命之魂，教其德行——做人之理；教其智性——扎实的科学文化知识。分数不等于人的素质，任何一张考卷都无法考出人的素质。

新中国成立以来到现在，进行的是第八次课改，以学生为本，以促进学生发展为本是这次课改的核心。知识与能力、过程与方法、情感态度与价值观，这三点很重要。

教育要有大量的实践活动。只有在社会实践中才能学会做社会人。中小学是公民教育，要把自然的人培养成社会的人，懂得人与人、人与物、人与自然的关系。人的经验是了不起的，要磨炼，要实践，单靠书本是教不出来的。

素质教育是时代的需要，我们要跟随陶行知的“爱满天下”，去实践求真、求美、求善的思想。你们做了一个有意义的课题，教育任重道远。当今社会对教育的干扰太多，教师需要有一颗爱心、静心，坐下来研究、实践，坚守自己的精神家园，发奋努力，全力以赴做好今日的工作。

教育是培养未来的事业，是实现理想的事业，没有理想就没有教育。李白唱神曲，天马行空；杜甫唱人歌，关注人民的苦难。老师既要顶天唱神曲，也要立地唱人歌。志存高远与脚踏实地有机结合，一定能造就优秀的教师，优秀的教育家。中国教育的希望在教师身上，让我们一起努力！

7. 要使战略主题深入人心，自觉化为行动[1]

《国家中长期教育改革和发展规划纲要》（征求意见稿）（以下简称《规划纲要》）从教育角度绘就了强国富民的蓝图，内容厚实，语言铿锵，充满活力，洋溢希望，读来振奋人心。这标志着我国的教育改革进入了历史发展的新阶段，向建设人力资源强国迈出了决定性的步伐。

《规划纲要》从总体战略、发展任务、体制改革到保障措施，无不显现当今时代中国特色社会主义教育的奋斗目标、发展方向、有效措施，针对教育现状中存在的种种矛盾，从教育理念、制度创新、队伍建设等诸多方面明确任务，集中智慧，寻求共识，既回应亿万群众对教育的热切盼望，又遵循和彰显教育自身发展的

[1] 本文发表于《上海教育》2010 年第 3 期。

育人规律。《规划纲要》亮点聚集，是今后十年教育长足进步、创造辉煌的指针。别的且不说，单是优先发展与战略主题的确立，就令人感动不已。

《规划纲要》开宗明义，说明制定本纲要的依据和目的。它的依据是党的十七大关于“优先发展教育，建设人力资源强国”的战略部署，目的是“为全面提高国民素质，促进教育事业科学发展，加快社会主义现代化进程”。把教育放在优先发展的战略地位，我们就会情不自禁地联想到邓小平同志的谆谆教导。1985 年 5 月 19 日，邓小平同志在全国教育工作会议上语重心长地说：“我们国家，国力的强弱，经济发展后劲的大小，越来越取决于劳动者的素质，取决于知识分子的数量和质量。一个十亿人口的大国，教育搞上去了，人才资源的巨大优势是任何国家比不了的。有了人才优势，再加上先进的社会主义制度，我们的目标就有把握达到。现在小学一年级的娃娃，经过十几年的学校教育，将成为开创 21 世纪大业的生力军。中央提出要以极大的努力抓教育，并且从中小学抓起，这是有战略眼光的一着。如果现在不向全党提出这样的任务，就会误大事，就要负历史的责任。”这段讲话既深入浅出，又尖锐深刻，把抓教育定位在“有战略眼光的一着”，这是前所未有的。战略不是具体的某些战术，它影响事业的全局，把教育和人才资源、建国大业紧密联系在一起，扫除了许多人不重视教育的糊涂观念，极大地增强了教育工作者的信心。

随着建设事业的推进，国民素质的提高，创新型、实用型、复合型人才的紧迫需要，人们对教育战略地位的认识越来越深刻。

党和国家高度重视，一再提出要优先发展教育，并为此做了大量的工作，对经济发展、社会进步和民生改善作出了不可替代的重大贡献。但是，由于理念上的陈旧、落后，种种因素的制约，很多地方、很多方面，并未做到“优先”。有些会跟着做一点，有些则还要把有限的教育经费挪作他用。薄弱学校本可不薄弱，师资队伍本可更稳定提升，但由于“优先”不到位，而矛盾凸显。正如《规划纲要》中指出的：“教育投入不足，教育优先发展的战略地位尚未完全落实。”针对这种状况，《规划纲要》中的“优先发展教育”的战略思想，贯穿于整个文件之中，并反复加以强调。序言部分指出：“在党和国家工作全局中，必须始终坚持把教育摆在优先发展的位置。”“始终坚持”，斩钉截铁，表达了巨大的决心和非凡的勇气。总体战略中的工作方针，第一句就是“把教育摆在优先发展的战略地位”，阐明这是党和国家提出并长期坚持的一项重大方针，为此，“各级党委和政府要把优先发展教育作为贯彻科学发展观的基本要求，切实保证经济社会发展规划优先安排教育发展，财政资金优先保障教育投入，公共资源优先满足教育和人力资源开发需要”。一句话中四个“优先”，而且提升到“贯彻科学发展观的基本要求”的高度，理念之先进，要求之具体明确，前所未有，只要认真地遵照执行，必然大大造福莘莘学子。体制改革部分、保障措施部分中许多条款都关系到优先发展的问题，从理念到措施，这种战略思想一以贯之，是照耀教育发展今后十年征程的明灯。我国是一个人口众多的大国，在世界格局深刻变化、科技进步日新月异、人才竞争日趋激烈的情况下，从事社会主义现代化建设，其复杂性、艰巨性难以言表，要落实教育优先发展的战略地位，确实难度极大。但在长期的革命和建设的实践中，我们有一条颠扑不破的真理和无往而不胜的经验，那就是只要加强党的领导，提高国家对政策的执行力，就能排除各种困难，创造奇迹。

优先发展教育，发展怎样的教育？战略主题作了十分明确的规定，表述得要言不烦，一语中的。《规划纲要》中是这样表述的："坚持以人为本，推进素质教育是教育改革发展的战略主题，是贯彻党的教育方针的时代要求，核心是解决好培养什么人、怎样培养人的重大问题，重点是面向全体学生、促进学生全面发展，着力提高学生服务国家人民的社会责任感、勇于探索的创新精神和善于解决问题的实践能力。"这就把教育发展的主题、核心、重点、着力点阐述得一清二楚，拨正了当前教育在许多方面的、相当程度的扭曲。《规划纲要》是清醒剂，是指路标，教导与指引教育工作者往哪个方向走，追求怎样的目标。教育不仅是教育工作者的责任，而且是全社会、全民的责任。序言说得好："国运兴衰，系于教育；教育振兴，全民有责。"

"以人为本""素质教育"虽说了好多年，但推进起来，步履维艰，干扰很大。常见的情况是：高谈阔论素质教育，扎扎实实应试教育；教育行政部门三令五申要减轻学生过重的课业负担，但令行不止，各级各类教育机构照样变着法子补课、应考；学生自主活动时间少得可怜，自主进行体育锻炼更是一种奢侈，整日在题海题库中浮沉，厌学情绪滋长，求知欲望不断消解。分数的枷锁不仅锁学生、锁教师，而且也锁校长、锁家长。分数本为监测教学情况的符号，着眼点在了解学情、教情，总结经验教训，切实改进教学，提高教学质量。而今，分数被提高到至尊的地位，有些人几乎把它作为图腾，顶礼膜拜。在选拔考试面前，学生、家长、教师、学校几乎都成为“分奴”，不知不觉，又习以为常。教育究竟怎么了？孩子求知的快乐、成长的快乐哪儿去了？许多有识之士为此忧心忡忡，寻觅解脱困境的良方，但往往局限于某个层面、某些问题，难收解套之效。此次《规划纲要》高屋建瓴地聚焦在“培养什么人，怎样培养人”，并明确指出这是教育改革发展的最强音，振聋发聩，而且表现了实现战略主题的巨大决心和坚定不移的意志。教育要奉行两个“全面”——“面向全体”，不是面向一部分或小部分，这是提高全民素质的问题，所有学生都有权利受到良好的教育；“促进学生全面发展”，而不是由于教育思想的偏差，急功近利思想的作祟，人为地突出某一方面，削弱某些方面，忽视做人的基本道理、基本准则的培养，忽略增强体质的重要性、必要性，在不经意中造成被教育对象成长中的某些不足与缺陷，严重地甚至出现精神上的残缺。每个学生都是活泼的生命体，都有全面发展的潜质，都是国家的宝贝，家庭的宝贝。如果由于目标偏离准星，做法错位，青少年学生在成长过程中付出了不应付出的代价，成人是有责任的，学校、家庭、社会都是有责任的。

而今战略主题的重点是两个“全面”，着力提高学生服务国家人民的社会责任感、勇于探索的创新精神和善于解决问题的实践能力。且不说创新精神和实践能力的培养，单是“社会责任感”的提出就值得学校、家庭反复思考，付诸实践。学校教育是要把年幼无知的自然人培养成为有理想、有道德、有文化、守纪律的社会合格公民。求学读书为了什么？为明做人之理，明报效国家之理。如果我们教出来的学生只以个人为中心，以追逐名利、享乐为目的，缺少服务国家、服务人民的社会责任感，那是教育的失败，有辱历史赋予的重要使命。

教育改革发展的蓝图已绘就，战略主题清楚明确，如何使这些先进的理念深入人心，继而化为自觉的行动，是最为重要，也是我们最为关心的。理念指导实践，教育改革发展是庞大的综合工程、系统工程、复杂工程，对教育的战略地位、战略主题、教育本质、育人规律等需有相当的共识。这种共识不仅在教育内部，当然，教育内部是重点，从事教育事业的人应具有高度共识，还应在教育外部，家庭、社会，广泛宣传教育，树立正确的育人观，坚决不做违背教育规律，乃至见利忘义之事。各项政策的执行难度较大，须深入了解实情，弄清问题的症结所在，一环扣一环地解决，方能取得实效。离开了针对性，简单从事，难以获得理想的效果。比如减轻学生负担问题，只是做加减法，是不可能奏效的。哪些是合理负担？哪些是不合理负担？这些不合理负担是怎样形成的？学校、家庭、社会，各充当了什么角色？哪些是教育理念的问题？哪些是选拔考试的问题？哪些是功利政绩的问题？哪些是商业利益链的问题？哪些是体制问题？哪些是机制问题？凡此种种，均要综合考虑，开展综合治理，哪一环节不到位，都难以收到效果，弄得不好，不是“我自岿然不动”，就是弄虚作假做表面文章。

百年大计，教育为本，本固则枝繁叶茂，春意盎然。期盼《规划纲要》在进一步完善的基础上狠抓落实，加强监督，为建设人才强国作出大贡献。

8. 教育就是“仁而爱人”❶

《社会观察》：近年来，有学者提出倡议，改以“孔子诞辰日”作为教师节。作为教龄几乎与共和国同龄的老教师，请您谈一下我们现行的“教师节”的背景。

于漪：关于这种声音，我之前也曾注意到。对于他们倡议中“现行教师节缺乏必要的历史意蕴和文化内涵”的这种说法，我也是认可的。但也应该注意到，现在的教师节，即每年的 9 月 10 日，是在特定的历史背景下出现的。

十年动乱，教育、文化受到极大地摧残，当时无所谓师道尊严，那时候的教师都成了“臭老九”。如此一来，教育受到极大的破坏。粉碎“四人帮”后，就面临一个很现实的问题，教师的地

❶ 本文发表于《社会观察》2010 年第 9 期，是该刊记者吴焕良所做的专访。

位和待遇都没有放到应有的位置。教育本身应当是居于战略性地位的，而当时人们对教育的这种重要性，缺乏应有的认识。20 世纪 80 年代中期，教师的流失很严重，特别是有些学科如英语、艺术等。大学的情况还好些，中小幼教师流失比较严重。在这样的情况下，有人提出要有一个教师节，目的就是为营造一个尊师重教的氛围。每年的 9 月 10 日作为教师节，是 1985 年经全国人大通过的，当时主要是为表达一种尊师重教的导向。

《社会观察》：现在从国家层面的“科教兴国”战略到社会乃至每个家庭，都充分意识到了教育的重要性，将子女的未来发展希望寄托于教育。我国的教育事业取得了很大进步，但同时现在的教育领域又面临许多新问题。该如何看待我们当下的这种教育状况？

于漪：从 20 世纪 80 年代到现在，二三十年的时间，教育的情况也发生很大的变化。教育在量的发展上，其成就可以说令世人瞩目，义务教育的普及、扫盲工作的成效、大学教育从精英教育到大众教育等，从硬件上来讲，可以说是可圈可点的很多。但从教育内涵来说，我觉得教育也面临着新中国成立以来从未有过的严峻挑战。

现在学校要对学生进行价值观的教育，跟社会上的多元价值、多元文化是有许多矛盾的。比如我年轻的时候做教师，学校对学生的教育，实际上是主流价值观教育。要“我为人人，人人为我”，要“全心全意为人民服务”，这是跟社会上的价值观基本吻合的。而现在的家庭文化、社会文化与学校所传授的、提倡的文化，却有很大差别，这就给教育带来了新中国成立以来最严峻的挑战。

学校教育、家庭教育、社会教育三者最好要形成合力，但现在很多是形成分力。比如学校要减轻负担，就要实行素质教育，当然学校本身做得怎样是一个问题，但许多家长不这样做。报纸上刚刚报道的，一个 7 岁的小孩每个星期要参加 6 个不同类型的辅导班，这是家庭主导，不是学校规定的。

现在几乎每个家长都希望孩子成龙成凤，而不顾及孩子本身的具体情况。家庭教育本应着重在教育孩子的品德、习惯，这是做人最重要、最基础也是最核心的。但现在这部分是缺失的，反而是专门在打造孩子的解题的技能、技巧。

社会文化方面，我们读书的时候，借本书都很难，也买不起。现在书多得不得了，但却是良莠不齐，泥沙俱下，而且垃圾性的娱乐型快餐文化挤掉了优秀文化。孩子们的精神哺育是需要经典的优秀文化，而不是乱七八糟抓一把杂草放进去，这将会影响他们的一生。现在的快餐文化，诸如超女、好男儿等比赛，都把孩子们的头搞昏了。由于他们的生活经验、文化积累不够，文化判断力又很差，基本上是照单全收，只要手段先进，就能吸引眼球。这种社会文化，不但跟我们对孩子的读书做人教育所需要的精神文化区别很大，而且二者抵消得很厉害。

《社会观察》：前面讲到现在教育面临社会多元化的冲击和挑战，表现出某种程度的泡沫化和快餐化。在这样的背景下，怎样看待我们传统文化精神在当代教育中的角色和价值？

于漪：对于传统文化，其实外国也是很重视的。比如英国，像伊顿公学是不参加什么评比的。我并不是说绅士教育怎样，但它能体现出对本民族传统的重视。民族文化精髓的部分不能随便丢掉，这一点是很重要的。而我们现在却是把自己的好东西糟蹋得很厉害。这样一来，家庭教育也好，社会文化也好，就变得浮游无根了。

中国传统文化中有不好的东西，有糟粕，这个谁都不能回避，但这其中也有精粹，有灵魂性的东西。几千年的“先天下之忧而忧，后天下之乐而乐”，表现出的是一种担当，从《左传》开始就是这样的。作为一个国家的公民，对于一个国家、社会，要有担当，要有责任。宋儒张载讲：“为天地立心，为生民立命，为往圣继绝学，为万世开太平。”这种精神对学生是一种很好的哺育，但这些方面，我们现在缺失得很厉害。

一个民族之所以生存，中华民族之所以历经内忧外患，五千年打不垮，归根到底是因为民族文化、民族精神，而不单是民族经济。中华民族历经民族经济、民族政治的变迁，之所以能够传承下来，归根到底是因为民族文化。而民族的语言文字又是民族文化的根，对外是一种屏障，对内是一种凝聚。但我们对这些东西缺乏敏感，缺乏深刻的认识。

《社会观察》：原本纯粹、单一的教育领域，为什么现在会如此乱象丛生，教育的本质又该如何理解？

于漪：这其中有很多因素、很多弊病。我始终认为，人做事情有国家这个标尺的话，什么事情都可以做到公正的。没有国家、民族这把标尺的话，什么政策都可能走斜掉的。我觉得现在的社会道德、教育，一个最大的问题是把做人的底线突破掉了。

学校教育应该是“有所为，有所不为”，要有定力。但现在学校的定力很差，我们现在说了很多育人的话，行了很多应试的事。读书为什么？读书为明理，明做人之理，明报效国家之理。这一条是无论如何不能改的，这条改掉就等于改掉了教育，阵地失守了。现在社会的导向把做人的底线冲得乱七八糟。

什么是做人？“仁而爱人”，心中是要有别人的。为什么“仁”是人字旁有个二，心中没有别人还怎么爱人？

教育是一门爱的事业，没有爱就没有教育。我一直讲，教育，一个肩膀挑着学生的现在，一个肩膀挑着国家的未来。今日的教育质量就是明日的国民素质。这是客观规律，不以人的意志为转移的。所以我一谈到教育，心里就着急，着急的是孩子。每个学生都是宝贵的，都是可塑之才。

《社会观察》：作为一名教师，包括个体意义上的教师和群体概念的教师，在当前的社会环境下，如何得到学生、家长以及社会的认可与尊重？

于漪：关于教师，我是这样理解的，选择了教师，就是选择了高尚。要想发财，就不要来做老师；要想当官，就不要来做老师。教师是“以人为本”的工作，是要以自己的人格来引导学生塑造完美的人格，以自己的高尚情操熏陶学生的道德情操，以自己的科学文化素养来培养学生扎实的科学文化基础。

作为一名教师，一定要对自己的追求有清醒的认识。如果没有清醒的认识，仅把它作为一个糊口的工作，那就是混了。教师是不能混的，混的不仅是自己的生命，更是学生的生命，所以说，选择了教师就是选择了高尚。如果没有这个认识，会经不起外界的诱惑。

因此，教师必须要有自己的人格魅力。作为教师，还应有相当的学识，教师传授的是中华优秀文化、人类进步文化，必须对所教授的课程深入进去，自己非常清楚，才能教好学生，才能做到左右逢源。汉代的韩婴讲“智如泉涌，行可以为表仪者，人师也”，就是说德才兼备，方可为师。

《社会观察》：通过自己的切身体验，您如何来看待“尊师重教”这个问题？

于漪：尊师重教从历史意义和文化内涵来讲，应该说中国的传统。包括在农村，过去一个乡村教师都是很受尊重的。

一个社会是不是尊师重教，不仅反映了这个社会的文明程度，也反映了一个社会有没有可持续发展的潜力。这不仅是现实问题，更反映出一个战略问题，有没有真正的可持续发展的动力。因为要可持续发展，必定需要人才辈出。而人是不可能自然成才的，需要学校教育、家庭教育、社会教育。因此，必须去除急功近利的思想，功利主义的思潮对教育有极大的危害。教育要细水长流，才有一定的发展潜力。

我们看西南联大，抗战期间最艰苦的时候，培养出许多人才，几十年后，现在的院士有很多是西南联大走出来的。教育不是说今天种子撒下去，明天就长出来，那是不可能的。教育本身是一个过程，在这个过程中，要传授知识，培养能力、发展智力、陶冶情操。

从教育方面来讲，儒家非常注重尊师重教。尊师重教是仰望星空的事情，因为不仅看到眼前的利益，更要仰望星空，看到民族的前景、国家的前途。民族的前景、国家的前途靠的是什么？靠人才辈出，靠素质良好的劳动者以及专门人才；不仅仅是专门人才，还要靠卓越的人才。因此，尊师重教不是一个漂亮的口号，不是广告词，更不是一件用来炒作的事情，应该是仰望星空的事情，因为关系到国家民族的可持续发展。

《社会观察》：对于以“孔子诞辰日”替换现行9月10日为教师节这样的主张，您是怎样看的？

于漪：作为教师节，以孔子诞辰日来做，当然对孔子本身来说并不是多余的。因为孔子毕竟是圣人，他不止是教育的智者，孔子身上确实反映了中国传统文化的情结。而现在的教师节，是在当时教师流失、教师队伍不稳定的特殊历史阶段确定的，也可说缺乏必要的文化内涵。当时是在为稳定教师队伍的情况下，不得已确定这样一个节日，为营造尊师重教的环境而确定的。

这种改动，我担心成为炒作的话题，一改动怕又是沸沸扬扬。在改的过程中，怎样操作，将会有很多问题，要把道理讲清楚，毕竟当时也是有其原因和价值的。

至于教师节，需要必要的历史意义，但如果把教师节的确立等同于一味崇尚儒学，也有很多不妥的地方。我的意思就是，如以孔子诞辰日为教师节，是有历史意义和文化内涵的，对孔子精神的传承、对孔子学院的建设也是有好处的。但应该注意可能会产生的问题，在改的过程中要十分慎重，否则会弄巧成拙。

9. 学校，学生成长的乐园[1]

“办学生喜欢的学校”，定位办学的追求目标，不仅反映了教育本质——以学生为本，以促进学生的发展为本，更是以非凡的勇气切中时弊，摒除遮蒙在教育领域的浓厚的功利色彩。

“知之者不如好之者，好之者不如乐之者。”（《论语·雍也》）“知”“好”“乐”之间逐层递进。当下，学校对学生的学习，特别关注的是“知”，“好”考虑甚少，“乐”就无从谈起了。学生求知如若处于被知晓的状态，即使学得一点知识技能，也往往是以苦为伴，以厌为伍。如果依据他们的天性，循循善诱，鼓励引导，发展他们的潜能，激励他们达到自强不息、欲罢不能之境，即使学习过程中可能会遇到许多挑战，他们也不以为苦，兴之所

[1] 本文发表于《黄浦教育》2011 年第 1 ~2 期。

至，乐在其中。

课程教材改革的目标有多项，处于核心地位的目标是课程功能的转变，即改变课程过于注重传授知识的倾向，强调形成积极主动的学习态度，使获得基础知识和基本技能的过程同时成为学会学习和形成价值观的过程。且不说别的，仅学生能形成积极主动的学习态度，就是课改的极大成绩。学习态度转变，学习的兴趣爱好就会大增，进而摆脱他主学习的困境，步入自主学习的快乐天地。

课堂是一所学校最基本、最常态的细胞，是实施素质教育和课程改革的主阵地，课堂教学是教书育人、学生成长的中心所在。学生进校求知，绝大部分时间在课堂里度过，一堂堂课影响到他们发展的质量、成长的质量、生命的质量。课堂教学如果充满智慧，热情洋溢，兴味盎然，有吸引力、感染力、辐射力，那么学生就不仅学有兴趣，学有所得，更被激发了旺盛的求知欲，学有追求，积极主动地探索、研究，品尝到求知的乐趣，感受到成长的幸福。学生有了这样的体验、这样的收获，喜爱学校之情必然充盈胸际。

课堂教学的生命活力既来自人文关怀、知识魅力，更来自问题的探索。当前，我们教育模式的弊病，着力于学生的学“答”，追求纤毫不差，标准化。殊不知这是让学生只活在别人思考的结果里，学习的生命力受到压抑，处于画地为牢、不可越雷池一步的圈养境地，怎可能精力充沛、智慧发展呢？孟子曾说过：“心之官则思，思则得之，不思则不得也。”课堂里学生有思考的时间与空间，就会培养起生疑、质疑、辨疑，进而解疑的良好的学习方式、学习习惯。“疑”是学之始，一个人从无知到有知的过程总是始于发问。“问”的能力的强弱、深浅，反映学习者的学习态度、知识基础、思维能力与思维品质。“问”是通向新知识的桥梁，是“思”的结果。学问学问，要学会“问”，就得切实培养学生独立思考的能力。屈原的《天问》一口气提出一百多个问题，天上、地下、人间、自然、社会，没有作答，给人留下无尽的思考空间。如果我们的学生能在求知过程中提出各种各样的问题，甚至是奇思妙想的问题，那我们的课堂岂不是智慧火花的迸发、创新意识的闪耀、青春活力的张扬？那是一种怎样的教育理想境界？师生的尊严、师生的能量都得到真正的释放。

大爱是学校文化的灵魂。没有爱就没有教育；教育只有充满爱，才能进入学生的内心深处。爱，就是一切为了学生。学生在成长过程中对奔跑、游戏、体育艺术各类活动、科技小制作等等都有内心的渴求，参与的冲动。课外的天地正是他们融长知识、长能力、长见识、长身体于一体的重要场所，刚强、勇敢、奋斗、合作、创新等精神，从其中孕育而出，磨炼而出，思维的灵敏度、身体的协调性、同伴的亲密度都会获得锤炼。没有课外丰富的学校生活，学生对学校的感情就会部分缺失；开展符合学生身心发展的多彩的活动，学生就会生龙活虎，爱意荡漾。

尊重学生的个性，接纳学生的差异，促进每一个学生的健康发展，这是教育的真爱。在爱的阳光照耀下，学生喜爱学校，喜爱老师，学校是他们成长的乐园。

10. 多一点敬畏之心，少一点功利之举[1]

什么叫规律？规律是事物发展过程中的本质联系和必然趋势。任何事物都有自己的发展规律。规律是客观存在的，是不以人的意志为转移的。规律是事物本身所固有的，人们不能创造规律，改变规律，更不可能消灭规律。因此，人们必须对规律有敬畏之心。切不可无视它的存在而凭空主观臆断为所欲为，否则就会受到惩罚。

比如天体运行刚健有力，日月星辰各有运行的法则，井然有序，春夏秋冬，四季更替，人力无法想要它们怎样就怎样。如有人认为春季过了最好就是秋季，夏季太炎热，这是令人捧腹大笑的，是无法实现的。但是在规律面前，人也不是毫无作为，而是

[1] 本文发表于《现代基础教育研究》2011 年 12 月第 4 卷。

能通过实践认识它、利用它，并且能发挥主动性、创造性，限制某些规律对人类生活的破坏作用。《中庸》中说得好："唯天下至诚，为能尽其性；能尽其性，则能尽人之性；能尽人之性，则能尽物之性；能尽物之性，则可以赞天地之化育；可以赞天地之化育，则可以与天地参矣。"学生发展成长又何尝不是如此？心理、生理、认知等在每位学生个体身上均有其固有的规律，既不能视而不见、掉以轻心，更不能逆规律而动，造成对生命体的伤害，留下无法弥补的遗憾。生命本来没有名字，每位学生的生命都是珍贵的，应当受到尊重与呵护是所有教师与教育工作者应尽的责任和义务。对他们的生命，对他们发展成长的规律，应胸怀敬畏，认真研究，精准地从他们的实际情况出发，因势利导进行教育，才能真正托起明天的太阳。

众所周知，无论是全国，还是上海的基础教育，均向这个方向努力。然而，现实状况是不协调的声音不少，还有扩展蔓延之势。且不说初高中毕业年级排山倒海般的机械训练，就是幼儿和小学生也不得安宁。比如有的幼儿园从中班开始就教识字，并有家庭作业，要求家长带领幼儿完成。先写一首诗："月落乌啼霜满天，江枫渔火对愁眠。姑苏城外寒山寺，夜半钟声到客船。"然后从中取"月""天""江"等几个字写到诗下面的一行，最后让幼儿找出诗中相同的字。幼儿喜爱图画，对识字无兴趣，对汉字笔画当然毫无知晓，于是乱点乱说，这不仅苦了孩子，也苦了父母。且不说识字，还要学公文数学，据说这是十分先进的，从日本引进的，培养学生自主学习的能力。此外，还得学英语，因为要考级。另外，还有各种兴趣班。真是令人莫名惊诧！小小年龄承担如此的重负，使人心痛不已，家长更是迷惑与无奈。

生命是有历程的，幼童不可能马上就具备儿童、少年的学习能力。这个时期，幼儿自行活动的能力与日俱增，而活动是成长的必需条件，在活动中能锻炼体能，与日俱增。玩具是好伙伴，在增加体能的同时，还能生出技巧，引发好奇心、想象力，增添快乐。此时此刻，用不恰当的知识去填塞，无疑是对他们发展规律的一种扭曲。为什么有些幼儿园要采取这样的教育方式，进行这样的教育内容？众口一词：进好的小学要考试，要识1000~1500字，数学不仅要会加减法，还要会乘法，英语不用说了，只看考级，其他的证书当然是越多越好。还补充说明：不是一所两所，不少都是这样——相互攀比，有的明，有的暗，说的做的不一样。如此选拔学生实在有点可怕。大学、中学选拔学生之风愈演愈烈，延伸到义务教育阶段，延伸到小学一年级。择校生的门槛越高，家长越为所谓的“优质学校”所蛊惑，想方设法往里钻，于是，择校热长盛不衰，苦了孩子。

幼儿园超前进行学科知识教育，小学一年级提高入学门槛，实施超前教育，也许是出于好心，出于纯洁之心，想让进校的学生“不输在起跑线上”，于是进行小精英教育、小天才教育。但他们可曾认认真真地深入思考过：我国的义务教育法是怎样规定的？《上海市教育改革发展规划纲要》是怎样要求我们办学的？市政府、市教委三令五申禁止招生中的违规做法遵守了没有？最重要的是幼童，儿童生长发育发展的规律研究过没有？对他们今日的健康成长、明日的长足发展是否真正尽到了责任?

《中华人民共和国义务教育法》第十二条第一款明确规定:"适龄儿童、少年免试入学。地方各级人民政府应当保障适龄儿童、少年在户籍所在地学校就近入学。""免试入学"四个字清楚明白,毫不含糊。为什么有法不依?为什么政令不从?很难说没有功利的追求。在功利思想日益泛滥的情况下,要成绩,要政绩,要速成,要出奇制胜,就会出匪夷所思的怪招。哪个年龄学童应该进行怎样的教育,怎样的启蒙教育,说一无所知,那是冤枉。然而,只要功利放在重要的位置,就会是非模糊,乃至颠倒了,摆功论好远远大于学童成长的规律,在有意无意间放弃了学生健康发展守护者的职责。

揠苗助长的寓言对人们的告诫,教育工作者、教师耳熟能详;不顾事物发展规律,强求速成,结果反将事物弄糟的道理也十分知晓,为什么就不引以为戒呢?可能一是因为揠苗助长,苗枯死了,看得见、摸得着,而对学童采用怎样的举措,不可能立刻见分晓,最多是学生不喜欢、没兴趣、不肯学、哭闹,反正家长的家教能作保证。至于对情感、行为、习惯的负面作用,对心智的伤害是以后的事,谁能预见得了?二是生源、名声、利益有巨大的推动力,没有必要摆脱,更无法抗拒,除非是不识时务的傻子。

殊不知事物固有的规律是反复起作用的,人的培养也毫不例外。不适时地灌输、加压、超负荷运转,其结果往往南辕北辙,事与愿违,这种事例并不鲜见,甚至有令人痛心的悲剧发生。孩童毕竟是孩童,孩童有他心理、生理的特点。玩,是孩童的天性。

用过重的学业负担、过深过繁的学习内容挤压掉他们的游戏时间、占用他们的发展空间，可能会造成怎样的后果，该不该扪心自问，深入思考呢？

如果说是生源一般、质量一般的学校，采取某些功利之举，可能影响力还不大，问题在教育资源比较集中，又以名目繁多的说法、做法名噪于业界和家长群的学校，吆喝力特强，其影响力就大大增添。明做、暗做、持续做，对忽视与违背学生成长规律起推波助澜的作用。各级政府应大力推进教育公平，推进均衡发展，而这些功利之举正在制造新的教育不公平。当然，“公平”“均衡”是相对的，更不是把好的拉下来，拉到一般水平。但是，什么是“好”质量？教育的“优质”不是加班加点，要学生提前透支生命的做法来取得的，“不要输在起跑线上”的违背教育规律的广告语，不知忽悠了多少家长，苦了多少孩子。

以学生为本，以促进学生发展为本，为了每一位学生的终身发展，不是口号，不是供贴标签用的，而是教育的核心理念，要内化为每一位办学者、每一名教师从教的指导思想，检验教育行为的标尺。敬畏每位学生的生命，遵循他们的成长规律施以切合身心发展的教育，才是办学的正道。

何时对违背学生成长规律的各种功利之举、种种置义务教育法与政府政令于不顾的做法，能像对食品安全中抓染色馒头一样，廓清正误，明确是非，弘扬教育正气，那教育必会出现新的气象，政令畅通，教育在老百姓中的诚信度也就必然大大提升。

11. 校外教育应是个性发展的乐园[1]

人的健康成长和全面发展需要全方位的教育条件和环境。一个孩子的成长，学校教育固然重要，但校外教育对孩子的个性发展、兴趣爱好、特长的培育也是校内教育无法替代的。校外教育涵盖了教育的广阔空间，不但具有基础教育的内容，而且也有科技、艺术和体育的专门化教育和训练，同时更是社会道德、文化传承和践行的主要途径。由此，可以说校外教育对人的影响是全方位的。

校外教育在实施过程中，特别有条件、也特别需要注重个性发展和团队精神的培养，并且要很好地把这两者有机地结合起来。尊重孩子的个性发展，首先必须尊重孩子，对生命有敬畏之心。

[1] 本文发表于《上海校外教育》2012 年第 1 期。

每个孩子都是活泼的生命体，是一个人，而不是分数的奴隶。目前，学校教育中的那些标准化的考试答案禁锢了孩子的思维，它磨掉了很多孩子的灵性和棱角，而校外教育一定要保护孩子个性的发展。有个性的孩子往往都很有灵气，能独立思考，不人云亦云。校外教育要有助于孩子个性潜能的发挥，如果学生千人一面、人云亦云，时时循规蹈矩、按部就班，个性就会被消解。而一个学生没有了个性，便是失去了自我。充分正视个体差异，尊重个性，因人而异，因材施教，是当代教育的基本要义。学生的个性如果得不到尊重，潜质便得不到发展，自然变得平庸，毕业走上社会后自然也无法胜任那些具有挑战性和创造性的工作。所以校外课外活动要充分发挥孩子的个性，要做到因材施教，让孩子感受到“天生我材必有用”。

校外教育还有很重要的一点是培养团队精神。在组织活动时，既要注重学生的个性发展，又要和团队精神的培养结合起来。要充分发挥校外活动的普及推广、兴趣培养和体验实践的功能。要针对未成年人的身心特点、接受能力和实际需要，明确功能定位，精心设计和广泛开展各种生动活泼的参与面广、实践性强的校外活动，让学生在亲身体验和直接参与中，树立劳动观念，提高动手能力，增强团队精神，磨炼意志品质。现在的独生子女的同伴意识和团队意识的培养比较困难，校外教育对此可以有针对性地组织一些教育活动，引导他们学会爱别人，一定要有伙伴关系和团体意识，这对孩子的成长很有好处。一个孩子成长到一定阶段都会有内心诉求，内心诉求没有释放出来，就很难形成完善的人格。一个人在团体里会有不少倾诉的机会。孔子说："有朋自远方来，不亦乐乎。"有朋友，是作为社会人的基本要素，教育就是要把自然人培养成社会人。社会人一定是在一个群体中学会认识自我、认识他人与自我调适。我们校外教育工作者要给予他们温馨、良好的团队教育以弥补校内教育的不足。可以积极探索参与式、体验式、互动式的沙龙，不仅让参加活动的孩子来谈谈感受，也让活动的组织者一同参与，成为活动的共同体、学习的共同体、成长的共同体。

我国在《中长期教育改革和发展规划纲要》中强调，要坚持把社会主义核心价值体系融入教育全过程，坚持把德育贯穿到育人的各个环节，这是极具战略意义的。我们在开展校外活动时，应该适当将德育内容，诸如理想信念、价值取向、国家意识、民族情怀、法制观念、荣辱观念、道德情操、意志品质、行为习惯等等都融入到校外活动中去，滋养学生的心灵，引领他们打好根基，健康成长。我们应充分利用多种德育资源，如各学科教学力量、社会实践基地力量、家长力量，形成合力，引导学生学会两只眼睛看世界，崇尚真善美，拒绝假恶丑，立志做堂堂正正的现代公民。

我们的校外教育无论如何不能再有任何应试、应考的痕迹。校外教育要让孩子全身心地放松，让他们的童心能够展现。在推进素质教育的今天，我们理应创造适合学生的教育，而不是去选择适合教育的学生，因为只有重视发展学生的个性并彰显其本色，我们的教育才会富有活力，我们的学生也才会富有创造激情，并有能力开创更加美好的未来。

12. 以己之短，比人之长[1]

我非常有幸代表我们上海市教师学研究会在陶行知诞辰120周年这样一个非常有意义的日子里发言。也许我这个人一辈子受陶行知思想的影响很深，用中国人的一句话，也是外国人非常羡慕的一句话来说就是“缘分”。我在做学生的时候写的论文就是研究陶行知先生的生活教育，我是复旦大学教育系的，后来又长期从事师范教育和中学教育。特别是在师范学校做校长的时候，每年新生入学，我和老师都要带学生去陶行知先生纪念馆去瞻仰去实践，而在这个过程中叶良骏老师一直接待我们。我想，作为一名老师，对我们伟大的教育家留下的教育财富应该很好地了解、

[1] 本文2012年3月30日发表于《陶研之光》，是在纪念陶行知诞辰120周年论坛上的发言。

学习，应该在教育领域加以实施，加以推行。

受这次会议筹备组的嘱托，要我讲一讲学陶体会，其实跟市区陶研会研究陶行知思想几十年的老前辈相比我就非常浅薄了，只能谈一点非常粗浅的体会。我觉得伟大的陶行知先生留给我们的精神财富是非常丰富的，比如说教育对建国、治国的价值和意义，基础教育是国家的基石，比如说爱满天下的博大情怀。陶先生一再告诫我们什么叫教育，“千教万教教人求真，千学万学学做真人”，这些真知灼见对我们今天的教育是起启明灯的作用，教育是真善美的事业。离开了真，善就是伪善，美就是假美，因此，陶行知先生说“千教万教教人求真，千学万学学做真人”，这是真知灼见啊，一个社会的文明程度是跟它诚信的程度、真实的程度成正比的。又比如说，他一再讲“不带半根草去”，这一生奉献，不带半根草去，这是何等高尚的奉献精神。因此，陶行知先生关于教育、关于社会的论述，确实是留给我们的精神财富，不仅在当时国难当头，老百姓处在水深火热的情境下起着极大的作用，即使在今天我们当家做主了，我们教育事业有跨越式的发展，但是我们要提升教育的内涵，他的许许多多的论述今天仍然有极大的指导意义，有的时候几乎是给我们敲响了警钟，要我们深思。

今天论坛的论题是和谐校园，我没有能力去阐释博大精深的陶行知思想，我只是对陶先生校园文化和谐的论述给我们以深刻的教育和启迪谈一些体会。记得在晓庄师范开办三年的时候，他写过一篇《晓庄三岁敬告同志书》，里面有这么几句话，学校办了三年，万紫千红各有各的美丽，将这些大不同的花草分别栽种，使他们各得其所，显出和谐的气象，令人一进门就感觉到生命的节奏，这便是大同。我读了以后，对什么叫和谐有了新的体会。这里有几个关键词：第一“美丽”，校园里的花万紫千红告诉我们各有各的美丽，“美丽”是一个关键词。第二，把这些大不同的花草分别栽种，为什么？使他们各得其所，因此第二个关键词是“各得其所”，各得其所干什么？使其“繁荣滋长”，能够茁壮成长，开出美丽的花朵，结出丰盛的果实，能够呈现出和谐的气象，和谐的气象会让人感觉生命的节奏，生命的节奏就产生“大同”。因此，这几个关键词，“美丽”“各得其所”“繁荣滋长”，聚焦在和谐上。我想陶行知先生写的是花花草草，万紫千红，育的是人，育的是校园里的人，谁来创造这样和谐的校园呢？那是我们充满活力的莘莘学子和辛勤教书育人的园丁。社会是各种关系的总和，我们的学校就是小社会，有各种各样的关系，比如说师生关系，生生关系，学校领导和教师的关系，教师与员工之间的关系等等，这各种各样的关系如何和谐相处是一门大学问。陶行知先生在这里讲得如此生动，如此通俗，又如此让人深思，他用花花草草的万紫千红来比喻。

我想，要建设我们和谐的校园文化起码有“三个一”需要思考，你要一所学校能够万紫千红，能够发现各有各的美丽，你必须有一双慧眼，能够看到每个人的美丽。为什么这么说呢？美丽的花是各式各样的，比如牡丹是雍容华贵的，石榴花开红胜火，兰花是清香怡人的、高雅的。各种各样的花有各种各样的颜色，赤橙黄绿青蓝紫，包括墨绿的，近于黑色的，也是花，也是非常美丽的。但是它的美丽是要人看到，不仅看到它的颜色的五彩缤纷，而且要看到它的品格。我刚才讲牡丹是雍容华贵的，莲花是高洁的，梅花很坚韧，能够斗霜傲雪，因此要看到她的美丽，不仅要看到她的表象，而且要看到她的内涵。对一所学校创造和谐校园来讲，一双慧眼太重要了。学生也好，老师也好，生命本来是没有名字的，每个生命都是非常值得珍贵的，每个生命都蕴含着无限的潜能，因此能不能发现一所学校每个学生、每个老师身上的美丽，发现他的特长，他的才能是非常重要的。人不可能是全才，各有所长，各有不足。我们要创建和谐校园，必须发现每个人的特点、长处、优势，有本事把它们聚拢起来，成为你学校的精神文化。比如说有的孩子成绩很好，很用功，这是她的美丽；但是有的孩子会跟老师顶撞，发表不同的意见，我觉得这也是美丽的，他能够独立思考，不人云亦云，这是很难得的。我们现在习惯于在单位里，一个人用脑思考，大家动动手脚，这很难创新，也很难把每一个人蕴含的自主性、积极性、创造性激发出来。陶行知先生是最崇尚创造的。老师也是一样，每个人各有所长，各有不足，因此建设学校和谐文化最主要的就是要善于发现。世界上美是到处都有的，关键在你要去发现，你要有一双慧眼，高高在上既看不到别人的优点，也看不到别人的长处。在“文化大革命”中，我曾经教过一个桀骜不驯的女孩子，她弄得我们全校的老师头疼，班主任跟她讲话，她是背对着班主任的，那么这个孩子是不是对所有的老师不敬呢？恐怕不是这样。我初步了解一下，这个孩子阅读量是惊人的，她读了许许多多的书，而且对世界各国的政治，她都有兴趣，都会研究，她不满足于老师的讲课，对她来说这些看法是太幼稚了，所以尽捣蛋，桀骜不驯啊。原来老师没有办法教她，学校领导把她调到我的班级来。开始她不理睬我，一下子就跑掉了。我花了很长时间了解她。她喜欢美术，有一次从教室跑的时候从口袋里掉了一本书，我一看是美术书，就从这本书入手接近她。其实这个孩子非常能够独立思考，有她自己的见解。接触多了，谈到她的家庭，谈到她的父母在外地，谈到她的外公是个教授。她懂的知识很多，她对社会的认识已经超过她的年龄。而我们往往把她放在和她同龄人的水平上去教育她，我们忘记了每个人是有他的独特个性的。我们的教育要因材施教，因材施教就能够把每个人的积极性发挥出来。

我曾碰到这样的一个女学生，不断地闯祸，跟男同学打架，跟女同学打架，甚至男女混合双打。我去家访，她家长说你把她送到派出所好了，很不配合。到里弄去，里弄干部说，她家有一个母亲两个女儿，跟人家吵架就在地上打滚。对这样的一个孩子，我尽量发现她身上的优点，因为一个老师最重要的是发现孩子身上的优点。我表扬她，她马上闯祸，每周都闯不大不小的祸。我批评她，她起码两个星期不睬你，看到你的时候用眼角瞟你一下以表示对你的蔑视。她是个性格非常独特的孩子，我让她交学费，她一封信告到《文汇报》，那是“文化大革命”时候，说我继续执行修正主义教育路线。就是这样的一个孩子，难教育啊。但是，只要生长在我们这个土地上，我们从事教育的就要千方百计把她教育好，你要摸清她的脾气，摸清她的性格。有一次上早操，她在操场上像打陀螺一样，前面捅两拳，转过来踢两脚，我多次说“你站好”，她全然不听，我说“你又不是‘十三点’”。因为学生都喊她“十三点”，我教育学生不要喊她“十三点”，但是我自己却脱口而出说她“十三点”。实际上，我这种语言的粗暴，对孩子是极大的伤害，还谈得上什么和谐？接下来班级学生写周记有四五个写这件事。学生写道：某天早晨做早操的时候，于老师骂某某同学“十三点”。我们班级是没有“十三点”的，只有“阶级姐妹”——“文化大革命”中“阶级姐妹”“阶级兄弟”是流行语——他说，你骂学生“十三点”，你的阶级感情到哪里去了？接下来还有一句话，就更重了——包括“文化大革命”批斗时，也没有人说我这个人不像老师，——他在周记中写道：“你想想看，你像不像个教师，你配不配做个教师!”我看到这本周记，脸上一阵发热。作为一名教师，应循循善诱啊！学生出现任何情况，你都不能发火，言为心声，我觉得她很难教育，所以才会有这样不符合教师身份的语言。我平时教育学生不要讲这样的话，但我碰到事却脱口而出，想想心中很惭愧，在班里向她公开道歉。和谐校园，你必须有一双慧眼，充分认识学生的特点，与此同时，自己千万不能用这样粗暴的语言对待孩子，在学校里老师对学生语言粗暴还是不少的。因此，要多看看学生的优点，多检查自己的不足。作为一名教师，在学生闯了祸乃至犯了错的情况下，应该用什么态度去对待，是非常重要的。每个人都有个性特点，因材施教，是能够让孩子的潜能充分的发挥，不能用生产标准化产品的方法来对待学生，应该培养他们具有健康的独特的个性。

第二就是要有一腔热情。教育事业是爱的事业，没有爱就没有教育，和谐的校园文化应该是教师对学生的爱，学生之间相互的爱，洋溢在校园里。每个人有自己独特的个性，每个生命都是有价值的。作为老师，应该把每个学生的成长中的价值充分发挥出来；作为学校领导，更应把每个老师的才能智慧充分发挥出来。我想，这才是真本事，要一腔热情，正视师生的生命价值，让他们能充分发挥、发展。为什么这么说呢？加德纳讲，人是有多元智能的，在一个人的身上，有他的强势智能，也有可能有他的弱势智能，因此，陶行知先生的第二句话就是要使他们各得其所，使他们各得其所非常重要。怎样才能使他们各得其所呢？就是要把每个人放在最合适的位置上。我做师范学校校长，接的学校是“文化大革命”的重灾区，乱得一塌糊涂，所有的档案什么都没有，学校连个财产账都没有，不要说文书档案了。这样的学校怎么办？重要的是一腔热情，用眼睛去发现每个教师、每个学生的优点，把他们放在最合适的位置上。比如说我们有一位钱老师，现在是上海的特级教师。他原来是语文老师，如果把他放在教语文这个位置上，大概很难为教育作出贡献，但我发现他对书法很有研究，师范学校必须教师范生写好字。小学老师字写得是不是横平竖直，会影响孩子一辈子的，教好师范生写好字是很重要的。因此我跟他讲，你可以专门研究硬笔书法，钢笔字、粉笔字、毛笔字，这三笔字是一定要写好的。他认真钻研，并成为一名出色的书法教师，多年实践下来我们的毕业生，字都写得非常规范。每朵花，每棵草，每个人都是大不一样的。陶行知先生不是讲，把不同的花、草分别栽种，使他们各得其所。比如说迎着太阳的，是太阳花，只能是红的花，因为波很长，它要反射出去。如果是紫色的，蓝色的，太阳照得多，就要烧焦了，从物理学角度来讲，蓝色的花，紫色的花必须在阴暗的地方，波短不会灼伤。人也一样，主要的优点在什么地方，一定要看清楚。我们现在学校科技活动屡屡得奖的老师，当年是华师大五年毕业的，但口头表达能力不强。老师上课的语言表达是底线，如果表述不清，满肚子学问，也不能够传授给学生。我做了他很多工作，安排他搞科技活动、课外活动工作。因为他有文化底蕴，学校许许多多的奖都是他指导学生获得的。所以根据每个人的特点把他安排在最适合的地方，就构成了和谐。我们学校有一个职工，历任校长见了都头疼，没办法“摆平”，其实不是这样的。有一次我偶然看到她在图书馆编织，发现她的手非常巧，我就请她出来做手工老师——因为小学教师要全面，动手能力要非常强——她十分高兴。这样就把一个令人头疼的职工变成了一个创造性非常强的老师，使学生屡屡获奖，毕业出去以后这些学生的动手能力非常强。因此，我觉得归根到底要有慧眼，透过现象看到本质，而我们往往被现象迷惑住了，看不见了，甚至于以美为丑，双目漆黑，那怎么能调动所有人的积极性呢？一位物理老师业务一般，但男高音唱得十分好，我就请他专门指导声乐，结果带出了很多学生，有的还开个人演唱会。学校办教育最大的事就是出人，出教师，出学生，不是出分数，如果我们的教育把育人这样崇高的责任、神圣的使命降低为分数，分分计较，那是对教育的亵渎。分数是不能代表人的，哪一张考卷可以考出人的综合素质？考不出来的。如果把机械操练、把考试奉为神灵，那么世界上就没有爱因斯坦，也没有牛顿了！什么是好校长？让学校名师辈出，你就是好校长。你这所学校的学生能够充分发展，这就是真正的和谐。各得其所，把每个人放在最合适的位置上，让他充分发展。我们一定要一腔热诚对学生，一腔热情对教师，因为每一个生命都是值得尊重的，都是需要敬畏的。

第三就是要有一颗仁爱之心。陶先生讲爱满天下，这不是亲子之爱，这是大爱，大爱就是有一颗仁爱之心。中国人对人的教育、对人的界定和西方人是不一样的。中国人讲“仁”字，特别是儒家，“仁者爱人”，要做一个名师就要做到心中有别人。中国的哲学是以人为大，道家讲道大、天大、地大、人大，是东方哲学的精髓。而西方 17 世纪有的哲学家是这样界定人的：什么叫人？人就是一种动物，追求最大利益的一种动物，用理性思考追求最大利益的动物，这就是他们对人的界定。这个哲学思考对人的影响很大，如果一个校园里都是追求个人第一，个人利益最大化，那怎么和谐呢？没有办法和谐，更何况我们的中小学。孩子只有一个青春，一个花季童年，青春是无价宝啊！因此，陶行知第三个关键词是及时“繁荣滋长”，不能耽误，让她繁荣，让她发芽，让她茁壮成长，并开花结果，要及时，不能耽误。

我教了一辈子的课，我深知教师每一节课的质量，会影响孩子生命的质量。你只是机械操练还是以学生发展为本，三个维度，既教知识能力，又在情感态度价值观方面给她们以熏陶，效果是大不一样的，不能耽误他们的青春，这是为师者的一种责任，为师者的一种良心。孩子是耽误不起的，我们年纪大的人深有体会，小时候学的东西刻骨铭心，经久不忘；现在不认识的字去查字典，查三遍、四遍、二十遍还是不认识，脑子像漏斗一样。青春无价，小时候的记忆能力最强，应该是负责呵护每个孩子健康成长。我们和谐校园文化建设面临新中国成立以来从来没有过的挑战，现在做老师是非常不容易的，做校长也是非常不容易的。我们50年代、60年代做教师虽然辛苦但是很简单，绝对没有像现在这样复杂，没有现在这样各种各样的诱惑。我们那个时候学校的价值观和社会的价值观是一致的；现在学校提倡主流价值观，但是社会是多元的，经济多元，文化价值取向多元、多样、多变。在我们孩子的头脑里，各种各样的思想都有。过去说小学生是一张白纸，现在社会上的东西在孩子的脑子里已经有了。一位家长跟我说她的孩子小学毕业，互相送一本本子。送一本本子是很正常的，但是本子上写的内容是令人触目惊心的，写的是祝你成为大款，祝你成为富婆，祝你成为百万富翁，祝你成为总裁，就没有祝你成为教师、祝你成为科研人员，西方的思想文化影响无孔不入。因此，校园和谐文化的建设十分重要，要引导孩子健康成长。

现在教师上课，要让学生满意非常难，一个明星，一个还珠格格，一个周杰伦就把学生弄得晕头转向，你想难度是多么大。因此，我们要怀着一颗仁爱之心，千辛万苦做好教育学生的工作，如果没有一颗仁爱之心，一颗大爱之心，就出不了人才。社会是真善美和假恶丑的混合体，社会上感动人的事情很多，我们校园里要树榜样。我们小时候读书，民族英雄在我们脑子里是很高尚的，如岳飞啊，文天祥啊；五六十年代是雷锋；现在是什么“好男儿”，什么“超女”，乱七八糟的。人的成长，特别是孩子的成长必须要重视。校园文化一定要弘扬英雄人物。最近媒体下基层，报道了很多事情，很感人。水灾，一个老父亲死了三个儿子，为了给儿子还债，哪怕全家只剩下五万块钱，也要还清债务，这是何等高尚的人格！人格高不高尚跟知识多少不是画等号的，这是人的精神境界，是人的品德和素质。有的人知识水平很高，智能很高，心却很坏，一切为自己谋利。最近不是有两个贪官被枪毙了吗？所以和谐文化一定要弘扬社会主义的正气，创造让孩子健康成长的氛围。

学校是孩子成长的神圣殿堂，不是超市、股市，不是菜市场。一棵树苗很好，如果只施肥不浇水，也不能长成参天大树，从小歪歪斜斜哪能成才？所以对学生的一颗仁爱之心很重要，要对他们的生命负责。对老师也一样，老师也要培养，也要培养成才。现在任何一个老师都不能在课堂上把孩子进入社会的所有知识都教会，因此要教他学会学习。一颗仁爱之心对校长来说是对全校师生员工负责；对老师来说是对所有的学生负责；对学生来讲，自己承受了国家的培育之恩，承受了学校老师的培育之恩，承受了社会的培育之恩，自己一定要选择正确的成长道路，要自觉地来分辨真善美和假恶丑，要有正确的文化判断力，我想这样就能够茁壮成长。

一双慧眼，一腔热情，一颗仁爱之心聚焦在和谐校园上，共同建设和谐文化是全校师生的责任。怎么建设也是师生员工的共同责任。校长和书记是这个文化的设计师和引领者，在这里要拒绝社会上不良风气对我们的影响。怎样才能做到？我没有别的法宝，只是“以己之短，比人之长”。社会上各种各样的矛盾都基本上是以“我”为中心的，学校里各种各样不和谐的声音都是“老子天下第一”，因此“以己之短，比人之长”恐怕是非常必要的。办教育的人，谦虚是基本的素质，要不断看到自己的不足，看到别人的长处，你就有内需的动力，你就会进步。有人问我为什么要不断学习，因为我觉得自己实在不行，还有许多的问题。因此，我要两把尺子陪伴我终身，一把尺子是量自己的短处，一把尺子是专门量别人的长处。我越量越能找到自己的不足，不断地学习，向社会学习，向书本学习，向老师学习，向学生学习。每一堂课下来我都要反思，一方面写学生上课的反应，孩子上课全神贯注的时候能够超水平发挥；第二就是写自己的不足。不管怎么备课，一实践就会发现不是这里不足就是那里不足，我想这也可能是创建和谐校园的很重要的一条。如果人人都是谦虚谨慎，宽容大度，“以己之短，比人之长”，我想许多矛盾都会烟消云散。

我们的教育事业是神圣的伟大的事业，今日的教育质量就是明日的国民素质。在全球化的背景下，我们今日的经济已经是世界第二了，但我们的国民素质还是排在一百位后面。一个民族的伟大复兴，绝不只是靠物质文明，还有精神文明。中华民族的伟大复兴不仅要有强大的物质文明，更要有强大的精神文明。向世界展示我们的民族素质、我们的道德水准、我们的人文精神是怎样的强大，才是中华民族真正的崛起，也是我们的文化对世界文化建构的杰出贡献。讲得不对，请各位领导与老师批评指正。

13. 要建立自己的教育话语权[1]

“教育要面向现代化，面向世界，面向未来”是邓小平同志1983年10月1日为景山学校题的词。这一题词用高度概括的语言表达了邓小平同志教育思想的精髓，是邓小平同志建设有中国特色社会主义理论的重要组成部分，是新的历史时期教育改革和发展的战略指导方针。

一、“三个面向”的价值与意义非比寻常

今日再次讨论“三个面向”，更是深切体会到其价值与意义的非比寻常。尤其是经过近三十年波澜壮阔的教育实践，更显现其思想光芒。“三个面向”，首先是教育理念上的更新与革命。传

---

[1] 本文发表于《上海教育》2012年第27期。

统教育有一个根深蒂固的强大力量就是“学而优则仕”，似乎办教育就是为了让学生升入高一级的学校，一级一级升的最终目的又是什么呢？成就“仕”，成为“人上人”。不言而喻，这种人是可以脱离劳动生产、脱离劳动阶层的骄子。教育目标的偏离，必然导致教育功能的片面与弱化。科教兴国是我们的大政方针，但并不是任何教育都可以“兴国”。教育必须方向正、目标明，扎根于国情土壤，措施实在、有力，方能取得振兴国家的效果。

“面向现代化”，就是要求教育全面适应社会主义现代化建设的需要，从宏观到微观作系统思考，既思考如何为物质文明建设服务，又思考如何为精神文明建设服务，更要聚焦在人的培养上，深入思考、研究社会主义现代化建设需要怎样的建设者，怎样的可靠接班人。这是对教育功能全方位思考的问题，而培养怎样的人，培养的人为谁服务，又是重中之重，是教育的核心价值所在，关系到民族素质的高低，具有影响建设全局的战略意义。

面向现代化，当然不能关起门来搞教育，自我封闭，而是必须面向世界。在怎样的全球背景下办教育；世界各国教育的状况怎样；它们是怎样办教育的，尤其是发达国家办教育的经验，我们都要比较、对照，科学地分析利弊得失。有了国际视野，知己知彼，心中更有谱，更能认清前进的方向。培养的学生当然也要有国际视野，要立足本国，放眼世界，具有参与国际社会生活与竞争的能力。他们不仅要有中华优秀文化的底蕴，更要以开放的心态善于学习与吸收人类创造的文明成果，还要提高文化识别力、判断力，抵制西方种种腐朽毒液的入侵、浸染。

教育是未来的事业，以往的错觉是：教育是用过去的知识教眼前的学生。把“传授”、把“眼前”看得很重。“面向未来”打开了教育的新天地，凸显了教育的战略性，针砭了教育中鼠目寸光、极其短视的弊病。教育是为未来社会培养人才，教在今天，要想到明天，要以明日建设者的要求来指导今日的教育教学工作。没有这样的高度，社会视野狭窄，囿于已经铸成的墙垛，在其中转来转去。教育预测未来的这一特点，经济学家成思危说得十分精辟，他说：“经济只能保证我们的今天，科技可以保证我们的明天，只有教育才能保证我们的后天。”

二、“面向”不是照抄，不是移植，更不是贩卖

与三十年前对“三个面向”题词的学习作比较，现今的认识与理解要深刻得多，周全得多，而这些理解与认识相当程度来自教育实践。教育实践取得的巨大成就又是在对“三个面向”战略指导方针不断提升认识、不断加深理解的指导下取得的。理念指导行动，教育改革和发展已取得累累硕果。

且不说别的，单说普及义务教育，那么宽广的地域，穷乡僻壤，高原峭壁，全覆盖；那么多的学龄儿童都入学，一亿几千万的学生都接受义务教育，这是怎样庞大的数量啊。如此的教育成就在世界上应该算是首屈一指，应该是中国特色的办教育吧。然而，在日常教育教学工作中，在听报告、进修、开展教学科研时，洋概念、洋语言无处不在，给人的感觉常常是“言必称希腊”，我们几乎没有自己的教育话语体系。这是为什么？

原因甚多，举其要而言，首先是盲目崇拜的矮人思想在作怪。教育改革与发展、教育质量的提升必须有先进教育理念、科学的教育思想作指导，欧美等西方国家有些教育理论确实比较科学、比较先进，有些做法与经验也值得学习、值得借鉴。教育本身就有很强的包含性，它承认不同教育之间需要互相了解、互相借鉴，看到人家好的就学，学了根据本国情况吸收、剔除、改造、创新。

“面向世界”是打开视野，知己知彼，学别人之长；“面向”不是照抄，不是移植，更不是贩卖。任何教育理论的形成总有其特定的时代背景、历史文化土壤、社会需求、环境条件，其中有普适性价值的，但地域特色常常十分鲜明，并非放之四海而皆准。不深究这些理论、理念、经验、做法的来龙去脉，不深究它们的环境、条件，不深究它们在哲学高度、人文高度、科学高度上能经受怎样的检验，不深究它们在付诸实践中的利弊得失，只要是引进的，就是好的、先进的，以强势语言宣传、推行；谁满口洋概念、洋术语，谁就是先进教育理论、理念的布道者，听的人只好噤声、失语了。

与此同时，这也是对中国教育的鄙薄，不管是传统的，还是现代的、当代的。中国教育有深厚的资源，积累了正面的、负面的极其丰富的经验。但因不了解、不研究、不珍惜，一谈改革，一谈发展，它就总是处于被批判、被否定、被消解、被解构的无奈境地。无形之中，我们就成了思想上的矮子，丢失了教育自主的话语权。《中国震撼》的作者张维为说过这样一句意味深长的话：“一个只会用别人话语的民族在世界上是没有分量的，中国人要用自己的话语来解释中国和世界。中国崛起的过程也必然是一个中国话语崛起的过程。”教育何尝不是如此呢？

教育话语权的作用不可小视。时至今日，搞课题，写论文，不引用外国教育理论，不引用外国教育家的话语作为语录，似乎就没有水平，不够先进，不够前沿。更有甚者，常常将我们教育实践、教育研究的进步、成效，作为论证这些理论、理念的证据。独立之精神，自由之思想何处去了？搭上“外”字，就好像有理论水平，科研立项也好，职称升迁也好，往往就有绿色通道之便。

话语权会影响许许多多做法。比如说，考试客观题科学，主观题欠科学，不能量化，评价成绩有差异。不能不说有一定的道理，但是一下子推行标准化试题，对几乎所有学科全覆盖，无视不同学科的不同性质、特点，实践下来弊病甚多。最厉害是衍生的一课一练，题海题库，铺天盖地的教辅资料，赚的是家长的钱，害的是学生的青春。机械操练几乎剥夺了学生课外读书的时间，不仅消解了他们的好奇心，也消解了他们强烈的求知兴趣与奇思妙想的创造意识。教育行政部门一再采取措施规范、制止，但收效总不理想。思维成定式，更由于巨大利益的驱动，要改变当然十分困难。其实，标准化试题对课程教材教学的冲击同样不可小视。课程整体框架在教学中淡化，知识点大大流行以提高押题率，教学中碎片化的现象屡见不鲜。

三、建立自己的教育话语权关键在回顾走过的路

建立自己的教育话语权并非争语言上的长短，更不是说大话、

空话、不着边际的话。我们的教育话语权有大量的教育实践作支撑，有教育硕果，如普及义务教育这样的人类教育史上的奇迹作支撑，有丹心与智慧浇铸而成的许许多多教书育人的经验作支撑。且不说别的，单是乡村美丽教师对教育事业的信仰、奉献，对学生的至诚至爱，克服困难的坚强意志，白手兴办学校的创业精神，就显现了中国教师在教育事业中的脊梁作用、硬骨头精神，值得大说特说，大写特写。

建立我们自己的教育话语权是对我们国家民族的尊重，是对我们自己教育的敬畏与自信，是对从事教育工作的人，特别是要在第一线的教师的心中点燃希望之火，用温暖支持他们挺直腰杆做培育学生成长、成才的大事，摆脱矮人一等的困境。

建立我们自己的教育话语权就要认真回顾、梳理、反思这三十年来我们的教育走过的路。要清醒地认识：我们向国外学习了哪些好的理念、好的经验，融入我们的教育文化、教育理念与教育实践之中，促进了我们教育的改革与发展；又有哪些以偏概全、烦琐纠结、真伪参半乃至伪理论、金钱教育等对我们进行干扰与忽悠，分辨清楚，方向才会更明，才会消除教育中不该有的乱象。我们更要下决心静下心来认认真真研究中国教育有哪些优秀的传统，哪些是不符合“三个面向”战略指导方针的，在改革与发展的进程中，哪些弊病是障碍，须克服、须清除。研究自己的历史与现状，扎根于本土，才会有真发展，才会形成有中国特色的教育理论，从宏观到微观，从理念到举措，才会既有思想的光芒，又有中国教育泥土的芳香，是鲜活的，充满勃勃生机的。偌大的受教育群体，偌大的教师队伍，文化土壤深厚，旧教育历时久远，新教育积累的正反经验丰富，总得建立中国自己的教育学。

新中国成立60多年来，中国教育有许多可圈可点值得骄傲之处，如以有限的教育经费支撑着庞大的教育工程，由于自强自信，发挥艰苦奋斗的创业精神，取得了培养青少年的巨大成果；如对小学启蒙阶段学习良好习惯、卫生良好习惯、做人道德良好习惯的养成有一整套行之有效的教育方法；如将理想教育渗透到学习求知当中，既教育学生从小树立胸怀大志的根，又不断引领他们学习的目标、方向、动机，激发其旺盛的求知欲；如学校坚持全面实施国家教育方针，千方百计促进学生德智体美全面发展；课堂上学生的深度质疑会令教师既吃惊又欣慰，下午课后（三点半左右）简陋的操场上龙腾虎跃，热火朝天，文学讲座、科普讲座座无虚席，同学们全神贯注。课外各种各样的活动小组，生龙活虎，当家的全是学生，至于互帮互学、一人有事大家帮，更是常见的风景……举一些例子无非是想说明我们的教育蕴含着不少宝藏，值得深入研究，从中提取精华，为全面推进素质教育提供坚实的基础。历史预示未来，以虚无主义对待历史，恶果是消解了民族自信力。

以“三个面向”为指针，审视我们教育的历史与现状，解放思想，实事求是，改革发展，再创新的业绩，让我们的教育话语铿锵有力，鼓舞士气，传播四方。

14. 坚持走有中国特色的教育发展道路[1]

党的十八大报告是我国建设中国特色社会主义的里程碑，彰显了中国人的志气、精神、智慧和胸怀。党最理解教师的心，因为教师一辈子的追求就是把学生塑造成为优秀的中华人民共和国的公民。把学生培养成人、成才是做老师最大的心愿。在教师生涯中，能做到这一点非常不容易，不仅需要主观努力，还需要客观环境等各方面的支持。

要努力办好人民满意的教育，一定要把立德树人作为教育的根本任务。而要实现立德树人的宗旨，首先需要树立教育的自信。近三十年，特别是近十年来，在普及义务教育、解决一亿几千万的学生有学上这一世界难题上，中国教育取得了显著的成绩，我

[1] 本文发表于《上海教育》2012 年第 34 期。

国所有学段的教育都得到了长足发展。

但不可回避的是，虽然我们进行了很多富有实效的教育实践，但依然缺少自己的教育思想提炼和教育理论研究。从教育内涵到学生培养再到课程改革，我们从理念到做法上大部分都是运用国外的教育思想和教育理论。虽然我们不排斥借鉴国外的经验，但今天的中国教育理应树立自信，拥有自己的话语权和理论体系。

中国的教育需要拥有两个视野，一个是中国历史发展的视野，另一个是世界文明发展的视野。我们要用这两个视野来帮助我们树立自信。任何一种学术都具有独立性，其他国家再成功的经验都不能代替自身独立的思考。党的十八大提出的“道路自信、理论自信、制度自信”这三个自信，是非常有远见的。中国教育必须从本土出发，树立自己的自信。有了这样的自信，广大教育工作者才能为实现教育发展的目标自觉自愿地去奋斗，我们办出的教育才是真正符合中国实际的。

实现立德树人的宗旨，还要坚持走有中国特色的教育道路。中国教育的体量非常巨大，是世界上任何国家都无法匹敌的。中国的文化讲究以人为本，这是非常具有中国特色的。老子说：“要道大天大地大人大。”孔子的“仁爱”思想，说的就是心中不仅要有自己，还要有他人、集体和国家。这与西方单一注重个人发展的狭隘视角是不同的。

新中国成立以来，从“德智体全面发展”到提出“四有新人”，从“素质教育”再到这次十八大提出的“全面实施素质教育”，显示出我们走有中国特色的教育发展道路的指导方针是非常明确的。“育人为本，德育为先”是每一个教育工作者必须遵循的。《上海市中长期教育改革和发展规划纲要》明确提出“为了每一个学生的终身发展”，如果教育能真正使每一个学生得到终身发展，就能使得几千年前孔子“有教无类”的思想在今天得以实现。

坚持走有中国特色的教育发展道路，一是要贯通古今，梳理我国几千年来的教育史，特别是新中国成立以来的教育成功经验；二是要拓宽视野，能够“左顾右盼”，结合中国国情学习国外的先进经验。在整个教育层面，需要构建家国共同体，要倡导“修身、齐家、治国、平天下”“先天下之忧而忧，后天下之乐而乐”，教师要能肩负起这样的使命和担当。

教育发展有自身的规律，教育的本质是非常朴实的，教师应当遵循教育规律教书育人。要在教育软实力的建设中攻坚克难，从教育的思想、教育的理念、教育的价值出发，创造出有中国特色的教育。《教育规划纲要》提出要聚焦战略主题，实现重大突破，这个“战略”和“突破”的核心就是“以人为本”“全面实施素质教育”。

总之，作为教育工作者，我们要吃透十八大精神，在思想观念和策略上作一番真正的调整，走有中国特色的教育道路，最终对世界教育产生影响。我希望中国在未来的五十年中，能拥有属于自己的特色教育学，提炼出自己的理论，再到实践中进行检验。中国的教育一定要在世界上发出声音，而且是发出洪亮的声音！

15. 把教育回归育人变成办学的追求❶

一所有着一定历史积淀的学校，在新的环境下如何找到新的突破点，使已有的一些教育资源能够更好地发挥，为区域教育、为老百姓作出新的贡献，这是一个需要思考的问题。

众所周知，素质教育在实施的过程中面临许多阻力，许多障碍，许多干扰，我们经常碰到的情况是轰轰烈烈的素质教育、扎扎实实的应试教育。我曾经提出，我们到底是“育分”还是“育人”，因为只有“育人”才是教育的本质。有的学校以“崇公、养品、静思、立能”作为办学校的目标，实际上是对当前实施素质教育的一个生动的诠释。我国第一代党的领导人毛泽东提出，我们的教育方针是让孩子“德智体全面发展”，这与马克思所讲

❶ 本文发表于《现代基础教育研究》2013 年 6 月第 10 卷。

的“人的全面发展学说”是完全一致的。第二代领导人邓小平谈到，我们教育的本质还是育人，他提出我们要培养“有理想、有道德、有文化、有纪律”的“四有”新人，这里的“四有”新人就是现代的文明人。国家的强盛和中华民族的伟大复兴，第一重要的是人。真正有了可靠的接班人、素质良好的建设者，才能使各行各业兴旺发达。办教育对这一点的坚守是非常重要的。

我们现在对素质教育是口号讲得很多，标签也贴得很多，但是每个地区、每所学校对孩子的素质教育究竟该怎么进行？深入研究不够，具体落实不够，成效当然也就不够。素质教育的内涵是非常丰富的。比如说，“崇公”这一理念，从张伯苓的“允公”而来。“养品”，对基础教育特别是小学教育来讲太重要了。现在的教育对知识、对分数顶礼膜拜，这是进入了误区。在十几年的教育中，小学教育对孩子品性、习惯的养成非常重要。我一辈子强调基础教育的重要性，特别是小学教育的重要性，儿童时期的教育对一个人来说会影响终生。中国有句古话：三岁孩童定八十。从小要在良好品德的养成上下功夫。“静思”，主要针对的是当前教育中的功利和浮躁。一所学校把孩子的时间空间、教师的时间空间全部占领了，还怎么让儿童、教师和校长去思考？且不说别的，单是许多获诺贝尔奖的大科学家都强调独立思考的重要性。我也从事过十多年的师范教育，我有一个体会，要教育好学生，首先要教育好教师，带领好教师的发展成长。教师教育的第一责任人是学校校长，他们对教师的情况最了解。教师的成长不是听几场报告就能够解决问题的，课当然要上好，这是当教师的前提，但是一定要让教师有学习和思考的空间，否则不可能涌现出出类拔萃的教师。如果教师所有的时间都被占满了，那就变成了标准化建设。标准化的设计，培养出标准化的教师和标准化的学生，这样创新就会成为空洞的口号。

记得莎士比亚讲过，简洁出自智慧。课程统整一定要抓住最本源、最精髓的。统整的目的是化繁为简，提高教学的有效性；统整的亮点是减轻学生负担，减少头绪。确实是要思考三类课程如何统整、如何拓展基础课、如何把研究性的内容放进去，科学地加以统整，从而切实减轻学生的负担。别说统整需要正确的教育理念，就是教学业务也应深入钻研。比如小学的识字教学，问题不小。我举一个例子，月亮的“月”是象形字，“月”（肉）也是象形字，字典、词典归在同一个部首，许多教师不知道。在进行识字教学中，对频率最高的词、独体字都不知道它的来源，这就必然会加重学生负担。其实表示人体器官的汉字许多都由“月”（肉）字旁构成，如：“腿”，“月”（肉）字旁，形声字；“胃”上面是个田，下面是个“月”（肉）；胸，“月”（肉）字旁，形声字。

如果我们对这些规律性的知识都不清楚的话，一个字让学生抄10遍、20遍，只能加重学生负担。因此，统整一定要在学科的本质上下功夫。要读懂文本，这才是教师真正的专业素养。希望我们的教师快快成长，一名优秀的教师能恩泽多少学生啊！学生是要培养的，教师也是要培养的，教育要回归本质——育人的本质。教师应该拿什么来育人？一是人格魅力，二是学术魅力。基础教育是有学术内涵的，哪怕教一个字，也有学术内涵，有文化积淀。学校要着力发挥所有教师的聪明才智，教师有了教育自觉性，充分发挥聪明才智，办学的诗意目标就会化为执着的追求，从而有效提高教书育人的质量。

16. 椎心的忧思，竭诚的期望[1]

直面教育现场，给人突出的印象，一是成绩巨大，二是乱象丛生。

且不评说改革开放三十多年来教育取得的举世瞩目的成绩，单是普及义务教育，那么宽广的地域，穷乡僻壤，高原平川，全覆盖，那么多的学龄儿童都入学，一亿几千万的学生都接受义务教育，这是怎样庞大的数量啊。如此的教育成就在世界上应该是首屈一指，史无前例的，值得骄傲与自豪。然而，与此同时，教育内部、教育外部的混乱现象比比皆是，它们不断侵蚀教育的肌体，不断扭曲教育的宗旨，造成投入的人力、物力、财力与教育质量、人民的满意度有很大距离，许多事不得不让人忧心忡忡，

---

[1] 本文发表于《未来教育家》2013 年第 5 ~ 8 期。

长此以往，何处是乱象的尽头！

一、以分判人，首当其冲受害的是男娃娃

分分计较，以分判人，在许许多多学校已司空见惯，见怪不怪。在这种教学机制下，不管怎样加重负担，机械训练，不管怎样要求家长陪读陪学，首先在分数这个紧箍咒面前败下阵来的是男娃娃。是他们的智力比小女孩差吗？不是，是生理发展、性格特点难以适应这种刻板的、琐细的、无情趣的、反反复复的标准化训练。他们好动、好奇，求新、求异，又粗粗拉拉，不懂事，这不是缺点，而是天性。可悲的是无视这些特点，未潜心研究这些特点去因材施教，而是用统一的标准化的框框进行打造，抑制想象力、抑制求知欲、抑制灵气的教学事例屡见不鲜。由于以分判人，从启蒙教育开始，男娃娃就难以获得锻炼的机会。用家长的话来说："好事怎么摊得着？当个小队长已是天大的喜事。"小学时就处弱势，升学一路被淘汰，学生世界中就形成了"阴盛阳衰"的局面。

这不是一个简单的男女生比例失调的问题，而是要追究探讨形成这种现象的原因，以及产生的影响与后果。男孩智力开发与女孩相比，要迟一到两年，用分数一把尺子评判，有时会把天才扼杀在摇篮里。更可怕的是男生的阳刚之气受到损害，更谈不上培育与发扬。一整套对分数顶礼膜拜的做法，使男性的勇敢、担当、冲劲、冒险精神等无形中受到消解。男孩子"娘娘腔"不是好事，如果面广量大，就会影响到民族性。中国的伟大事业需要

无数像罗阳同志那样的顶天立地的好男儿。

二、以考定教，最受伤害的是学生的全面发展

育分还是育人，是办教育的根本性问题。古今中外教育家无论是创建或持有怎样的学说，有一点是无可争辩的，即教育是“教人”的，教学生“成为人”，“完成人的美好品质”。我们办教育的目标十分明确，是育人，是培养学生成为德智体美全面发展的、有良好思想道德素养和良好科学文化素养的合格的建设者和可靠的接班人。然而，看学校的教育现状，相当程度是在育分，“分”是实做，“人”的全面培养不到位，有时被虚化了。“分”为何高到如此的价位？支撑它的是强有力的指挥棒——升学考试。为了追求中考、高考升学率，考试结织成的这张网覆盖了整个基础教育，就连小学一年级的娃娃也未能幸免，现已延伸到幼儿园，不少幼儿也要提前学习“课程”，提前支付有限的“智力”。

考试作为一种检测手段、选拔手段，本无可厚非。检测的目的在于改进教与学，提高教学质量，使学生学得更有兴趣，更自主；升学选拔在当今仍然是公平公正的好措施，在短时间内助学生做点应考准备也是人之常情。问题在于以应试教育为目的，以追求升学率为目标，不仅偏离了育人的轨道，也使学生的健康发展受到明显的伤害。

以考定教。为了反复操练取得提高考分的效果，教学内容不断提前，并缩短新授课的时间，初三、高三缩短新授课一学期乃至两学期的情况屡见不鲜。教学时间的压缩，必然造成教学内容

的叠加，再加上反复操练，学生的学业负担超常沉重。以考定教，考什么教什么，不考就舍弃，学科的性质、功能，学生的认知规律很少顾及。原本醉心于知识点，现更进一步发展到抓住得分点。上课抓得分点，眼睛发亮，全神贯注；不是得分点，气泄了，劲也没了。求知对心灵的滋养、情感的陶冶、理想的孕育、思维的发展、视野的拓展等的影响虽不至于荡然无存，但也难觅踪影，那种求知中的新发现、新顿悟、新追求的美丽风景很少见到。智育的品质、内涵、功能下降到如此逼仄的情况，怎能不让人忧虑？求学不读书，阅读的贫瘠直接影响科学文化素养的提升。缺少文化积淀，大大制约今后的发展。社会实践少，动手能力差，有的几乎事事不知，更不用说接近自然。整日埋头作业，学生的时间、空间被题海占满，还谈什么个性发展、创新精神、实践能力？用学生的话来说，“学习只为考试，考试只为应试，考过就忘记”“一天15个小时以上泡在课堂与作业里，造出一个个机器人”。

“立德树人”是教育最本质的问题，德育为先，育人为本。教育的根本任务是引导青年学生树立正确的世界观、人生观、价值观和荣辱观，培养德智体美全面发展的“和谐的人”。一心追求考分，全力以赴追求升学率，学校德育有形无形受到挤压。课堂里解题的技能技巧至上，不仅育人意识淡薄，而且做法上也违背教学宗旨。任何教学都具有教育性，没有教育性的教学是失掉灵魂的教学，苍白无力。别的暂且不说，仅以学生崇拜的偶像而言，就促使我们深思。前不久中国青少年研究中心公布的一项“少年儿童偶像崇拜与榜样研究”调查显示，有近七成的孩子最崇拜的偶像是文艺体育明星，把科学家作为偶像的只占 2.3%。科学家排名：爱因斯坦第 31 位，钱学森第 45 位，爱迪生第 47 位，袁隆平第 80 位。偶像崇拜高度娱乐化。抽取对象是六省市的小学三年级到高中二年级的 6466 名在校学生。我们语文学科德育实训基地也于去年做过类似的调研，尽管样本不大，是 508 名中小学生，但涉及 14 个区。结果显示：崇拜的偶像 48.7% 是演艺明星，体坛人物占 7.7%，仅有 1.2% 选择道德楷模。社会上金钱至上，一夜暴富、娱乐文化大肆鼓吹、大肆宣扬，对涉世未深、缺少文化积淀、缺少正确的文化判断力的青少年儿童所产生的负面作用是显而易见的。这些思想观念通过具体的、生动的、包装得新奇的声、光、电等手段施加影响，学生容易入目入耳，最后就入了心。至于理想信念、民族自信、诚信意识、社会责任、勤奋自强、和谐相处等观念学生们都不同程度存在不足或缺陷，这既不能漠然无视，更不能掉以轻心。学生是家庭的宝贝，国家的宝贝，从小施以怎样的教育，直接影响他们将来如何立业、立人。如果做人的根基打不正，打不牢固，那就会“地动山摇”。

健全的心灵寓于健康的身体。身体是否健康关系到一个人一辈子的生活、工作、学习。儿童、少年、青年是长身体的关键时候，施以怎样质量的体育教育，对他们的身体成长、体质强健起至关重要的作用。当前，学生的体质不容乐观，视力下降，耐力、爆发力差，许多体育锻炼项目不会、不适应、不参加，这同样令人忧虑。我们不是培养玻璃娃娃，不能用圈养的方法让他们碰不得、摔不得，不能经受风吹日晒雨淋；我们要培养的是体格健壮、精力充沛、意志坚强、有抗挫能力的建设者，要永远甩掉“病夫”的历史屈辱。

德智体美全面发展不仅是我们培养的目标，更是我们社会主义国家青少年受教育的权利。片面的乃至扭曲的教育质量观、违背学生身心健康发展规律的学生观，指挥着、左右着我们的教育教学行为，不仅损害着未成年人应该享有的幸福权利，也抑制了他们花样年华的生命活力与光彩。一个人只有一个童年，一个青春，青春是无价宝，哪个孩子都伤不起，更何况今天的教育质量就是明天的国民素质。这不仅是基础性的问题，更是带有全局性战略意义的大事，怎能不让人揪心！

三、认清乱象产生之诸多根由，是改变教育困境的第一步

教育行政部门对种种乱象从未停止过整治，如学业负担过重问题、铺天盖地的教辅问题、五花八门的考证问题等，均作规定、下文件，但收效不理想，有些地方有令不行，还变着法儿对着干。怎么会这样呢？乱象形成非一朝一夕，愈演愈烈有各方的利益驱动，破解困境谈何容易。

就业压力巨大，又瞄准了权与钱，高学历就成了选择高待遇职业的必要台阶。就业问题必然牵扯到学历；要获得高学历，必然要经历无数次考试，而升学考试更是诸多“关”中的关键，考试指挥棒能强有力地指挥就不足为怪了。围绕考试产生的种种乱象，最深层次的根由即在此。

家长对子女教育的高度重视前所未有，这是一种进步，是好

事。但相当数量的家长期望值高得往往不切实际。由于社会上金钱至上、享乐主义思想的影响，期望值又往往聚焦在出人头地，做“大事”，赚大钱上，于是各种负担往子女身上压，双休日也得在各种班里连轴转。家长望子成龙、望女成凤的苦心又支撑了乱象的“合法性”。常听到的一句话是：“家长有此需要嘛！”不管孩子受不受得了。

应试教育乱象中起推波助澜作用的莫过于教辅读物，渗透到每个地方，题海、题库，无一名学生能够幸免。教辅读物是出版部门的大产业，然而不是出版部门也在搞，都在学生身上打主意，赚的是家长的钱，耽误的是孩子的青春。学生没完没了的机械训练，挤压了自主阅读、社会实践的时间与空间。利益驱动的巨大力量使应试教育的乱象久盛不衰。

领导部门常按照考核经济的办法来考核教育。考核经济看GDP，考核教育看升学率，看百分比高不高。教育是育人的事业，有其特殊性，要在未来才能看到效果，用现在的考分评价未来的事情，科学吗？合适吗？再说，当前办学以应试为准则，能反映学生德智体美发展的真实情况吗？能反映学校真正的教育质量吗？这一招很厉害，“给你钱投下去，产出呢？”升学率以数字说话，检测最方便。于是，一级压一级，区县压到教育局，教育局压到学校，校长压到教师，教师压到学生。不仅是教学压力、学习压力，由于功利思想作怪，弄虚作假等乱象也随之而生。

凡此种种，不一而足，社会给教育的压力太大了。教育自身呢？与乱象的存在与发展有没有关系呢？

大家最看得见、影响最直接、最有指挥力的是招生考试制度，尤其是高考制度。基础教育办学基本瞄准这一点来干的。

以升学率为目标，有些学校的管理层面设置众多规定，从学生入学开始就层层把关，把教师和学生捆绑在考试的战车上高速运行，学生、教师均苦不堪言。这种办学方向本应纠正，可悲在往往被默认，说的是一套，做的是另一套。说的是素质教育，创新做法，行的是考、考、考，分、分、分。拿高升学率说话，谁也不敢把这类学校怎么样。举例说，中考考六门课，其他课程就不教，无法无天到如此程度，没人管，因为升学率高。此类事大家心知肚明，心里不服，又不敢直言，其负面作用是对教育失去信心。对考试步步为营的做法大大巩固了应试教育的阵地。

说大话，说空话，说假话，搞花样，搞形式，以名利为导向的“面子工程”也是乱象滋生根由之一。开口应满足学生需要开多少门课程，上百、几百，师资似乎比大学的名教授还要棒。浮夸，说过似乎就已经做过。一谈论教育，就是外国名词术语一大串，而且不断花样翻新以表示走在最前沿，国情、校情、师情、学情反倒不上心，似乎学校就是国外教育思想观念的大汇聚，教育措施的实验地。为招揽生源，与国际接轨，开设外国课程，语文、历史不开设，去中国化。凡此种种，形成一种导向，形成一种追逐的风气，一般学校还难有这样的底气，有头有脸的学校才有能量。

教师绩效考核、职称评定、荣誉表彰都要与考分、升学百分比挂钩，有些学校还挂得十分紧密。考试一结束，教师的名次就按分数高低排列出来了，精确到小数点后一位、两位，0.1分之差就有高下之别。分，分，不仅是学生的命根，也是教师立身的命根。教师对高分的追逐滋生了其对学生语言暴力、操练打压的种种乱象。

由于以分数评价教育质量，以升学率高低判别学校，于是有些学校拼命提高学生入学的门槛，如认识1 500字方能进入小学一年级就读，一传十，十传百，家长很快把子女的识字、算术延伸到幼儿时期，揠苗助长。正由于要在起跑线上领先，且保持继续领跑的优势，各种考证兴起，声势浩大，奥数的价值位列头等。学校择生，家长择校，有些小学如招四个班的学生，其中一个班级几乎都是“条子生”，钱不敢收，有所顾忌，“条子生”招架不住，各种各样关系，谁也惹不起，教育的公平、公正就被各种各样的权力人为地破坏了。这是腐败！

教育乱象产生的根由错综复杂，有教育理念的问题，有体制机制的问题，有利益驱动的问题，教育内部、教育外部矛盾交叉，相互作用。谈这些情况不是抹杀我们改革开放以来教育取得的巨大成绩，而是面对现实，增强忧患意识，坚定破解难题的勇气、信心和毅力，真正做到党的十八大报告中指出的“努力办好人民满意的教育”。

四、深化教育改革，以法治教，以德兴校，让教育回归育人本原，让每个学生幸福成长

破解教育中碰到的种种难题，用单打一的方式确实难以奏效，须进行综合改革，各方协调，上下配合，真抓实干，扎实推进。

进行综合改革，要有各个层面的科学设计。就是顶层设计，也一定要从现实情况出发，倾听基层呼声，接地气。就基础教育而言，要进行有效的改革，先要重视精神状态的改变。无能为力、无奈、等待、随大流等是常见状况。明知学校教育应全面贯彻教育方针，全面实施素质教育，立德树人是办学的责任与使命，但面对应试教育的强大压力，觉得胳膊扭不过大腿，无力突破，于是深感无奈，心里想育人，行动上在育分，不想做也得勉强做。但心里还是充满了希望，等待哪一天改革成功，招生考试制度、评价体系为基础教育松绑，那就蓝天白云，上上大吉了。更有甚者是不思改革，在应试教育轨道上走惯了，轻车熟路，何必自讨苦吃，随大流可少费神。

我认为，办教育的人，从管理者到一线教师，都要有点精神，有中国人的脊梁骨。教育承载着学生的现在与未来的发展，承载着国民素质的整体提高，承载着中华民族伟大复兴的千秋大业，是民族振兴和社会进步的基石。为之奋斗，既是责任，也是莫大的光荣与幸福。再说，与以往经费短缺、寸步难行相比，今日不知要好多少倍。今日教育战略地位的确立，坚持优先发展教育，为创建有中国特色的教育开辟了无比广阔的道路。问题、困难，是发展过程中的挑战，拿出奋斗的勇气、不屈不挠的精神，努力施展才华，难题就会一个个解开。

破解难题最为重要的是以法治教，以德兴校。教育有一系列的法律、法规，从《中国教育改革和发展纲要》《中华人民共和国教育法》《中华人民共和国义务教育法》(修订)、《中华人民共和国教师法》，以及《中华人民共和国未成年人保护法》等，一直到《国家中长期教育改革和发展规划纲要（2010 年—2020 年)》，对办中国特色教育的方方面面均作了明确的规定，按时代需求，发展的线索也十分清晰。按理说，从政府顶层设计层面、管理层面，一直到基础学校层面，均应依法治教。法制观念淡薄，主观臆断，追逐教育时尚，随意性滋生，乱象也就随之堂而皇之地出现。按法律、法规办事，既是政府部门的事，也是所有从教者的事，学校校长、教师都要自觉遵纪守法。在法律面前校校平等，这所学校特殊，那所学校特殊，不表态就是默认，默认造成有恃无恐、无法无天情况的出现也就不足为奇了。法制观念加强，以法律、法规作为约束，许多乱象可以受到抑制。

学校是培育学生成人、成才的神圣场所，以德兴校是办学者应尽的天职。以德兴校是对学生生命与发展成长的敬畏，是对教育事业的忠诚。尽管社会上有市场喧嚣、急功近利、金钱至上现象的存在，但学校弘扬的必须是社会主义核心价值，营造真、善、美的文化。坚持以德兴校，能比较有效地抵御社会不良风气的侵袭，创建学生健康成长的精神家园。这不是要关门办学，而是要在改革开放的条件下，牢牢抓住以德兴校的理念，去功利、去包装、去虚假、去炒作，让教育回归育人的本原，让学校成为比较洁净的地方，显示社会主义精神文明的引领力量。

要切实提高办学水平，切实提高教育质量内涵，课堂教学须攻坚。学生到学校求学，一天要上七八节乃至九节课，课堂的教学质量直接影响学生生命的质量，影响他们成长的质量。有几个问题须面对：一是课堂教学外围战打得热闹，真正落实到教学第一线进行研究很少。教学竞赛、项目展示、论坛讲座，与广大教师第一线的教学距离甚远。“你干你的，我教我的”，什么公开课、展示课、竞赛课，为了获得比赛名次，反复修改，反复操练，预演许多次，追求形式，违背课堂教学真实、朴素的宗旨，教师并不认可。只是热闹一阵，谈不上有多少吸引力、辐射力。二是课堂教学由于“技术至上”，把情感、态度、价值观与知识和能力剥离，使教书育人有机结合未能落到实处。这一堡垒攻不下，“育人为本”实质上就被架空，课程改革的三维目标也就形同虚设。学科德育的实施正是为了让课程改革以学生为本，使知识与能力、过程与方法、情感态度与价值观融为一体的课程目标真正得到落实。三是课堂教学质量往往以分评判，教师压力很大，不少教师有逃离课堂的想法。有人这样调侃说：有本事的进机关，当校长，其次当教研员，再差一点当学校主任，我们是五流，只好站课堂。那么多不上课的，对上课的评头论足，掌握考试大权，掌握教师职称、能不能升迁的大权。有些青年教师觉得教学太苦，总想离开课堂。这些想法、说法虽然不完全对，但一定程度上表明了对教学第一线的教师缺乏应有的尊重与人文关怀的现象也是屡见不鲜的。管理者似乎高过实践者，教研员成了考研员，脱离教学，与设置该岗位的初衷差距很大，教师心态不平衡。课堂教学质量的提高靠的是合力，要各司其职，兢兢业业，多一点在教学实践第一线的实干者，少一点脱离实际、指手画脚的指挥者，关系和谐才能促进对教育事业的热爱，齐心协力提高教学质量。

学校经常要被评估、被检查，但又往往政出多门，基层有时应接不暇。有的校长说一个学期要接待 18 次，有的文字报告长达 3 万多字，不胜其烦。学校教育工作须静下心来思考、实践，干扰多，必然使精力分散。大家忙得团团转，但常走不进核心工作深入钻研。“大道至简”，简单就是智慧，过多的程序，层层叠叠要求，简单问题复杂化，必然束缚下面的积极性和创新精神。有个制度是否可建立？那就是问责制度。不抓枝枝节节，就抓学校是否全面贯彻教育方针，是否以学生为本，德育为先，从办学指导思想，到具体措施，再到实际效果，提纲挈领，把学校教育教学统整起来，回归教育的本原。“问责”不是发生错误才“问”，而是促进教育思想的提升，得出正道办学的经验，从学校不同层面的实际出发，共同回答“我是谁?”“我是干什么的?”“我怎样干?”“为什么我这样干?”“干的效果怎样?”“如何才能继续发展?”等问题，呈现办学多姿多彩的局面，使每个学生能幸福成长。

五、自信力的问题

教育经费、教育布局、教育法规等，只要是政府行为，很有中国特色、中国气魄，但一到教育专业领域，“言必称希腊”，一下子我们就成为矮人了。学习外国绝对没有错，但绝不是照搬照抄，食而不化，妄自菲薄。外国教育的名词术语、操作、评论笼罩了我们基础教育的方方面面，以自己“言必称希腊”为荣，

“行必做希腊”为荣，也是一种悲哀。中华民族从来就是一个海纳百川的民族，善于学习与吸收外来文化，但绝不是囫囵吞枣，简单移植，而是取其精华，去其糟粕，在“化”上下功夫。照搬照抄，良莠不分，其结果是失去了自己。有人开口闭口就是教育要与国际接轨，须知，中国当今的教育不是在零起点上，是有传统的，教育的优秀传统是我们培养学生成长、成人、成才的根和本，忘了根脉，离开了本真，不可能长足发展。不要说两千多年前孔子教导的“有教无类”“因材施教”“学而不思则罔，思而不学则殆”的大智慧，千百年来“君子教育”的丰厚内涵，就是新中国成立六十多年来的中国教育，就有许许多多可圈可点值得骄傲之处。且不说自强自信、艰苦奋斗的创业精神，单是教育目标的定位，教育措施、教育方法等积累的经验就十分宝贵。如理想教育渗透到学习求知当中，既教育学生从小要树立胸怀大志的根，又不断引领学习的目标、方向、动机，激发旺盛的求知欲。又如，小学启蒙阶段学习良好习惯、卫生良好习惯、做人道德良好习惯的养成有一整套行之有效的教育方法。再如，学校千方百计促进学生德智体美全面发展。为使学生体格健壮，早锻炼必不可少；课堂上有些学生质疑的深度令教师既吃惊又欣慰；下午课后，简陋的操场上龙腾虎跃，热火朝天，文学讲座、科普讲座座无虚席，同学们全神贯注。那时学生求学的美丽风景线至今令人兴奋，令人神往。而今，有些人一谈到传统，就把我们否定得一文不值，把负面的东西夸大再夸大，这是很不严肃的，缺乏实事求是的科学态度。

时代在发展，教育当然要改革，要去除落后的，改革不适应时代发展的。我们要做的事是不忘本来，吸收外来，面向未来。不能把我们的教育打扮得跟外国的教育一样，说这是所谓的去跟国际接轨。要研究自己教育的历史与现状，扎根于本土，才会有真发展。学习西方是为了发展我们自己的教育。在专业领域从宏观到微观，从理念到举措，跟在别人后面爬不会有出路。要走自己的路，树自己的旗，尽心尽力办中国特色的教育，创建中国特色的教育高地，有这样的民族自信，国家自尊，中国教育才能真正走向世界。

一名草根教师椎心忧思的表白，目的在期望从事教育的同志能直面现实，共同兴利除弊，促进教育事业的健康、繁荣发展，走出一条让世界瞩目又钦羡的具有中国特色的教育之路，让每个学生在改革开放的环境中都能幸福成长。

17. 编者手记之一

兰保民

在当前时代背景下谈教育，实在是件很难的事。教育从来没有像现在这样让全社会如此关注，国家战略把它放在重中之重的地位上加以强调，政府官员把它与和谐社会建设紧密地联系在一起，家长、社会则将千家万户的幸福生活寄托在它身上，而专家学者呢，则一遍遍地用学术眼光冷冷地打量它，用科学尺度反复丈量它。同时，教育也从来没有像现在这样经受着来自各方面的考验，多元文化背景下的价值分歧疏离着教育的正确走向，经济社会的功利选择冲击着教育的基本底线，网络传媒的放大效应削弱着教育的公信力，海量的冗杂信息消解着教育的育人功能。所有这些，让教育承受着不能承受之沉重，忍受着不能忍受之痛苦，经受着不能经受之迷茫。于是在外部，批评指责的声音不绝于耳，而内部呢，则奇论迭出，乱象丛生，堂而皇之的标语口号满天飞，而违情悖理的荒谬做法司空见惯。

乱象中自有教育之魂魄在，喧嚣中自有真知之声音在，迷茫中自有正见之星斗在。作为教育家，于漪老师了不起之处就在于，拨开乱象的丛莽，让教育之魂魄闪光；穿透喧嚣的聒噪，让真知之声音奏响；在一片迷茫中，指明闪闪发光的星斗，从而让人们寻找到正确的方向。人们不禁要问，面对纷繁复杂的现象，于漪老师为什么总是那么清醒？为什么她对教育问题的认识会那么深刻？为什么于漪老师的见解总能发人深思？

读了本辑的十几篇文章后，你也许就会发现，其实答案很简单：因为于漪老师是一个一直在独立思考的人。正因为独立思考，所以在众人趋之若骛地追逐潮流时，她却总能发现潮流之下的暗涌，在人们竞相标新立异的时候，她却总能发现新异的现象背后的本质，而在纷繁复杂的现象和躁动多欲的现实面前，她又总能保持足够的清醒，坚守正确的价值取向。

其实，独立思考说说并不难，而真正要做到却并不容易。这需要开阔的视野、博大的胸襟、对教育事业的炽热情怀和崇高的使命精神。于漪老师的独立思考，正是因为有这些打底，才让人感到有真见识，有高境界，有大气度。

就以开阔的视野为例吧。于漪老师视野所及，可以说是上下古今，纵横中外。从两千五百年前孔子的“仁者爱人”、柏拉图的“灵魂提升”，到近现代杜威的“生活教育”、陶行知的“爱满天下”，在这十几篇文章中，她不止一处提到。古今中外这些伟大教育家的教育思想，她学得深，吃得透，所以眼光看得就准，脚跟立得就稳，话语说得就实。就现实关怀来说，从信息传媒的娱乐宣传，到美国教育的单极思维，从学校办学的“泛技术化”倾向，到分数崇拜的功利诉求，都在她的关注之中；还有国家发展的战略需要，还有学生精神成长的生命需求，还有中国教育的话语权归属，等等。这种开阔的视野，让于漪老师站在历史发展、文明发展、国家发展、教育发展和学生生命发展的高度来思考教育，因此她的很多观点，往往成为时代的先声。比如2012年12月党的“十八大”明确提出了“三个自信”，而实际上于漪老师2011年甚至更早的时候就多次撰文呼吁中国的“教育自信”了（《语文教师要有教学自信力》《要建立自己的教育话语权》）。

本辑中的十几篇文章，可以从多种视角来阅读。我们会发现于漪老师批判的锋芒，直指社会价值观的功利取向、大众媒体的娱乐宣传，直指学校办学的泛技术化倾向，以考定教、机械操练、分数崇拜的错误教学观，直指西方教育话语霸权的肆意横行，具有中国特色的教育话语的严重失语和缺位，等等。其实不是批判，更多的是她满怀热情的“构建学校的价值取向”，为学校教育明确价值定位——培养有中国心的现代文明人，呼吁“教书要为育人服务”，并指明“校园文化建设”的三个层面，强调“课的质量”和“求知欲的培养”的重要性，以及体育在教育中的重要地位（《基础教育须狠抓基础》）。我们从中还能清晰地捕捉到于漪老师忧患的目光和沉思的表情。

当然，更丰厚、更深刻的思想就蕴藏在文章的字里行间，还是请读者诸君展卷细品。

让生命之花绽放

1. 学科德育重在融合[1]

在学科中进行德育，本就是上海市二期课改的要求。课程方案中先后提出要“丰富德育内涵”“改进德育方式，拓宽德育渠道，突出各学习领域的德育作用”；在学科课程标准中强调全面提高学生的素养。如语文学科就是要“开发语言潜能，全面提高学生的语文素养”。素养的形成与提高靠三根支柱的支撑——知识与能力、过程与方法、情感态度与价值观，也就是通常说的“三个维度”的统一。三个维度不能割裂，不能分解开来各行其是，而应交融在一起，发挥传承知识、发展能力、塑造优美心灵、完善人格培养的多重功能。

学科德育显然不是知识教学之外的“穿靴戴帽”，而是与知

---

[1] 本文发表于《现代教学》2005 年第 22 期。

识教学融为一体的情感、态度、价值观。学科德育重在融合，是水乳交融，而不是油与水的关系。比如语文学科教学，教师在指导学生学习语文知识、提高语文能力的同时，培养学生高尚的道德情操和健康的审美情趣，形成正确的价值观和积极的人生态度。后者同样是语文学科教学的重要内容。一般来说，知识与能力的教育是显性的，后者则是隐性的，要注重熏陶感染和潜移默化，看似不见痕迹，但点点滴滴在心头，有春风化雨、润物细无声的效果。

要做到融合，就要对所教学科的个性特征深入研究，准确把握，然后对某个章节、某个内容反复推敲，找到知识传承与思想情操熏陶感染的最佳结合点，进行“无缝焊接”。当然，教师在教学时应该满怀激情，只有自己感动，才能感动学生。如果冷若冰霜，采取旁观者的态度指手画脚，文本中再好的内容、再精彩的语言也会因教学实践的降温而凝固，降低生动、鲜活的育人功能。例如语文教材中的经典课文朱自清先生的《春》，犹如水彩画，不少地方细笔细描，十分传神。一般教法，常让学生欣赏春天的美景，积累一些美词美句，学习抓住描写景物特征的方法。这当然可以，但文章的灵魂并没有被挖掘，没有震撼学生的心灵。春山春水、春草春花、春风春雨、春天的画面无不生机盎然；生命的可贵、生命的灿烂似锦，洋溢在字里行间。抓住一些关键词句，引导学生咀嚼其中的深味，面对一幅幅春日美景，联系自己的学习、生活经验展开想象，不仅会感受到无声的文字已站立起来，自己已置身于形象、色彩、音响交织的美景之中，享受美的熏陶、美的愉悦，而且可以倾听到生命的跃动，体悟到生命的珍贵与灿烂。文字用来表情达意，当学生透过文字的“表”“达”，触摸到作者的“情”“意”，就会与作者心灵沟通、交流，乃至产生共鸣，受到教育与感染。进入文本，与作者融为一体，这才是真正的阅读。伴随着文章结构、语言、写作方法的探讨、咀嚼、研究，思想道德教育、情感教育也就流入学生的心田，使学生振奋，使学生追求美好，无形中提升了学生的认识，净化了学生的情感。学科知识教育与德育，你中有我，我中有你，融合在一起，密不可分。

学科德育最忌东拉西扯，无限拔高。教材本身的内涵是德育的家园，也是进行德育的依据，离开对教材、文本的深入钻研，随意延伸，无限发挥，那就成了空洞的说教。说教必定浮游无根，在空中飘，最无力量，也最易招来学生的反感。求真，是从事教育的人必须遵循的原则。唯其真，才能实事求是，才有教育的力量。教材里包含着怎样的思想、精神、情感、价值观的内涵，就深入底里，挖掘出来，因学生的具体情况，如知识基础、理解能力、认识水平而有的放矢地施教。德育有其自身的规律，要立竿见影，毕其功于一役是不可能的；需要的是细心、精心、耐心，更重要的是需要爱心，对学生满腔热情满腔爱。持之以恒地在学科教学中实施心灵的培育和塑造，使学生不仅能健康成长，而且能终身受益。

2. 提高德育实效，走进学生世界[1]

要提高德育的实效性，走进学生的世界至关重要。

知心才能真正教心。青少年学生的世界时而涟漪、时而波涛、色彩斑斓、变化莫测。特别是在当今多元经济并存、多元文化激荡的情况下，学生的学习世界、生活世界、心灵世界无不受到直接或间接的影响。他们究竟想什么，爱什么，对什么有兴趣，对什么有追求……凡此种种，我们执教的老师常若明若暗，或大而化之，或以个别代全体，缺少具体深入的了解，缺少真切的理解与体验。力气花得不少，收效不理想，事倍而功半。

教育的实效性与教育的针对性紧密相关，针对性越强，教育的效果越好。思想道德素质内涵十分丰富，对人、对己、对社会、

[1] 本文发表于《关心下一代》2007 年第 1 期。

对国家，大到世界观、人生观、价值观，小到一言一行、一件具体的事，都要关注、教育、培养。学生处在变化发展之中，思想、道德观念正在形成之中，故而调查了解、不断研究十分必要。知之准，知之深，充分发掘学生自身积极向上的因素，因势利导，激励、赞扬，学生向前迈步的劲儿就势不可当。

一般来说，教师对学生的学习世界比较关心。其实，这种关心往往很不全面。注意力更多的是集中在考试上，集中在分数上。考试只是一种检测，分数只是衡量其一个局部知识掌握的标志，它不能反映学习的全部，更不能反映这名学生的整体素质。更重要的是须了解学生学习的多样性、独特性，他们的共性和各自的学习特点。例如对眼前的学习有哪些看法，学习的目的何在，动力是什么；对哪些学科有兴趣，哪些无兴趣，原因何在；喜欢怎样的老师，不喜欢怎样的老师，原因何在；有怎样的学习习惯，读书喜欢怎样读，练习喜欢怎样做，最讨厌哪类训练，有无克服学习困难的勇气和毅力，有无正确的学习方法和学习特长；课外阅读的兴趣是否浓厚，对哪些读物偏爱，对哪些作者崇拜；学习中动手的能力如何，有无自制作品和力求创造发明的愿望；有无查阅资料、网上查阅信息的条件与能力……每个学生有自己独特而丰富的学习世界，经常了解、沟通、交流，倾听他们的诉说，我们的德育工作就不会停留在只是要求学生勤奋学习的层面，不是空洞的、概念化的，而是生动的、具体的、鲜活的、各具个性的积极引导，扬学生之长，明努力方向，学生就会心情舒畅，尝到学习的快乐。

学生生活的世界也绝非二三十年前那么单一、那么简朴。物质生产的丰富把社会装扮得五光十色，橱窗里的东西琳琅满目，广告宣传又推波助澜。物质的诱惑、流行的张扬，使青少年学生对生活中的衣食住行有了超过他们年龄的思考与追求，简单地“堵”不解决问题，一味地斥责或放任，都无济于事，难以取得预期的效果。要站在年轻人的位置想一想，爱美是人之天性，但什么是美，要取法乎上；人总有物欲，要生存，要发展，离不开物，但不能为物所累。20世纪西方哲人一直忧心忡忡的是人的异化、物化，科技进步，物质丰富，反而使道德沦丧。我国古人在《礼记·乐记》中深刻指出：人物欲膨胀，人就化为物，“人化物也者，灭天理而穷人欲者也。于是有悖逆诈伪之心，有淫佚作乱之事”。人被物欲所俘虏，就会丧失天理良心，什么乌七八糟的事都干得出来。要经常生活在学生的世界之中，经常交流、分析，让他们明做人之理，学习好的榜样，让人与物之间如何正确处理的道理能点点滴滴入学生心头。

求知也好，对物质生活的认识、追求也好，都离不开学生的心灵世界。学生的一言一行都受思想情感的支配，与学生心灵沟通，有共同的语言因素，才有教育的扎实基础。现在的学生不大向老师、向班主任敞开心扉，即使与班主任关系好，亦师亦友，心中也会有隐秘的一角。苏霍姆林斯基曾这样说：“在每个孩子心中最隐秘的一角，都有一根独特的琴弦，拨动它就会发出特有的音响，要使孩子的心同我讲的话发生共鸣，我自身就需要同孩子的心弦对准音调。”“我自身就需要同孩子的心弦对准音调”，这句话多么精彩，又多么重要！然而，在教育实践中，我们常常要孩子对准我们的音调，纳入我们的音调，于是就出现了噪音，出现了不和谐。当然，对准音调不是无原则地放弃教育，听之任之、附和、捧场，而是要静下心来抓住一切机会听听孩子的倾诉，他们的情感，他们的价值取向，他们的困惑、烦恼和迷茫，用敏锐的目光发现他们看问题中积极的闪光的东西，鼓励、剖析、疏导、引导他们提升思想，追求真善美，鄙弃假恶丑。

育人先育心，育心要知心。要真正走进学生的世界，眼看、耳听、心想，细心、耐心、锲而不舍，才能真正在学生心灵深处滴灌生命之魂——德行。须知：一个人知识的缺陷，可以用道德弥补，而道德缺陷，是无法用知识来弥补的。

3. 在学科主渠道中获得“有效”[1]

为加强青少年思想道德建设，近年来教育部门做了大量的工作，特别是2005年原市科教党委、市教委制定的《上海市学生民族精神教育指导纲要》与《上海市中小学生生命教育指导纲要》贯彻实施以来，德育工作取得了许多进步，也积累了不少经验。但是，德育的有效性仍然是当前严峻的难题，须深入研究、切实破解。

我国社会正处于转型期，社会上的多元价值观、多元文化、物质时尚等通过各种渠道折射到学校、家庭，其中负面的东西对缺少生活经历和文化判断能力的青少年会产生种种影响，侵蚀他们的心灵，损害他们健康成长。加强和改进青少年德育工作，提升德育的有效性，是学生自身发展的现实需要，对提高全民族的

[1] 本文发表于《上海教育》2009年第2期。

素质，促进人的全面发展，增加经济社会发展后劲，同样具有十分重要和深远的意义。

提升德育的有效性，须注意体制机制的建设，方式方法的创新，需社会、学校、家庭形成合力。别的暂且不说，仅就学校而言，改进德育工作的天地还十分广阔，如果在新的一年里，德育工作“两张皮”现象有实质性的突破，学校德育工作的有效性就会大大提升。

思想指导行动，“两张皮”的现象要有所突破，首先是思想认识上的端正与提高。在学校教育工作中，常见的情况是把智育和德育割裂开来、对立起来，甚至认为从事智育是硬任务，分数可见分晓、可见颜色，而德育是软任务、虚的，是看不见也摸不着的。把考试、分数抬高到不应有的位置，人的全面发展，特别是思想道德素质、身心素质的发展，说得多、做得少，形不成氛围，形不成气候。

教育的本质是育人，用现在的语言来说，就是“以学生发展为本”，这是一切教育工作者、所有学科的教师必须树立的核心观念。只看到知识、技能，只信奉“分”，教育的准星就偏离了。学校教育应向学生传授知识，培养学生的能力，这是教育的应有之义，是天经地义的事，但这绝不是教育的全部。学生求知，学习基础知识，培养基本能力，是学生学习的应有之义，同样是天经地义的事，但这也绝对不是他们在学校成长、发展的全部。局部不等于整体，以局部代整体，必然导致教育的损失。

教育的本质是育人，教育学生做人是第一位的。引导与教育他们懂得做人的道理，养成做人的良好思想道德素质，养成做人的良好行为习惯，牢牢把握做人的底线，应是教育工作的重中之重。这一点如果不从小打下扎实的根基，人就难以为“人”。德育为先，不仅是千百年来教育的经验总结，更是现代复杂的社会环境下教育学生成长、成人、成才的关键支柱。早在1999年6月中共中央、国务院召开的全国教育工作会议所作的《中共中央国务院关于深化教育改革全面推进素质教育的决定》中就强调：各级各类学校必须更加重视德育工作，进一步改进德育工作的方式方法，寓德育于各学科教学之中，讲究实际效果，克服形式主义倾向。这里除了强调对德育工作的“更加重视”“进一步改进”，还十分重视“寓德育于各学科教学之中”，正是这点为德育工作指出一条具体的、生动的、广阔的道路。

我们要培养的是德智体美全面发展的社会主义事业的接班人，要有良好的思想道德素质、扎实的科学文化素质，要身心健康。简而言之，就是要培养综合素质好，有中国心的、有国际视野的现代文明人。德智体美是人综合素质的有机组成部分，不能人为地割裂，并加以对立。思想素质、智能素质不可侵害，它们互相融合、互相渗透、互相联系、互相贯通、互相制约，可谓“一荣俱荣，一损俱损”。思想素质是方向、是动力，智能素质是基础、是内部依据。德育与智育不是“两张皮”，融合得好，互相促进；机械割裂，厚此薄彼或厚彼薄此，俱受损害。体育的重要不言而喻，无须述说。美育不仅能陶冶情操，提高素养，而且有助于开发智力，对于促进学生全面发展具有不可替代的作用。人的成功靠综合素质，现代社会尤其如此。德智体美融合，促进学生全面发展，是我们的责任，也是我们的不懈追求。

寓德育于学科之中，就可相当程度地消除德育工作“两张皮”的现象，提高德育的实效性。一是由于学生进入学校学习，日复一日、年复一年，大量的时间是在课堂上度过的。一天要上七八节乃至九节课，课堂教学质量直接影响学生生命的质量，影响他们的成长与发展。因此，课堂教学中是单纯传授学科知识、培养有关能力，还是寓德育于知识传授、能力培养之中，课堂质量会有很大区别，学生的受益程度也不一样。任何学科教学都应有教育性，有教育性的教学，就赋予知识、能力以灵魂、意义，能促进学生的发展。课堂教学本身就应全面贯彻教育方针，以所教学科智育为核心，融德育、美育、体育于一体，发挥育人的多功能作用。

二是德育的实效性须建立在精心探索与勇于顺应青少年道德成长规律的基础上。青少年的道德成长，主体是青少年自己，它具有个体性的特点。如果只是外界约束的条条框框，只能这样做，不能那样做，强迫、说教，那不叫德育。我们以为把正确的东西教给学生，他们就一定接受，而事实上他们不一定接受。思想道德素质是自己内心约束的东西，是由社会的公德跟个人的道德观念、道德情感、道德追求结合在一起的。根据年龄特征、认知规律，他们的感受、体会是有限的，不可能要求他们无限地理解、体验。知识的传授、能力的培养在相当程度上要根据青少年学生的内心需求，适时地把德育融入其中，春风化雨，润物无声，符合道德成长的规律，有利于促进他们内心的变化与提升。

三是上海二期课改的先进理念得以在教学实践中完整地体现与落实。教育的基本职能是促进青少年的发展，二期课改的核心理念是以学生为本，促进学生的发展。这个理念是先进的，它反映了教育本质的回归，全面贯彻教育方针的现实需要，时代发展的迫切要求，符合科学发展观以人为本的指导思想。教育要把学生从自然的人培养成为合格的社会公民，学校的各类课程（基础型、拓展型、研究型）、各门学科（语文、数学、社会科学、自然科学、技术、体育与健身、艺术）必须促进他们今日的健康成长，明日的长足发展。这个任务要落到实处，须有三个维度的支撑。三个维度是知识与能力、过程与方法、情感态度与价值观。

这三个维度不是1+1+1、分离的、割裂的，而是相互交融的。情感态度与价值观绝非脱离学科内容的外加，而是蕴藏在学科中的深厚的内涵。教学不是穿靴戴帽、添油加醋，不是贴标签、硬拔高、乱延伸，而是根据所要传授学科的某些知识、某些能力的个性特征，把情感态度与价值观的相关内涵融入其中，使教学具有吸引力、感染力，闪现育人的光辉。在教学过程中，德育、智育交融，既教书又育人，学生既学得知识、提高能力，思想道德情操又受到熏陶、感染。年年月月如此学习，必能读书明理，明做人之理，明报效国家之理。显然，课堂教学三个维度的融合是真正“人”的教育，不仅促进青少年学生全面发展的教育，也是对片面教育质量观有力的克服。

寓德育于学科教学之中，给二期课改注入了新的活力，使情感态度与价值观有了实实在在的内容，而这些内容又蕴含在相关的知识中。否则，三个维度会人为地造成“跛脚”，难以落实促进学生发展为本的理念。而要切实突破德育工作“两张皮”的瓶颈，课堂教学就必须进行改革与提升。一是执教者须转变观念，心中有培养目标，变育人的无意为有意，把情感激荡、理性思辨融入知识传授、能力培养之中，以收春风化雨的良效。二是深入认识学科特征，深入钻研教材，挖掘教材所蕴含的深意，发挥教材固有的育人资源。“挖掘”本身就能促进教师的专业发展，提升其思维的品质，使教学不在浅表浮游。三是下点功夫了解、研究当代学生的特点。知心才能教心，对准音调，施教的内容才可能拨动学生的心弦，在学生心中弹奏，引起共鸣。

德育工作在学科主渠道开通，瓶颈必能突破，教育教学水平也必将大大提高一步。我们翘首以盼。

4. 中小学思想道德教育的里程碑[1]

最近，《润物无声》问世了，值得庆贺。我作为一名老教师，有机会为这本著作说几句话，深感荣幸。

中国教育改革开放30年来，与其他领域一样，取得的发展与成就令世人瞩目。义务教育的全面普及，高中阶段教育的迅速推进，大学教育与研究生教育的蓬勃发展，教育理念的提升，办学条件的改善，等等，佳音频传，不胜枚举，与30年前相比，令人有恍如隔世之感。忆往昔峥嵘岁月，幸福与自豪之情充盈胸际；立足当前，展望未来，更觉重任在肩，在新的征程中须奋然而前行。

---

[1] 本文是为《润物无声——党的十六大以来上海中小学思想道德建设探索与发展》一书特别撰写的序言，发表于《上海教育》2009年第13期。

当代学生所处的是一个特殊的时空环境。进入新世纪，世界和中国都发生着深刻的变化，这种变化构成了这个时代的历史特征，对教育提出了严峻的挑战。这些变化可简要概括为：政治多极化、经济全球化、文化多元化和信息网络化。暂且不说其他，单是文化多元化和信息网络化对缺少人生经历、文化积淀与文化判断力的中小学学生思想道德观念和价值观的形成就产生了相当大的影响。上海处于改革开放的前沿，又是中西文化交会的窗口。这一方面给学生创造了优越的成长环境，同时又对学生思想观念、价值取向和行为养成提出了更高的要求。面对如此的新形势、新情况，如何引导学生健康成长、全面发展，上海市教委工作党委、市教委及时而果断地制定了《上海市学生民族精神教育指导纲要》与《上海市中小学生生命教育指导纲要》，并大力组织实施。这是解放思想、实事求是，落实科学发展观的重要举措，是新时期全面贯彻落实党的教育方针远见卓识的表现。

“两纲”的贯彻实施是育人的根本大计，体现了以人为本的先进理念，旨在促进学生的全面发展。教育，说到底就是培养人。中国的教育，当然应是培养有中国心的现代文明人，具有良好的思想道德素质、科学文化素质和身心健康素质，成为中国特色社会主义事业的可靠接班人和合格建设者。培养目标是教育工作的准绳，培养目标的实现是所有教育工作者为之奋斗的追求。然而，由于种种原因，在教育实施过程中，重术轻人、重智轻德的现象屡见不鲜：重知识、技能的传授，轻人的全面培养；重智育轻德育，轻学生做人的思想道德情操的培养。其实，所谓重智育，也不是真正重视学生求知欲的激发，创造意识的开发，而是把考试和分数提到不应有的高度，分数增值往往成为办学目标，“育人”在某种程度上被扭曲为“育分”。这种教育功利思想，教育片面质量观与素质教育游离，影响学生的健康成长。中小学生学习文化知识，提高学科学习能力，无可非议，而且要扎扎实实培养。然而，千万不能忽视学习动机、学习目的的教育，忽视做人的教育。读书、求学，为什么？读书为了明理，明做人之理，明报效国家之理。在求学过程中，须认识这些道理，从感性到理性，深入思考，铭记在心，形成正确的人生观、价值观，一辈子指导自己的思想言行，做国家的有用之才，社会的好公民。

这是教育的真谛所在。古今中外对教育的研究与实施尽管各有阐释，做法不同，但“育人”这一教育的本质是不变的。在中国教育的优秀传统中，从来讲究人的培养，讲究人的修身养性，讲究德才的和谐。司马光说得好：“才者，德之资也；德者，才之帅也。”“德”是“才”的统帅，一语道破了立德树人中最为关键的、不可替代的地位。人有了脊梁骨才能直立行走，脱离爬行状态；人有德行，有理想、信念，就有了精神支柱，就能成为真正的人。德，是做人之魂；德育，是教育之魂。对此，认识上的模糊，就会导致实践中的盲目；认识进入误区，行为必然错位。“两纲”的制定与实施，不仅继承了育人先育德的优良传统，而且根据时代特点与学生成长的内在需求加以弘扬与发展；既返璞归教育之本真，又展现创新的时代活水的流淌，具有很强的现实意义。

“两纲”教育在学科中的实施与二期课改的施行，并不是两股道上跑的车，而是紧紧结合、互依互存、相互促进，旨在推进素质教育，对学生进行合格公民的培养、落实以促进学生全面发展为本的先进理念。

《上海市普通中小学课程方案》课程总目标规定：上海市普通中小学课程旨在培养学生初步形成正确的人生观、价值观和世界观，具有民族精神和国际视野，民主与法制意识和社会责任感；具有适应终身学习的基础知识、基本技能和学习策略；具有初步的创新精神、实践能力和可持续发展的能力；具有健康的个性和良好的身心素质，养成健康的审美情趣和生活方式，成为有理想、有道德、有文化、有纪律的公民。

《上海市中小学生生命教育指导纲要》与《上海市学生民族精神教育指导纲要》分别在总目标中提出“使学生学习并掌握必要的生存技能，认识、感悟生命的意义和价值，培养学生尊重生命、爱惜生命的态度，学会欣赏和热爱自己的生命，进而学会对他人生命的尊重、关怀和欣赏，树立积极的人生观”；“使广大学生的民族自尊心、自信心、自豪感得到显著的增强，使学生的思想道德素质得到显著的提高，进而为上海市公民思想道德素质的全面提升奠定基础”。

两相比较，可见目标一致，关键在实施中如何有机地融合，求得最佳效果。

这次课程改革的核心理念是以学生发展为本，要把这个理念落实到学科教学之中，就须牢牢抓住知识与能力、过程与方法、情感态度与价值观三个维度的支撑。教学中认真进行三个维度设计，三个方面相互渗透、融为一体，全面育人的任务就能落到实处。且不说前两个教师比较熟悉的维度，就是情感态度与价值观的内涵就十分丰富。情感，不仅指学习兴趣、学习动机、学习热情，更指内心体验和心灵世界的丰富，高尚的道德情操和审美的情趣与追求。态度，不仅指学习的态度、学习责任，更指乐观的生活态度，求实的科学态度，宽容的人生态度。价值观，不仅强调个人的价值，更强调个人价值与社会价值的统一；不仅强调科学的价值，更强调科学价值与人文价值的统一；不仅强调人类价值，更强调人类价值与自然价值的统一，使学生从内心确立起对真善美的价值追求，以及人与自然的和谐可持续发展的理念。从横向角度看，三者有相对独立性；从纵向角度看，三者具有层次递进性，构成了一个心灵连续体，由情至理，由直觉反映至本质探究，由低级至高级。这么丰富的内涵需要根据各学科的个性特点与知识、能力有机融合，在课堂教学中施以有效的教育。“两纲”教育的内容正是情感态度与价值观的核心内容，贯彻实施“两纲”教育给三个维度的教学注入了无限的活力。它要求教师深入钻研教材，把教材中蕴含的情感态度与价值观的育人因素挖掘出来，融入知识的传授、能力的培养之中。这充分表明“两纲”教育不是课程改革外加的任务，而是使课改的核心理念——以学生发展为本和三个维度的融合落到实处，提高教育的质量。脱离了学科中固有的情感态度与价值观的具体生动的教育，课堂教学只在知识技能层面上滑动，三个维度的支撑也就沦落为几句空话，课改的育人精神实质上就难以实现。“两纲”教育在学科中的实施，使课堂教学发生静悄悄的革命，把偏离教育准则的“育分”向素质教育“育人”的方向转，把课堂教学单打一的线性思维逐步转换为立体化、多功能，把德育、智育、美育有机融合在一起，对学生进行全面培养。德育进学科、进课堂，科学文化知识的传授、学习就有了灵气，有根有魂。学生在求知过程中，懂得做人的道理，懂得报效祖国、奉献社会的道理，并努力实践，健康成长，这才是教育真正的成功。

“两纲”教育实施以来，市、区、县做了大量的工作，创造和积累了许多宝贵的经验，翁铁慧同志主编的《润物无声》从理论和实践结合的高度作了生动、具体、精彩的论述，认真阅读、学习，必能提升教育思想，增添育人智慧，深悟教育真谛。

5. 可否有点偏爱？[1]

眼下相当数量学校的少先队大队长、中队长都清一色由女同学担任。这些学生聪明、能干，学习成绩优秀，做事认真，能按照老师的意图完成任务。男同学能当上少先队小队长，已是幸运的了。长期从事教育的同志每谈及小干部成长中的性别失衡，总是忧心忡忡，甚至唏嘘不已。不少女同学确实优秀，无可非议，但男女生培养上的失衡也是不争的事实，须剖析原因，寻找对策，以取得突破性的进展。

众所周知，教育无选择性。只要生长在我们这片热土上的少年儿童，教师都有责任把他们教好。要面向全体学生，热爱每一个儿童，尽心尽力促进他们德智体美全面发展，这是为人师的道

[1] 本文发表于《少先队活动》2009 年第 11 期。

德底线、工作底线。两千多年前先圣孔子就提出“有教无类”，并身体力行，今日不仅有更丰富的时代内涵，而且在为全民族素质提高的奠基中发挥着无可替代的作用。

学生小干部的培养，是在教育无选择性的前提下有所选择。一般地说，品德优良、学业优秀的儿童总是首选的对象。选上了，委以一定的工作任务，提供较多的学习与展示的机会，使他们得到锻炼，成长得更快，发展得更好。既然是选择，必然有标准。制定怎样的标准，怎样运用标准来衡量、选拔，其中有不少问题值得探讨与研究。

在小学阶段，女同学的遵守纪律、学习认真细致程度普遍胜过男同学。由于物质生活水平的提高，又由于信息、传媒的种种影响，与20世纪相比，儿童的生理发育明显提前，其心理上也发生了前所未有的变化。但总体上说，还是比较幼稚，比较单纯的。而这种幼稚与单纯，男女同学又有些区别。在心理上女同学的早熟明显胜过男同学。特别是一些拔尖的女同学，比较懂事，既善解人意，又有自控能力。与他们同龄的男同学，有的在学校的表现常晕晕乎乎，懵懵懂懂，用老百姓的话来说，就是“还没开窍”。这种现象该怎么看待？是用同一把尺子衡量，还是用科学的眼光尊重儿童身心发展的实际，有差别地对待？再说，晕乎、懵懂，绝不是混沌一片，必然有些时候在有些事情上清楚明白，甚至表现出具有个性、与众不同的看法，十分聪慧。细加分析，就会发现他们身上潜藏着的优良资质。爱护、培养、提供锻炼机会，同样可成长为青枝绿叶。

调皮、贪玩，纪律方面常出现点小毛病，作业粗心大意，这些是小学阶段男同学常受到批评与指责的缺点，弄不好还影响小队乃至中队的集体荣誉，令人头疼。其实，调皮、贪玩与品德不好是两码事。调皮、捣蛋、爱玩，是儿童的天性，小时候不自在地通过玩耍去追求新奇，释放生命能量，创造快乐，难道还到七八十岁去调皮、贪玩？调皮捣蛋的孩子起码有两点值得注意：一是身体好，精力旺盛，有使不完的劲；二是点子多，想出门道来玩，思维活跃，肯动脑筋。男同学身上就是要有点勇敢、冒险、好奇、不怕苦的精神。如果男孩子都女性化，扭扭捏捏，循规蹈矩，胆小怕事，那是教育莫大的悲哀。男同学从小培养阳刚之气是不可掉以轻心的大事，比作业上的小差错，纪律的偶尔不遵守重要得多。

儿童在成长过程中存在这样或那样的缺点与不足是常态。如果都十全十美，还要教育者干什么。教育就是把学生蕴含的潜能开发为发展的现实。教育者要有一双慧眼，不为某些现象所迷惑，要洞悉儿童的个性特点，善于发现他们隐含的多样潜能，丢弃带有主观色彩的一刀切的习惯思维，努力做到因材施教。教育者不是迁就差错、不足，而是要以宽容的心态、发展的眼光去认真对待。对有潜质的男同学，要花更多的精力呵护、培养，创造更多的机会让他们实践、锻炼、登攀。真诚的信任和耐心的启发会融化为感情的潜流，滋润他们心灵，促进他们茁壮成长。

少先队组织是少年儿童成长的熔炉，能获得辅导员的厚爱与器重，是一种快乐，一种幸福。

6. 让生命之花绽放[1]

德行与智性是生命之魂。学生进学校求学理应受到良好的思想道德陶冶和扎实有效的科学文化教育，使年轻的鲜活的生命健康成长。令人揪心的是重术轻人、急功近利思潮的干扰，应试教育、题海战术铺天盖地的侵袭，育分不育人、求学不读书的状况比比皆是，教育被扭曲，学生的全面发展深受不良影响。

教育的本质是培养人，它的基本职能是促进青少年的发展。有意识或无意识地重术轻人，重技能技巧、轻人的总体素质的培养，是把“人性”置于“技性”或“物性”之下，有悖于育人的宗旨。

德行与智性本不矛盾，是人们二元对立的思维方式硬性地将

[1] 本文发表于《中国德育》2010 年第 3 期。

它们分裂开来，似乎是非此即彼、非彼即此，二者不相容。事实并非如此。思想道德素质是人们的理想信念、价值观念、道德观念、法制观念等方面的综合体现，它决定并影响着智力的发展与发挥；科学文化素质是通过知识的传授、能力的培养，开发学生的潜能，使他们智力获得发展，形成良好的认知结构。而在发展智能的过程中，须注意情感的激发，意志的培养，坚毅、自制品质的养成。显然，二者是不可分割的整体，他们共同构成一个人的综合素质。他们互相融合、互相渗透、互相联系、互相贯通、互相制约。前者是统帅，是方向；后者是基础，是生存发展的内部依据。

教育要“以德育为核心”，绝对是经典箴言。教育学生就是要他们明做人之理，明报效国家之理。求学期间，把握住做人的底线，养成良好的思想道德，一辈子受益不尽。意大利诗人但丁曾说：“一个知识不全的人，可以用道德去弥补，而一个道德不全的人难以用知识去弥补。”确实如此，一个人能力不足，责任可补；责任不够，能力不能补；能力有限而责任是无限的。记得某一组织曾调查全球几十位著名跨国公司总裁，他们一致强调：责任感、创造性、灵活性是人发展、成才最核心的素质。可惜至今不少人，包括从事教育工作的对此还缺乏应有的认识，往往误认为德育是软任务，是口里说说的，而抓知识是硬任务，有的甚至是迷信分数，对分数顶礼膜拜。其中确实有不少难言的苦衷，如考评、升学率等紧箍咒，但认识与力行不能说已经到位了。

于是，学校教育就出现德育、智育割裂的情况，似乎课堂学科教学只是智育，而班主任工作才是德育。其实，任何教学都应有教育性，有教育性的教学，就赋予知识、能力以灵魂、以意义，能促进学生的发展。学生进校求学，日复一日、年复一年，绝大部分时间是在课堂上度过的，课堂上进行怎样的教育对学生心灵塑造至关重要，影响学生生命的质量。学生只有一个青春，青春是无价宝，学校要满怀爱心切切实实尊重学生生命的价值，促进他们德行与智性和谐发展，共同成长。

课堂学科教学是单一传授知识技能，还是以所教学科智育为核心，融合情感态度与价值观的教育，教学效果迥然不同。后者是真正的教书育人，把情意激发、情操陶冶、责任心、创新意识、对真善美的价值追求等等，伴随着知识的传授、能力的培养播撒到学生心中，使学生在掌握知识的同时，智力获得发展，心里逐步亮起人生追求的明灯，形成正确的人生价值判断。课堂教学应该立体多维，发挥育人的多功能。教学的优质、教学的有效，应追求这样的目标。

德育与智育的融合，绝不是外加、贴标签，而是深入钻研教材，反复推敲教学内容，认真挖掘教材中固有的育人资源，使知识传授、能力训练焕发出育人的光彩。融合的方法很多，可在文本中开掘，可在教学过程中点拨，可在情感上激励，可引导学生在思想上受启迪。总之，课堂教学需血肉丰满，学生学有兴趣，学有所得，学有所求，学有方向。

学科教学应为德育主渠道，主渠道开通，学生的生命之魂德行与智性每天受到培养，春风化雨，生命之花就会绽放。

7. 抓住根本，讲求德育实效[1]

《上海市中长期教育改革和发展规划纲要（2010—2020 年）》为上海市未来十年教育的发展描绘了振奋人心的蓝图，从核心理念到具体措施，从总体战略到重点任务，可圈可点的闪亮之处甚多。如何把它们变成教育发展的现实，需要下一番工夫在难题上加以突破。认识上突破，做法上突破，实践、体验、改进、提升，就会创造出许多符合时代特征的教育新经验。

别的姑且不论，单就德育的针对性、实效性、吸引力和感染力而言，是当前教育中很大的难题。这些年来，德育方面做了大量的工作，但是面对社会上“金钱至上”“私利第一”“享乐人生”等思潮的冲击，效果还是会打折扣。再加上不少人错把考试

[1] 本文发表于《上海教育》2010 年第 18 期。

手段当目标，对分数顶礼膜拜，育人的理念与实施在有意无意间被稀释，乃至被消解。说的是素质教育、育人，行的是应试教育、育分，这种状况令人揪心。从小不着力打好做人的根基，不懂得做人思想道德情操的底线在哪里，精神没有根据地，一辈子就会浮游无根。遇到挫折，遇到种种变脸的诱惑，轻则误入歧途，重则毁灭人生。《纲要》中的两个坚持“要坚持把社会主义核心价值体系融入教育全过程，坚持把德育贯穿到育人的各个环节”，正是具有战略意义的应对。要让学生具有符合中国特色社会主义建设要求的理想信念、公民素质和健全人格，必须增强德育的针对性、实效性、吸引力和感染力。

德育内容非常丰富。理想信念、价值取向、国家意识、民族情怀、法制观念、荣辱观念、道德情操、意志品质、行为习惯等等，都很重要，都要施以良好的教育，滋养学生的心灵，引领他们打好根基，健康成长。但是，一定要牢牢把握教育对象的实际情况，加强针对性。教育的有效性必然来自教育的针对性，知心才可能真正教心。什么学年段的学生，该着重进行哪些教育，须在研究学生的基础上，制定教育的目标。目标一定要明确、具体、适用性强，切实可行。不能无视教育对象的差别，什么都抓，什么都想取得效果。多目标往往导致无目标，留不下深深的印迹。可否从突破面上的播撒，改为纵深的聚焦。小学、初中、高中阶段应该有着各自的重点。每个阶段的每个年级、每个学期都有聚焦的教育主题，每学期不超过两个，反反复复，由浅入深，由具体到抽象，由感性到理性，师生共同探讨，认真实践，在心中留下难以磨灭的痕迹，形成优质的有机元素。在总目标的框架内，各校可根据校情学情设计、安排、创造，自编校本教材，或使用原有教材，凸显教育实效。

德育工作要取得实效，确实要在吸引力与感染力上有所突破。吸引学生兴趣，拨动他们的心弦，做人的美好旋律才会在他们心中共鸣，内化为他们自己的思想情操。教育手段要先进，要多样化，在生动形象上做文章，尤其是对未成年人。以悦目悦耳为切入点，达到悦心的目的。教育内容要实在，要用丰富的、具体翔实的事实说话，不是从概念到概念空对空地说道理。社会上涌现出的感人的人、事、物很多，用这些为国为民作贡献的榜样照耀学生的心灵，激励他们的人生追求。教育方法要讲究辩证思考、历史思考。要勇于直面问题，不回避、不绕道，剖析说理，明辨是非，引导学生学会两个眼睛看世界，崇尚真善美，贬斥与拒绝假恶丑，立志做堂堂正正的现代公民。要充分利用多种德育资源，如各学科教学力量、社会实践基地力量、家长力量等等，形成合力。当然，学生是接受教育的主体，他们要看、听、说、做、想，身心投入，方能取得良好效果。为此，激发他们的主动性、积极性最为关键。

要创造人生的辉煌，就须打好做人的根基，让心灵先辉煌起来。德育做的就是让学生心灵辉煌起来的工作，任重而道远。

8. 让孩子真切地感受到幸福[1]

幸福是什么？可能千人千理解，万人万体会。它既看不见，摸不着，但又切切实实地存在于人的身上、人的心中。古往今来，志士仁人把“先天下之忧而忧，后天下之乐而乐”作为自己的无上幸福，这就把幸福提升到人生的意义与价值的高度来体验、来考量。有的人物欲无穷，对金钱顶礼膜拜，追求财富的超速积累，过声色犬马的生活，认为这就是享受生活，这就是幸福。对这些林林总总的认识与做法，暂不作评判，不进行讨论。我们办学者、执教者着力要思考的是，如何让我们的中小学生在求学期间能真切地感受幸福、享受幸福，快乐健康地成长。

中小学生对幸福的要求应该说是不高的。他们只要感到自己

---

[1] 本文发表于《思想理论教育》2011 年第 12 期。

做的事有意义，有成就感，受到尊重，得到肯定，就会身心愉悦、舒服痛快、幸福温暖。有了这种感受，必然精神振奋、意气风发，笑对学习和人生。然而现实状况是，其中不少孩子表现出的是身体疲惫、心情压抑、求知欲望不强烈。只要说到现在的生活比我们那时不知幸福多少时，常会听到这样一句意想不到的话："那时你们不过穷一点罢了，你们知道我心里多苦，哪个压力大啊！"这样的话出自十三四岁或十六七岁孩子的口，真是令人心酸。

生活确实幸福，学生既无缺衣少食之苦，求学的物质条件更是优越得前所未有，为什么会觉得"心苦"而缺失幸福感呢？原因可能多种多样，但过重的压力无疑是共同的因素。学生求学必有压力，但这种压力应该是适度的，符合学生认知规律和身心健康发展规律的。过重的压力必然导致学生不能承受之累、不可承受之苦。我们不禁要问，过重的压力来自何方？

首先是目标宏大、虚幻，内容繁多。这些目标基本不是孩子少年立志所追求的，而是家长根据社会上流行的、时尚的，各种各样的"参照物"确立的。各种各样的学科要拔尖，各种各样的才艺要掌握，各种各样竞赛的机会不能错过，各种各样的奖状、证书均要囊括为己有……五花八门的功利都往小小生命上堆，怎一个累字了得！家长也无奈，如此这般的做法，近则为孩子进名校打造敲门砖，远则期望他们将来当什么"官"，做什么"领"，成什么"款"。一言以蔽之，成为"不一般"的人，有权有势有钱，当然也就有"幸福"。以明日虚幻的所谓幸福给今日的学生不断加压，逼迫学生作出现实的付出，这种得不偿失还不仅仅是时间叠加、载重数量的机械运算，丢失的更是花样年华的好奇、快乐，青涩少年的美梦、猎奇，人生最美好的青春年华的壮志豪情与无限活力。任何人只有一个童年、一个少年、一个青年时代，“逝者如斯夫”，流逝的岁月永远不可能返回。用成人的主观愿望构架孩子的人生，看似为他们造福，实质却是画地为牢，限制了他们的自由发展、蓬勃生长。青少年时期极其可贵的率真、幼稚、粗糙、勇敢、探究、纯情、惬意、欢乐在功利色彩笼罩下不断地被消解。

生命本来没有名字，每个孩子都是独特的，独一无二的，各有各的长处，各有各的不足。且不说别的，单是加德纳的多元智能理论对教育工作者而言，不仅不陌生，且深知其科学价值。然而，在教育教学中，我们总是以一个标准要求所有的教育对象。不是教育的多样性适应于引导各具特点的学生，而是知识传授、能力培养的种种做法均一刀切、标准化。淡化的是“人”，信奉的是“分”。当“分”被作为图腾般膜拜时，许多学生在分数面前常常处于失败者的地位，学习乐趣无情地被人为打掉，失去了求知的成就感，又何言幸福？一位在国外工作了 8 年的博士说了这样一件真实的事情：一名中国学生和一名外国学生同在一所学校一个班级求学，一次考试，同获 97 分。外国孩子返回家中，全家欢欣雀跃，父母认为孩子是天才，了不起；而中国孩子回到家中陈述成绩时，遭遇到的却是父母的铁板面孔，继而是父亲的严厉质问：“还有 3 分到哪里去了？”带给孩子的是恐惧、失败、沮丧。这个事例很有典型性，后面这名学生的遭遇在我们的学校教育中也是屡见不鲜的。97 分的高分尚且如此，更不用说 80 分、70 分、60 分，甚至不及格了。学生失败沮丧的心情如影随形，能有什么幸福感可言？以学生的心智和能力，很难有坚强的意志把这种阴影驱赶走。

家长也好，教师也好，要真正学会换位思考。孩子在成长过程中有这样那样的梦想与追求，学习上有这样那样的需求乃至闪失，这些都应该被理解、体贴和宽容，家长和教师应该满腔热情地给予因势利导、因材施教。一味用刚性的指标，特别是分数、名次、证件加压，轻则造成学生情绪低落、学习倦怠，重则导致性格扭曲、冷漠寡情，无视社会与人生，后果难以预料。

学校与家庭不可能代替孩子成长，也不可能给予孩子幸福感。幸福感是个人的感受、个人的体验。但学校与家庭有责任给孩子提供滋养幸福感的宽松的环境、自由发展的时间。每个学生都是宝贝，有兴趣有爱好，有优势有特长，作为教育者，我们应该尊重他们发展的权利，为他们提供成长需要的时间和空间，如此，他们求知向上的积极性必然增强，在施展才能的过程中就能品尝到成功的喜悦，幸福感也就充盈胸际。

以巨大的勇气拆除分数的桎梏，废除教育孩子习以为常的语言霸权，遵循孩子身心健康发展的规律，因材施教，积极引导，幸福就会不期而遇：头顶上是湛蓝的天空，周围是鸟语花香。

9. 培养有中国心的现代文明人[1]

中小学教育也好，大学教育也好，归根到底是要培养学生有一颗中国心。如果我们培养的人对自己的国家缺乏感情，对中国的文化缺乏认同，缺乏一个公民应有的责任心，不能自律，即使掌握一定的知识技能，也难以对社会作出贡献，弄不好还会起负面作用。这一点不牢牢把握，我们花的力气也会付诸东流，有负于国家的期望、人民的嘱托。

任何国家的发展都是建立在原有积累的基础上的，唐太宗也晓得“以古为镜，可以知兴替”，学历史本身就是认识社会发展的规律。中国人向来很注重历史，但是现在的学生对历史知道得甚少甚微。美国只有两百多年历史，但历史课在它的基础教育里

---

[1] 本文发表于《语文教学通讯》2011 年第 10 期。

受到高度重视。有一套美国的语文教材几乎就是按照它的历史来编撰的。它的文学基本上由土著文学和殖民文学结合而成，但教材中讲到文学时到处洋溢着民族自尊心与自豪感，那种对本国文化的认同跃然纸上。

母语是民族文化的根，民族文化是民族团结的纽带，对外是屏障，对内是黏合剂。可是，我们对母语的重视往往及不上对外语的重视程度，这实在是荒唐。初中进入高中的保送生只需检测数学、英语，语文无此殊荣。难怪曾发生这样的怪事，小学一年级的语文用外语教，美其名曰“双语教学”，这在世界上大概也是罕见的。在很多国家，母语教育的分量都比我们重，比如美、法的母语教育，课时总量占总课程的22%，俄罗斯占27%，而我们中国只占18%，上海还要低一点。为什么学生对中国文化不怎么知晓、不怎么认可，难道是他们的责任吗？不，关键在我们没有教，没有站在实现中华民族伟大复兴的战略高度来深入思考这件事，极其认真地对待这件事。

教育的重要任务是向受教育者传承本国的优秀文化和人类的精神文明。中国文化与西方文化有很多不相同的地方，其最基本最核心的特征，就是中国文化有很强烈的人文精神，重视人的修养，追求理想与人格的完美。翻开中国古代的经典，几乎所有的书都讲修身养性。“天行健，君子以自强不息。地势坤，君子以厚德载物”“吾日三省吾身”等，均讲究道德，讲究做人，讲究完善自己的人格，这与教育的本质紧密相连。

教育，说到底就是培养人，古今中外的思想家、教育家对教育的论述，无不聚焦在对受教育者精神世界的提升、精神力量的增强上。当今的中国教育，要培养有中国心的现代文明人，需以优秀的中华文化滋养他们的心灵，明读书之理，明做人之理，明报效国家之理。学生把握做人的底线，有正确的价值观和文化判断力，就会心明眼亮，抵御垃圾文化、腐朽文化的诱惑，健康成长。

10. 心存敬畏，回归教学本原[1]

教书育人自有其内在规律，既要遵循学科本身固有的性质与功能，更要遵循学生的认知规律和成长规律。教学中根据不同学年段、不同层面学生的内心需求寻找最佳契合点，满怀培育之情，施以良好的知性与德行的教育，就能促进学生蓬勃向上，健康发展。

然而，在办学实践中，我们往往有意无意地忽视这种教育的内在规律，有的甚至熟视无睹，自行其是。是否可以这样来描述：这些年来我们的学科教学经常面临着三种强大势力的挤压。

一是对分数顶礼膜拜的应试教育。分、分、分，不仅是学生的命根，也是教师的命根、学校的命根、家长的命根，因而，许

[1] 本文发表于《思想理论教育》2013 年第 4 期。

多学校办学的第一兴奋点是分数，是升学率。嘴上不明说，行动上真抓实干。尽管上海市教委三令五申不让搞分数排行，不以升学率论高低，但主管者看重升学率，认为升学率就是学校的质量，就是一方教育的质量，第一线干工作的拼命追求升学率，许多是实属无奈。

二是把科学管理与量化管理混为一谈。科学管理是尊重客观规律，是以人为本。有人认为量化管理才是最客观的、最科学的，甚至是测量学大行其道，一切以数字来衡量，以数字测量教学的利弊得失。学校工作有的可量化，有的是无法量化的，教育性、人文性、校风、教风、学风等如何量化？既然要量化，各科作业、各类考试当然就成为重中之重，以分评人，以分压人。

三是理论之风盛行。众所周知，实践在正确理论指导下能创造喜人的业绩；理论上的模糊会导致实践中的盲目。问题在于外来的理论话语霸权在不深入研究中国教情、学情的情况下大拆大建，一提传统不分青红皂白，均在对立面，均在批判之列。实践者基本无话语权，不实践者以各种各样的理论话语霸权左右教学，弄得从事学科教学的教师莫衷一是。

教书育人原本是教师肩负的天经地义的历史使命，在三股强大势力的挤压下，学科教学迅速工具化、技术化、功利化，育人价值不知不觉地被剥离，被消释。

在这种环境下，强调学科德育，回归教学本源，并进行专门研究，既十分必要，又非常紧迫。

首先是教育本质的呼唤。教育，说到底就是培养人。党的十八大报告中精辟地阐明："教育是民族振兴和社会进步的基石。要坚持教育优先发展，全面贯彻党的教育方针，坚持教育为社会主义现代化建设服务、为人民服务，把立德树人作为教育的根本任务，培养德智体美全面发展的社会主义建设者和接班人。"要"全面实施素质教育"，要"培养学生社会责任感、创新精神、实践能力"。《上海市中长期教育改革和发展规划纲要（2010—2020年)》的核心理念是"为了每一个学生的终身发展"，强调不能在教育功能多元化中迷失其核心价值——育人。上海教育改革和发展聚焦的战略主题是"围绕以人为本，推进素质教育"。这一系列的表述都揭示了教育的本质，一再明示我们：学生求学，接受教育，既学习科学文化知识，又学习做人的道理，德智体美要全面发展。基础教育是给未成年人打知识的基础、做人的基础，基础打得正、打得牢靠，他们就能健康成长，乃至终身获得良性发展。德行是生命之魂，重知轻德的教育是一种残缺的教育。缺了德行的教育不仅有悖教育本质，而且其结果使学生终生都难以弥补。学校面对的教育群体是学生，口口声声说的也是一切为了学生，为了学生的一切，可为什么教学中从起点到目标凸显的是"重术轻人""分数至上"？除了行为上的功利之外，思维也留下了深深的印记。"人"常被有意无意地忽略，被概念化、模式化，常被无知和偏见遮蔽。学生是活泼的生命体，一个人是一个世界、一个宇宙，在成长发展过程中酸甜苦辣精彩异常。就是由于我们那些思维被埋在无意识之下，而且埋得十分之深，以至于常常看不见一个个个性迥异的学生，有时对自己教育者的身份也熟视无睹了。学科德育旨在回归教育的本质，唤醒沉睡的育人意识。

其次是学科教学本身的呼唤。任何学科的教学之中都蕴含着教学生做人的丰富资源。知识的创建饱含人们追求理想的壮志、不懈奋斗的精神和为人民造福的情怀。且不说人文学科里珍藏的忧患意识、家国情怀、虽九死而不悔的责任担当，就是数理、生化等学科传授的极为严密的刚性的科学知识也一样。在这些刚性的数字、原理、公式、定律背后，蕴藏着多少敬畏自然、探索奥秘、寻求规律、追求真理的思想道德财富，创造了多少可歌可泣的为科学而献身的事迹。关键在我们执教者有没有一双慧眼来发现，而能不能发现又取决于我们是否牢固树立育人的意识，有没有育人的巨大热情。知识本身是生动的、鲜活的、有生命力的，并闪耀着科学与人文的亮光。这原本是客观存在的事实，但由于功利喧嚣、技术至上的干扰，往往只见其工具性，只注重其实用性功能，而剥离或阉割其内在的精髓。任何学科教学都有教育性，没有教育性的教学是失魂落魄的教学，不仅学生缺失了完善培养的权利，而且学科知识本身也缺失了吸引人、感染人的魅力。

当前，更为重要的是解决学生成长中价值迷茫的问题。接受基础教育的学生还是未成年人，生活经历少，没有生活正反方面的经验，学习积累有限，无厚实的文化积淀，文化识别力、文化判断力比较差，面对声、光、形大肆渲染的东西，很容易不加辨别照单全收，有时甚至错把腐朽当神奇。社会上多元价值的冲击，尤其是个人第一、金钱至上、享乐追求等迷雾的浸染，学生往往受害而不自知。最近，我们语文学科德育实训基地因“价值多元背景下语文学科德育建设的实证研究”课题的需要，对 14 个区 500 多名中小学生思想道德现状开展调研，从采集到的 10 万多数据来看，有些情况还是很值得研究，也很值得深思的。比如，从喜欢的偶像、喜欢的榜样考查学生的倾向性认识，结果显示，按照高低排序依次为：演艺人物 48.7%、政界人物 9.8%、体坛人物 7.7%，仅有 1.2% 的学生选择道德楷模，更有甚者，还有 1.2% 的学生将二战期间的纳粹分子作为自己的偶像，反映了一些中学生的极端心理和畸形价值观，也暴露了教育的某种突出病象：学校普遍重视应试训导与行为规范教育，并以此来判断学生的“好”与“差”，淡化甚至取消心理疏导与信仰牵引，以致一些学生价值观扭曲，人生观变形，荣耻不辨，善恶难分。

教育者必须担负起教育青少年学生健康成长的重要责任。这项任务的复杂与艰巨，不是靠少数德育工作者就能完成的，而是全体教师的共同使命。做人准则、思想道德准则、遵纪守法准则，特别是家国情怀、社会责任意识等就是要通过与知识传授、能力培养融合在一起，播撒到学生的心田，为他们的生活道路导航。这样，教书育人才能落到实处，而非空喊千百遍的口号。

有的倾向性认识确实需要澄清。有些教育工作者包括学校教育一线的管理者与教师，一说到学科德育，就条件反射般地认为那是没有专业的人说的话、干的活。什么叫专业？什么是教师的专业？业务钻研不深，怎么可能目光有穿透力，怎能发现其中宝贵的育人资源？学生进校求学，大部分时间是在课堂上度过的，每堂课的质量影响学生生命的质量。优质课一定是知性与德行的高度统一，而不是教师是知识的二传手，学生是知识的容器。对学生心存敬畏，对教育教学本原心存敬畏，对教师专业的认识与感悟就会更周全一些，更有深度一些。

学科德育彰显的是对学生的大爱，对事业的拥抱，对业务的执着追求，对教学智慧的不断创造，担当此重任的教师辛苦在当前，功德在千秋。

11. 中国人一定要说中国话[1]

《新读写》从它诞生那一刻起，为了教育本质的回归，为了我们的子孙后代能够拥有祖国语言文字的修养，做了大量的工作，得到孩子、家长、学校和社会的认可。十年辛苦不寻常，在此谨向辛勤劳动的编辑部同志表达真挚的谢意。

这些年来，“一课一练”题海、题库充斥市场，赚的是家长的钱，害的是孩子的青春！青春是无价宝，一个人只有一次青春啊！海量的机械训练习题，把孩子阅读、写作的时间挤压了，剥夺了！以前老师在课堂上着力讲知识点已十分琐碎，现在发展到了讲“得分点”，学习为求知，为学做人的准则荡然无存。应试教育愈

[1] 本文是在《新读写》杂志创刊10周年回顾与展望研讨会上的讲话，由王育栋记录整理，发表于该刊2013年第5期。

演愈烈，长此以往，怎么得了！为此，我感到椎心的忧思。

《新读写》在弘扬传统文化、传播中华文明上做了大量的工作。比如“读懂中国”活动从启动到发展，陈刚先生做了许许多多的工作。记得那次我应邀在上海师范大学作有关中国文化的基本精神的报告，反响强烈，下面的听众都是来自全国各地的中学老师、专家。为什么会有如此的盛况？因为在继承和发扬优秀传统文化方面，大家都有同样的紧迫感。

现在的孩子是在“三片文化”中长大的。哪三片文化？一个是大片文化，好莱坞大片风行，娱乐化把高雅文化拉下圣坛。二是薯片文化，吃的不是麦当劳，就是肯德基，全是洋快餐，至于川菜、湘菜抑或粤菜、鲁菜等，他们不但不知道而且无感觉，更无法体会饮食文化是有民族印记、地域印记乃至国家印记的。三是芯片文化，从比尔·盖茨到乔布斯，从 windows 系统到 iPhone 系列手机，这些都影响孩子的情感趋向与是非判断标准。这种影响对缺少生活积累、文化积淀的青少年是潜移默化的，在不知不觉中起着作用。在这种情况下，宣传中华优秀传统文化、经典文化该是多么的艰难。然而，再难也要把中华文化的血脉传递到下一代的心中，这是社会进步、民族振兴的大事。

《新读写》今天已经初步形成了一个品牌。品牌是干出来的，不是吹出来的，也不是包装出来的。今后的路该怎么走？要知道，任何事物都有保鲜期的。“新”是有保鲜期的。另外，在互联网时代，纸质媒体面临严重挑战。所以，编辑部同志要站在战略高度思考这一问题。

台湾作家白先勇早就说过："百年中文，内忧外患。"西方强势语言打进来，严重影响了汉语言文化的学习与传承。我见到一所幼儿园，墙上打的大标语是"从小就做国际人"，以此来招揽"顾客"。小孩子中国话都说不好，先去说外国话？先做好一个中国人，才有可能做好一个国际人，因为只有民族的，才能是国际的。思想的殖民十分可怕，经济上、军事上殖民看得见、摸得着，思想上的殖民在不知不觉中就浸染进去了，变得奴颜媚骨了。

中国人一定要有骨气，中国人一定要说中国话！我们要有自己的话语权，用祖国的语言文字来表达自己的思想感情。现在的情况是人们对祖国的语言文字缺乏敬畏之心，不知道学习它的重要意义，因此，要不断提高素质，才能有正确的认识与判断力。孩子完全为应试而学习，阅读视野就非常狭小。不考的一律不读。其实，只要阅读与写作的量与质上去了，考试自然就能考好了。而现在完全反着来，错把本是手段的考试变成了目标。语文能力是根本，是基础的基础，它会伴随孩子的一生。语文学不好，其他功课也很难学得好。

汉语言文字是中华文化的根。五千年中华文明之所以一脉相承，从未断裂，语言文字发挥了了不起的作用，作出了卓越贡献。编辑部同志要站在传承中华文明的高度来看待这一问题，办好刊物，让中华文化在广大青少年中生根发芽，从而促使我们的教育进入育人的正道。

12. 点亮青少年心中情商那盏灯[1]

众所周知，青少年是国家的命根，家庭的命根，青少年强则国家强，青少年健康成长则家庭幸福万事兴。为此，无论是家庭、学校，还是社会，对青少年均寄予无限的期望，对他们教育的重视与实践达到了前所未有的高度、深度与广度。

这本是令人兴奋、令人欣喜的好事，然而，直面教育现场，许多现象不得不使人困惑、纠结，乃至焦虑。简言之，重“智”轻“情”的倾向十分严重。迷信智商，对知识过度崇拜、依赖，智力开发忽视年龄特征，既过度，层层加码，又不断超前，拔苗助长；对真善美的启蒙大大忽视，情感、态度、价值观等情商世

---

[1] 本文是2013年9月26日在上海市第九届“为了孩子”国际论坛开幕式上的发言。

界的培育与滋养明显缺失。

现以两组数据为例，就可知晓其中端倪。近期，我们曾对本市 14 个区 508 名中小学生进行问卷调查，了解价值多元背景下他们的道德判断、道德倾向及隐含的价值观。如，了解对广州小悦悦事件的判断，问“如果你是路过的一位，你会怎样做”，选择“直接向 110、120 或警察求助”的占 52.4%，“主动求助”的占 34.1%，“先作证再代他呼救”的占 5.3%。排在后三位的是“视而不见”占 4.1%，其他占 3.7%，“已经死亡，无需求助”的占 0.4%。对于路人和司机见死不救的原因，有 55% 的学生选择“害怕被讹上是自己造成的”，有 24% 的学生选择“我没有任何义务去救一个我不认识的人”。显然，成人世界里缺乏同情心、“不管他人瓦上霜”的冷漠态度对青少年学生起相当的负面作用。娱乐文化盛行，现代声、光、色、形的渲染，金钱至上的追逐，大大影响学生的价值取向。更有甚者，选项还反映出极少数学生的极端心理和畸形价值观，暴露了教育的某种突出病象。

现实状况迫使我们反思：青少年怎样才能健康成长？他们有哪些成长的权利？我们应尽怎样的义务？

青少年处于生命成长的初始阶段，犹如人生的阳春三月，既有明媚的阳光，又有霏霏的春雨，正是耕耘播种的好时节。对他们播撒怎样的种子，施以怎样的教育，直接影响他们的成长与发展。《礼记·学记》中指出：“玉不琢，不成器，人不学，不知道。”美玉不经雕琢，不能成为有用的器物，人如果不学习，就不知人生的路怎样走。不以知识武装头脑，那就不可能脱离愚昧，成为有用之才。因而在青少年心中播撒知识的种子是天经地义的。然而，仅止于此，远远不够。人生的基础是做人。没有这个基础，人就没有定力，浮游无根，容易受形形色色不良事物的诱惑，误入歧途。根子正，根子深，才能枝繁叶茂，长足发展。因此，在青少年心中播撒知识种子的同时，必须满怀激情地播撒做人的良种，使他们的品格、知识基础都能夯实。知识和道德、人品牵手，才真正有力量。在分数至上、知识是商品的急功近利者的眼中，道德、人品是虚幻的、廉价的，是没有尊严的。殊不知如若青少年这一块弱化、缺失，就失去了健康成长的根，失去了作为人的脊梁与魂魄。

健康成长是青少年特有的权利，成人、成才是他们成长的目标。求知是青少年的本性，精神上受到美德的滋养，是他们内心的诉求。但丁在《神曲》中曾说："人不能像走兽那样活着，应该追求知识和美德。"追求知识与美德应伴随青少年成长，二者互相砥砺、互相促进，共生共荣，缺一不可。求知是一种快乐，而好奇是知识的萌芽。要尊重他们在成长过程中好奇、探索、发现的权利。每个学生都是活泼的生命体，天生一双好奇的眼睛，对所遇到的人、事、景、物会有各种各样的疑问，也会努力探索解答问题的途径和方法。在探索过程中，他们观察、倾听、阅读、思考，增长知识，丰富感情，培养辨别正误、区分美丑的能力，享受成长的快乐。这种探索、发现的过程，孕育了创新意识、创新精神，激发了发现的冲动和渴望。可悲的是我们许多成人，包括家长、教师、校长，不珍惜，不尊重，以分数至上的应试教育扼杀这种天赋的权利，霸占了他们成长所有的时间与空间，急功近利，影响并损害他们情商的发展。

教育的本质是培养人。我们的责任是把青少年培养成为具有中国心的素质良好的现代公民，当前，十分重要的是在他们心中点亮情商那盏灯。要点亮，首先要转变观念，认清情商比智商更重要，智商不足，尚可以勤补拙；情商缺失，轻则难以立足社会，重则不珍惜自己及他人的生命，对社会造成危害。其次是要从心底里敬畏孩子的生命。每个生命都来之不易，每个生命都只有一次，每个生命都无比宝贵。从他们生命的初始阶段，就要施以做人、做好人、做正直的人的养料，引导他们从小树立人生的目标，锻炼意志，积极进取，心中充满阳光。切不可以自己是“过来人”的模式打造孩子，以成龙成凤的虚幻目标禁锢孩子，无视他们在生命成长中需要的欢乐、心理诉求和碰到的困惑与迷茫。对生命缺乏敬畏之心，就会把它扭曲为谋取功利的工具，消解生命的意义与价值。第三，爱是教育的根本，要以满腔热情满腔爱，呵护他们成长，滋润他们心田。社会上金钱万能、自我私利膨胀等观念不断侵蚀青少年的情感世界，使他们原来柔软的心蒙上了盐碱，冷淡、冷漠，难以感动、激动，有时出言犹如历尽沧桑，看破红尘一般。这就需要家庭、学校、社会以真情来唤醒，唤醒他们热爱生命，热爱他人，热爱祖国，唤醒他们自强自律，有责任心，善待别人，与别人和谐相处，从自我中心中解放出来，在方寸之心中装载亲情、友情、学业情、赤子情，装载天地、宇宙、社会、人生，活得大气一点。点燃这盏灯的任务繁重而艰巨，要细水长流，持之以恒，从点滴小事、良好习惯抓起，因势利导，锲而不舍。绝非靠号召、口号、训斥所能奏效，而是以真心、真情、真诚去感动成长中的生命。印度大诗人泰戈尔曾这样告诫："不是锤的敲打，而是水的载歌载舞使鹅卵石臻于完美。"

13. 编者手记之二

兰保民

生命如花，青少年学生的生命更是一朵朵鲜艳的、生机饱满的花朵。怎样让学生茁壮成长，让生命的花朵迎着朝阳灿然绽放，教育，尤其是基础教育，有许许多多工作要做。本辑里收录了于漪老师近几年来发表的12篇文章，涉及学科德育的落实、“两纲教育”的有效性、教育教学的价值观、学生心灵世界研究等重要话题，旗帜鲜明地提出了“敬畏学生的生命”“德育为先”“三维融合”“滴灌生命”“让学生心灵辉煌起来”“培养有中国心和国际视野的现代文明人”“警惕思想殖民”等观点。

于漪老师聚焦在学生精神生命的培育和发展这一核心，从教育本质的探寻、文化语境的审视和教学现状的剖析等维度，既指明了德育工作的重要性，又为如何落实德育，在学科教学中滴灌学生的德行和智性，在学生心灵上弹奏动人的生命乐章，提出了行之有效的方法。在这些文章中，于漪老师或深情呼唤，或冷静分析，或针砭时弊，或彰显亮点，旨在“让生命之花绽放”。

阅读这12篇文章，不难发现，于漪老师是站在人性的高度和文化的视角来看待每一个学生的。因此，她的学生观和德育观不仅具有浓郁的人文色彩，也具有强烈的生命情怀。

从人性的角度，于漪老师正视学生心灵世界的丰富性，正视不同学生个体的差异性，关注学生成长过程中的烦恼和失意，坚持将学生心灵发育作为一个完整的连续体来看待，反对机械割裂，反对重“智”轻“德”、重“术”轻“人”，对那些将学生的宝贵生命放在分数至上的祭坛上，以满足学校、家长和教师功利需求的做法，表达了强烈的愤慨，提出了尖锐的批评，呼唤人们“要从心底里敬畏孩子的生命”。在《可否有点偏爱?》《让生命之花绽放》《让孩子真切地感受到幸福》《点亮青少年心中情商那盏灯》等篇章中，这种人性视角和生命情怀，让文字具有情感的温度，让观点具有直指人心的力量，让阅读成为暖心之旅。

作为受教育的对象，学生是成长发展过程中的生命体，但是，他们的成长从来就不是抽象的，而是处在价值标准纷乱驳杂的价值世界里，在多元文化交融碰撞的文化语境中。针对这一现实，于漪老师明确提出“教育应该培养什么人”的问题。在于漪老师看来，这些青春的生命，是作为中华文化的继承者和发扬者来培养的，因此，就必须通过教育让他们的生命具有鲜明的中华民族的文化属性，“培养有中国心的现代文明人”。正是基于这一认识，对片面重视外语教学、宣称“从小就做国际人”的荒唐做法，于漪老师给予毫不留情的激烈抨击。这绝对不是教育上的狭隘民族主义。作为“现代文明人”，具有开阔的国际视野本来就是题中应有之义，因为“教育的重要任务是向受教育者传承本国的优秀文化和人类的精神文明”。于漪老师忧虑的是“三片文化”对学生心灵世界的侵蚀，针对的是从教学内容到教学管理手段一概唯“洋”是尊的违背常识的错误做法，担心的是教育领域中悄悄渗透进来的“思想的殖民”。（参阅《培养有中国心的现代文明人》《中国人一定要说中国话》等篇章）可以这么说，这种针对性，使于漪老师关于学生的“文化生命观”，具有了丰富的现实内容和鲜明的时代色彩。

在于漪老师看来，要使“生命之花”灿然绽放，既不能靠生硬灌输来完成，也不能靠空洞说教来达致，更不能靠机械操练来实现。心灵的发育和成长是一个隐性的、连续的过程，是一个“由情而理，由直觉反映而本质探究，由低级而高级”的连续体，因此，只有注重熏陶感染和潜移默化，方能收春风化雨、润物无声的效果。在《学科德育重在融合》《提高德育实效，走进学生世界》《在学科主渠道中获得“有效”》《中小学思想道德教育的里程碑》《抓住根本，讲求德育实效》等篇目中，于漪老师结合具体案例，生动地诠释了落实德育、实现与学生心灵完美对接的方法和途径。概括来说，就是走进文本世界，“走进学生世界”，用学科教学的吸引力和感染力，拨动学生的心弦，引发他们心灵的共鸣，用文化的甘露和智慧的琼浆，滴灌学生德行与智性生命的成长。

而要做到这些，归根结底需要心中有对学生生命的“爱”和“敬畏”。（参阅《心存敬畏，回归教学本原》《点亮学生心中情商那盏灯》等篇目）

寻找教师之根

1. 学习做教师的真本领[1]

教师要有德有才，要有教书育人的真本领。随着时代的发展，社会对于教师职业的要求越来越高，仅靠一本教科书，一本教学参考书，稍有一定文化知识就可以上课的情况远远不能满足人们对现代教师的要求。不勤于学习，不独立思考、独立钻研，信奉教学参考书生搬硬套，走捷径，永远不可能成为合格的、优秀的教师。

教师作为一种职业，需要具有广博的文化基础知识、精深的专业知识和扎实的教育科学知识。

作为受社会委托，承担增进下一代知识、技能和身心发展的教育任务的教师，必须首先具有当代科学和人文两个方面的基础

[1] 本文发表于《上海师资培训通讯》2001 年第 2 期。

知识，这是现代教师知识结构的最基础的方面。教师拥有广博的文科、理科知识是社会发展和教育改革的需要。人类的知识一方面在不断地细化，另一方面也在不断地交叉和综合。综合课的教学形式不但要求教师必须具有跨类别的多门知识，而且要了解各学科之间的联系。教师具有广泛的知识储备，不但可以增进学生的知识，而且可以满足和激发学生强烈的求知欲、好奇心，并在此基础上指导和促进他们的自主学习和探索创新的精神。大部分学生都崇拜“什么都懂，什么都会”的教师，教师知识的广博对学生具有感染和教育的功能。

具备一到两门任教学科的专门性知识与技能，是教师知识结构的第二个方面。这一两门学科知识是教师课堂教学的主要内容。课要教得精彩纷呈，美不胜收，不仅让学生学有所得，而且要有“如坐春风”的感受，教师就必须对所教学科的基础知识与技能有广泛深刻的理解，熟悉与该学科相关的知识和背景材料，了解本学科产生和发展的历史脉络及将来的发展趋势，只有在这方面真正做到行家里手，教学生时才能要言不烦，一语中的，才能居高临下，左右逢源，激发学生强烈的求知欲望。

教师解决教什么的问题还不够，还需要解决如何教的问题，因此教育科学知识，是教师知识结构的第三个方面。教育学和心理学以及与之相关的分支学科，是教师进行具体的教育和教学活动的理论基础，学习并掌握，就能遵循教育规律，提高教育教学效率。

总之，要双肩挑起时代培育学生的重任，教师要好学不倦，努力做到业务精湛，知识面广，文化积淀丰厚，不断吸收新知识、新信息。教师只有自己知识长流水，像树根一样伸展在泥土里拼命吸取养料，才可能引导学生在知识的海洋中扬帆远航。因此，学习与教师结伴同行，教一辈子，学一辈子。

教师要有见识，要善于见人之所未见，教师千万不能做简单的操作工，人云亦云，照老模式老框框搬。教师的劳动是创造性的劳动，因为教育不仅是一门科学，也是一门艺术，一门非常具有创造性的艺术。比如上课，同样的教学内容，不同的老师教，不仅方法各异，而且效果也会大相径庭。关键是按图索骥，还是独立思考、善于发现。比如，有的教师认为“教过”不等于“教会”，“教过”，所有的教师都可做到，时间不会停住，总要上课下课，而要“教会”学生，教会每一个人，就要教师用心血浇灌，这是有见识的看法。又比如，有的教师认为，课堂上学生要真正成为学习的主人，课堂结构就必须从师生之间的单向型直线往复转换为网络式、辐射型的，“教”作用于“学”，“学”反作用于“教”，“教”与“学”之间频繁交往、冲撞，课堂就是在教师指导下学生学习的用武之地，闪现出能者为师的光芒。师生关系是平等关系、合作关系、互动关系，这是有见识的。创新不仅是一个民族进步的灵魂，也是教育蓬勃发展的灵魂。要教育出思维活跃、有创新精神的学生，教师需要有见识，有强烈的创造动机和创新意识。教育的本质，是用未来社会的发展要求我们的教师，要求我们的学生。作为教师，当然要适应时代的要求，善于思考，勇于创新，对客观事物、对所从事的教育教学工作有独立的见解。

教师认识能深入底里，见解深刻，学生的思维能力、思维方法、思维品质也就间接地受到影响，甚至获得锻炼。

教师要有能力，要有处理学生世界中各种情况的综合能力。学历水平不等于岗位水平，学历水平只说明职前接受教育的程度，能不能成为合格的、优秀的教师，要在岗位上自觉锻炼。带班级也好，教课也好，课内也好，课外也好，都要善于观察，敏于总结，判断推理，应付自如。实践出真知，在教育实践中多思考、多总结，不断提高认识、提高水平。当今尤为重要的是要教学生“学会学习”的能力。学习型社会要求人终身学习，学校所学知识、技能远远不敷日后社会发展的需要，学生日后要在社会上生存、发展，在竞争中立于不败之地，学生在学校求学期间就要学好“学会学习”的真本领。教师不能做现成知识的灌输匠、注入匠，要引导学生自主学习，进入知识宝库，要着力点拨、开窍。要研究学生的学习方法，思维方法，精心指点，真诚帮助，让学生学会学习，学会用人类创造的精神财富滋润自己成长，主动积极地去迎接信息时代的挑战。

总之，教师要充分发挥人格魅力，对学生健康成长起引导作用。为此，教师必须找到自身不断进步的最强烈的刺激，那就是自我教育，在德、才、识、能诸多方面日有长进、月有长进、年有长进，真正做到师风可学，学风可师。在品德、人格、学识、言行等方面是学生的榜样；在学习方面，追求真知方面孜孜不倦，开拓创新，也应是学生的楷模。

教育事业是爱的事业，师爱超越亲子之爱、友人之爱，因为它寄予了祖国的期望和人民的嘱托。作为一名教师，对学生要满腔热情满腔爱，对学生只有一片丹心，才能和学生心心相印。如果说教师的人格力量是一种无穷的榜样力量，那么教师对学生的爱心就是教育成功的原动力。陶行知先生的“捧着一颗心来，不带半根草去”，正是教师无私奉献爱心的典范。

学生有向师性，年龄越小，对教师的依赖越多，期望从教师那里获得浓浓的爱。爱是学生成长发展的基本需要。孩子需要父母之爱，学生需要教师的爱。爱是教师纯洁高尚的感情，是一种动力，能激励学生为了崇高的理想奋斗不止。爱是教育的基础，教师对学生的教育只能是“用爱去交换爱，用信任去交换信任”。教师生涯中最大的事就是一心为学生，把爱播撒到每个学生的心中，要做到这一点，教师就要锤炼感情，努力增进使命感和责任心。

首先，要关心每个学生，热爱每个学生。教育无选择性，只要是我们的学生，无论天资如何，性格如何，文化基础如何，长相如何，都要平等相待。教师心中要有一杆秤，那就是“公正”，如果偏爱一部分学生，冷落一部分学生，教育效果就七折八扣，教师在学生心目中的形象也就屹立不起来。教师要有一副敏锐的目光，善于发现每个学生身上的优点、长处，长善而救失。成绩优秀的学生不等于在非智力因素方面，如情感、意志、品性等都已十全十美，响鼓还要重锤敲，教师要满腔热情肯定优点，指出不足，引导他们向更高层次攀登。对学习困难的或有这样那样缺点的更要师爱荡漾，关心体贴，具体帮助，鼓足他们克服困难的勇气，指点他们克服困难的方法，激励他们奋勇前进。

其次，要尊重每个学生，尊重他们的人格。爱不是怜悯，不是施舍，爱是对生命的热爱。教师要用对生命的热爱去唤起学生对生命的热爱，激发他们生命的活力。在这里，爱是尊重，施爱者和受爱者在人格上是完全平等的。教师对学生的尊重就和对学生公正一样，是教师最重要的品质。一个独立的人都是有价值的，都应有其尊严，学生今日是学习的主人，明日是大自然和社会的主人，当然应享有人的尊严。因此教师要从心里尊重他们，关心他们，促进他们发展。特别值得注意的是对缺点明显的、有缺陷的同学更要有赤诚之心，不仅从思想上而且从感情上尊重他们独立的人格，千万不能劈头盖脸地批评，乃至辱骂。也不能冷嘲热讽，损伤学生的自尊。如果这样做不仅丧失了教师的身份，也有损教师的人格，更摧残了孩子的自尊自信。一个失去自尊的人不可能受到别人的尊敬，其后患无穷。

再次，要发挥每个学生的潜能。美国心理学家马斯洛认为，人的潜能是人所具有的极其宝贵的内在价值。每个学生生而具有一定的潜能，教育就是把每个人天赋的潜能激发出来。因为人的潜能只是为人的发展提供了可能性，它还不具有现实性，只有教育才能使天赋的潜能得以发挥。正因为如此，教师不能以固定的一成不变的眼光去看待学生，学生在成长过程中是变化发展的，要细心观察他们，相信他们内在的资质，创造种种适合的条件，让他们充分发挥。要发挥学生的潜能，就要了解他们的个性特点，了解他们的兴趣爱好，了解他们的精神世界。教育学生不能满足一般要求、共同目标，要因材施教，才能使每个学生获得长足的发展。教育的真正意义就是要发展人的个性，使人成为“和谐的人、完整的人、全面发展的人”。我们实施素质教育以创新精神和创新能力培养为重点，其前提条件必然要发展学生的个性。只有有个性的人，才能发展成有创造性的人。

当然，爱不是姑息、不是迁就，爱是“严”的孪生兄妹。没有规矩，不成方圆，这个规矩就是党的教育方针，要以此为准绳培育学生。爱是对事业的忠诚，对莘莘学子的无限期望。教师锤炼感情、净化感情，就能师爱荡漾，爱满天下。

我们的徐匡迪老市长有一句言简意深的话帮助我们深入思考，启迪我们怎样实践。这就是：

教育是事业，事业的意义在于献身；

教育是科学，科学的价值在于求真；

教育是艺术，艺术的生命在于创新。

以此不断勉励自己，学习做教师的真本领。

2. 真情四溢才“可爱”[1]

塑造上海优质的城市精神，人人有责，而教师更应责无旁贷。教师肩负培育学生成长、成人、成才的重任，理应自觉地自我教育、自我塑造美好的形象，追求人格高尚、完美，对学生有感染力、辐射力。言教是重要的，身教更重要，“其身正，不令而行；其身不正，虽令不从”（《论语·子路》）。故而，教师修炼自身素质，完善自身人格至为重要。

教师塑造优质城市精神的底线应该是做一名合格的公民，严格遵守公民基本道德规范，爱国守法，明礼诚信，团结友善，勤俭自强，敬业奉献，在社会上是好市民，在家庭里是好家长，在

[1] 本文发表于《上海教师》第二辑（总十二卷）卷八，上海古籍出版社 2002 年 12 月出版。

学校里是好教师，在多元文化的碰撞下，自强不息，一身正气。

教师，由于职业的独特性，需要具有独特的气质。虽然德、才、识、能皆重要，均应努力发展，而起灵魂作用的是一个“情”字。教育事业是爱的事业，没有“爱”，没有“真情”就没有教育。每个学生是独一无二的活泼的生命体，要把真情送到每个学生的心里。要提高上海市民的整体素质，就要从儿童抓起，教好每一个，千万不能厚此薄彼。对一名教师来说，教好少量的、一部分的学生并不难，难的是教好每一个，让每一个学生蕴藏的潜能成为发展的现实，让每一个学生在原有的基础上获得明显乃至显著的进步。市民素质的提高、全民族素质的提高，少数人是难以造就的。为此，教师生涯中最大的事就是一心为学生，对每一个学生要有满腔热爱之情。歧视、讽刺、挖苦、责骂等挫伤学生自尊、损伤他们健康发展的种种低劣做法应该与教师永远绝缘。教师从心里觉得学生可爱，学生心中就会觉得教师可爱，学校生活充满诗意，师生积极向上。

“情”要溶解在学科教学中，满怀深情地教好每一堂课。素质教育的主渠道是学科，主阵地是课堂，要聚精会神按教育改革的精神把课教得生动、活泼、有吸引力，就得倾注心血，播种真情。学生只有一个青春，青春是无价宝，学生求学期间大部分时间在课堂上度过，课的质量紧密联系着他们的成长、他们生命的意义。俗话说“举一才能反三”，刻苦钻研，下功夫把“一”教得明确、透彻，学生就会“反三”乃至“反十”，越学越聪明、越爱学，无“举十反一” “举百”乃至“举千”反“一”，而

“一”仍并不清楚之苦。这种教课的高度负责精神，源于对学生、对学科的情深似海，没有深情，不可能有执着追求的勇气和艰苦奋斗的精神。

教师对学生、对学科的真情根源于一颗赤子之心。热爱中华民族，热爱祖国，热爱上海，就会把教育事业视为生命，就会一心为学生。

要构建优质城市精神，把学生培养成为龙的脊梁，教师就要具有高尚的师魂师德，一片丹心，以绵薄之力铸就上海的辉煌。

3. 关键在教师[1]

在探讨与实践“两纲”的过程中，有三个明显的特点：一是强化了教师的育人意识。教书教做人，做人先铸魂。在向学生传授知识、培养能力的同时，研究如何立民族精神之根，树爱国主义之魂，这就抓住了教育的本质。任何学科教学都应具有教育性，有教育性的教学才能赋予知识以意义、以灵魂，促进学生的健康发展。

二是促进二期课改的先进理念落到实处。要落实学生发展之本，必须有三个维度支撑。其中，情感、态度和价值观是课堂教学中最薄弱的环节，研究如何贯彻两个《纲要》，如何把知识与能力、过程与方法这两个维度融合在一起，把先进理念转化为教

[1] 本文发表于《上海教育》2005 年第 20 期。

学行为，对学生进行全面培养，形成良好的思想道德素质和科学文化素质。

三是促进教师深入钻研文本，向专业化发展。要在课堂教学中准确、有效地融合三个维度，教师必须深入钻研教材，与作品对话、与作者深入交流，拥有业务和文化底蕴。

“两纲”的出台并非加重教师的课业负担。其实，在学科教学中贯彻《纲要》，不过是变无意为有意，变不自觉为自觉，因为教师平时教课也对学生进行教育，但往往是零碎的、就事论事的。将《纲要》贯彻学科当中，语文课还是语文课，数学课还是数学课，只是课的内涵更为厚实，教师不再是只教知识的教书匠，而是发挥学科教学的多种功能，并融合三个维度的教书育人的“心灵工程师”。

同时，教师的业务功底和教学能力更显重要，有待进一步提高。贯彻《纲要》不是另起炉灶，各学科教材均有落实《纲要》的丰富资源。有的是显性的，有的是隐性的，关键在教师要有一双慧眼，把教材隐含的、固有的育人内容挖掘出来，与知识传授、能力培养无缝衔接，点点滴滴渗入学生心里。也就是说，德育再不是少数人的事，育人是每个教师应担负的责任，学科教学是进行德育的重要载体。知识、能力、思想、道德、情操融为一体，教师钻研教材必须深入其中，熟读深思，把握精要。就语文教材而言，不仅要读懂字、词、句，而且要读懂其中所蕴含的“精气神”，要努力提高驾驭教材、驾驭课堂的能力。

4. 点燃心中的火把[1]

为了给语文名师基地的学员讲课，杨福家院士专门准备了好几天，单是PPT就制作了233页，所谈的每个问题都有理有据，涉及古今中外，这种严谨的科学态度、认真负责的精神堪为我们的榜样。

报告中说到办学有有形资产、人力资源、文化内涵。有形资产是学校的硬实力，人力资源是学校的软实力，校园文化内涵是软实力。前两者众所周知，影响办学质量，而校园文化更是不可忽视，影响学校是否有“大爱”荡漾，影响学校的质量、学校的品质。教师应担负的九项职责就是学校“大爱”的建设，就是校园文化建设的丰富内涵。

[1] 本文发表于《现代教学》2007年第3期。

学校教育质量说到底就是教师的质量。作为一名教师，眼睛只盯着考试，心中只有分数，杀手锏是题海、题库，难以培养出德智体美全面发展、人格健全的人。报告中所阐述的为师之道，其字字句句都从学生的成长与发展来考虑，引导他们如何对待学习，如何对待他人，如何对待社会，如何对待工作，如何对待国家，没有乱人耳目的名词术语，而是切合当今实际的实实在在的做人之道。上海二期课改一再强调的核心概念是以学生为本，以促进学生的发展为本。这里所谈的为师之道极其具体、生动地体现了以学生为本，以及如何以促进学生的发展为本的教育理念，把教师的为师之道和学生的为人之道水乳交融地结合在一起。

有些问题并不高深莫测，属于常识范畴，但有时人们常不以为意，甚至置于脑后。比如，人要吃饭否则生命难以延续，这是常识。但有个阶段强调精神第一，连吃饭才能活的常识都置之不理了。当然，其中教训很多。什么是教育？探究教育的本质，当然是培养人、造就人。中小学教育应当把学生放在首位，为做人打基础，培养学生从小具有一颗中国心，从小诚信无欺，有旺盛的求知欲，努力学习为社会做贡献的本领。一言以蔽之，应培养社会的好公民。

然而，较长时间由于急功近利，“应试教育”等种种干扰，“育人”往往只挂在口头，“育分”却落到实处，造成重术轻人、弱本强末，乃至本末倒置。学习知识技能在学生成长过程中是必不可少的重要部分，但绝不是全部，“术”与“人”错位，无疑就会形成学生思想道德、科学文化以及身体素质等方面的种种残缺。教育的效益滞后，学生的素质如何，一二十年以后，二三十年以后必见分晓。种瓜得瓜、种豆得豆，规律是难以抗拒的。有人认为抓分数实惠，谈育人是高调。确实，在工作实践中只以分数来考核，以分数衡量校长水平、衡量教师水平、衡量学生好差、衡量学校身价，可谓比比皆是，司空见惯。因而，有如此想法也就不足为奇。分数是检测教与学效果的标志之一，有其存在与参考的价值，但局部不能代替整体，任何一张考卷的分数反映不出被测试者的整体素质。抓德智体整体素质的提高，学生才有追求，学习的积极性、主动性才能增强，分数上升才是必然趋势。如果把一项检测的标志夸大到追求的目标，把“人”应培养的目标淡化了、模糊了，那就是教育的悲哀。目中无“人”的实质是：教育本质被扭曲，社会责任感缺失，对学生生命呵护的爱心被稀释得七折八扣。杨福家院士的报告无疑是清醒剂，启迪我们从教者反省、深思。

理念指导行动，情感催化智慧。有没有一切为了学生，为了他们今日的健康成长和明日的长足发展的“大爱”，是语文名师基地学员必须面对并用教育实践回答的问题。如果教师对学生心中有“大爱”，明白责任重于泰山，那么对教师九项职责的内涵就能深刻领悟，教育方法和艺术就会如涓涓清泉流淌而出，滋润学生心田，点燃学生头脑中的火把，让每粒金子都发光。有教育良知，有使命感、责任感的基地学员常自责自己教育行为的无奈，对教育目标如何落实的迷茫。这是成长中的烦恼，要求进步的表现，以杨福家院士报告中的“大爱”点燃自己心中的火把，将会心明眼亮，勇气倍增，创造育人的佳绩。

5. 教育的生命力在于教师成长[1]

在我几十年的教学生涯中，由于党组织的培养，加上几十年的风风雨雨，同行们的教育启迪，深深体会到教育的生命力在于教师的成长，而教师的真正成长在于教师个人内心的觉醒。只有内心的深度觉醒，教师才会真正成长。

一、内心深度觉醒需要教师的主人翁精神

教师内心的深度觉醒是什么意思呢？我为什么说一辈子在学做教师呢？我就是一直处在这样的觉醒过程中。我体会到当教师把个人的前途命运与祖国的前途命运紧密地联系在一起的时候，人就会变得聪明，就会站在比较高的地方思考问题，而且心中总

[1] 本文发表于《现代教学》2009 年第 3 期。

是有一团火，能有旺盛的经久不衰的内驱力。我这个老教师梦寐以求的就是国家民族的伟大振兴，而要伟大振兴，最重要的就是人才辈出。人是不能自然成才的，要靠培养。在培养的过程中，它的质量如何、成果如何，决定性因素就是教师的成长动力。因此，我提出一点体会和中青年教师共勉，就是一个老教师的后面应该有浩浩荡荡的中青年教师队伍，长江后浪推前浪，从来是后人超过前人。

我自己经历是有限的，但我有独特的体会。教师从事大量平凡、普通的工作，但有些事情应该刻骨铭心，使得你心灵震撼，突然心中会有明灯点起。我想到三十多年前，1977 年深秋，在文化广场开批判“两个估计”的千人大会，我作为中学的教师代表发言，批判“两个估计”。解放思想、拨乱反正的路线是教育的突破口，当时我非常激动，因为在十年动乱中，我们所有的知识分子都是黑的、都是“臭老九”，我们教育的成绩都是“修正主义”教育路线。我在这所学校也被打成了“黑旗手”“黑标兵”，因为我是“三八红旗手”。我无法言说自己的心声，可在那个会上，是邓小平同志、是我们的党给我们砸开了颈上的锁链，因此我们得到了人的尊严。知识分子作为劳动人民的一个非常重要的部分，我感到获得了解放。因此，我有主人翁的感觉，也希望中青年同志都能体验到。回顾历史是为了告诉我们现在的同志，我们真正有了人的尊严是在 1977 年以后，我们获得了解放，因此才有了三十年来伟大的成就。所以，我说我就是国家的主人，我就是教育的主人。教师有了强烈的主人翁意识，就会去认真思考，对所有的困难都会去努力解决。

二、通过实践将内心深度觉醒转化为学生的真本领

主人翁意识，不是口号，喊口号是容易的，最重要的是要实实在在地做，教育的事业是实践的事业。有些孩子的话刻骨铭心。我教了一些学生，已经自认为很努力了，可学生说："于老师，您的课我很喜欢听，但是我没有学会。"这句话我琢磨了多年。作为教师，我不是在表演，我所上的课不能随着声波消失就销声匿迹了，课要教到学生的身上、心中，成为他们生命的一部分。因此，教师的责任是要教每个孩子会学，这不仅是科学而且是艺术。就是这样一句话，促使我一直在研究课堂教学如何突破原来的框框。其实我们在工作中有很多惯性和束缚，解决难题没有别的办法，只有创新，思考如何打破脑子里的旧框框。

在 20 世纪 80 年代，我尝试了很多改革，比如课的多功能、立体化。我没有固定的模式，课文既可以从开头教到最后，也可以倒过来教，一切都要倾听孩子的心声，因为教育是育人，让人学到真本领才是最大的事情。

考试是一个手段，我一直认为"应考"是永远培养不出教师，也培养不出优秀学生的。只有教出学生的真本领，才能人才辈出；只有教出学生的真本领，才能让他们应对各种问题。以不变应万变是我教初三、高三的经验。事实证明，学生有了真本领不管遇上什么题都不会怕。每堂课都影响着孩子的生命质量：孩子的生命在课堂上成长发展，课堂是否有效，是单线的还是立体

化的，是否既有知识能力又有情感、态度与价值观，这些都影响着人的培养。我们的中青年教师要有系统的思考，从大框架到局部再到细节，要研究我们的对象，否则就是闭着眼睛捉麻雀；要好好研究学生，知心才能教心，你的教学要在学生心中引起共鸣。

三、名师基地中的中青年教师带给我的启迪

我一辈子处于不断学习中，这有中青年教师给我的教育和启迪。我接触了上海名师基地的一些学员，最近有三件事让我很感动。

南汇区第一中学一位教师的论文参加了我们组织的“当代教师的成长与发展”的征文，得了一等奖。原来，这位教师认为教师的成长主要是依靠外部大气候、学校小气候，还有奖励制度。有一次上海市教师学研究会组织了全国十六个省市教师代表参加“民族精神教育在学科里的实施”活动，这位教师很敬业，五点多天还没亮就从南汇出来，听了一天的课还认真地做记录，点评老师的讲解精准到位，深深震撼了这位教师，他说这天的活动让他刻骨铭心，终于明白教师的成长要有内驱的动力。我读了这篇论文很感动，感动于他的进步。

名师基地的 位初中教师，从开始我就听了他的课，他备课备到痴迷的程度，现在什么都不想，只想把课上好。他教的毕业班学生在他过生日时每位学生都写了封信给他，这种幸福感是钱买不来的。我为他的成长而高兴。一名教师必须要苦中作乐，明白学生的成长就是你的成就，别人的需要就是你的价值。他说教

师在学生面前要透明，明白自己有哪些优点，哪些不足。教师要用人格的魅力来教育学生，他悟到这点我真是非常高兴。

上海理工大学附属中学的一位教师去云南支教了，他投给我们的征文虽未获奖，但他在给我们的信中写道：我是一名工作才几年的英语教师，去云南之后才知道文化上的差别，要成为真正的男子汉还需要走很长的路。那里的教学任务很重，课很多也很累，但我们一定会尽心尽力的。等到任务完成了，我们不可能拿到像奥运会比赛那样的金牌，但是我们精神的丰富是和金牌的价值等同的。

一辈子学做教师，这不是一个虚假口号，我就从许多教师身上获得了很多的能量。我们的教师是可爱的，今天的教育比我们那时难得多，因为随着社会转型，社会上各种矛盾、问题都折射到教育上来，教育有无法承受之重。现在的年轻教师比我们那时强多了，社会和家长对教育的需求、期望增高，多元文化和多元价值观对我们学校教育的挑战大大增强了。

因此，今日的教师更加要有仰望天空的理想和信念，要坚守自己的精神家园，要练就过硬的本领，要养成对学生的教学魅力，培养实打实的业务能力、专业能力。我们要同舟共济，攻克难关，依靠我们坚定的信念、非凡的勇气和无限的智慧去克服教育事业上的一切困难。我祝愿我们的中青年教师在这样的大好环境下能够飞速成长。长江后浪推前浪，我愿成为一块垫脚石，为大家的进一步发展贡献自己的绵薄之力。

6. 中国教育工作者的精神、智慧和自信[1]

我是一名教师，一辈子就是在课堂里上课，在学校里教书。五年前正值桃浦教育联合体艰苦创业时，我曾经来到这里开会，留下了深刻的印象。桃浦的校长们忠诚于党的教育事业让我一直以来感动不已。

桃浦这个普陀区西北角长久以来的教育洼地，经过四年多的努力，今天的教育水平不仅仅是填平补齐，不少学校已经慢慢上升，达到中等偏上了，这是非常不容易的。我最强烈的感觉就是桃浦这个“走联合之路，创优质教育”的经验有很好的推广价值。为什么会有这样的想法？因为，现在我们这个社会真假难辨，很多东西说的是一套可做的是另一套，而桃浦的经验是非常真实

[1] 本文发表于《学业质量保障研究》2012 年第 3 期。

的。刚才的几位领导都对桃浦的经验作了评论，我也谈一点自己的体会。

我觉得这四年桃浦教育联合体给我的第一个启示就是有学校教育的尊严。桃浦这样一个普陀区教育的洼地，经过自己的努力，自力更生，把教育质量提上去了，这彰显了我们学校教育的尊严。现在由于多种多样的因素，功利的、市场化的、利益的驱动，我们教育的尊严受到很大伤害，学校也是如此。而桃浦教育联合体通过艰苦的工作，不但取得了显著成绩，同时也彰显了学校教育的尊严，主要体现在以下几个方面。

第一，桃浦的教育人在普陀区政府、区教育局和桃浦镇党委、镇政府的领导和支持下，自力更生作出了实实在在的成绩，用桃浦镇郑镇长的话来讲，“这是我们应该做的”。我说：“你们镇里很支持。”她说：“桃浦的小孩是我们自己的，我们要让桃浦的孩子能够接受良好的教育。”我觉得这就是我们教育的真实。第二，桃浦教育联合体的联合是很有道理的，改变了过去居高临下的指派模式。在桃浦这个联合体里，演奏的是一曲和谐的交响曲。李金龙校长是乐队里的首席小提琴手，联合体里每一个学校的地位是平等的，大家平等相待、平等交流，每个人都觉得“我是主人”。我在想一天到晚被人家指派，这个日子好过吗？人是有自尊的。这个联合体了不起的一点，就是它是平等的、互助的。我进来就看到恒德小学评为全国科技普及的先进单位，校长和老师都很自信，是刚才周忠老师讲话时的那种自信啊！因此，我觉得这是了不起的，联合体里面这种平等、尊重，彰显了我们每一所学校的尊严。每一个人都是这个联合体的主人，所以都在发挥力量。当然，我们的李校长是首席小提琴手，他怎么指挥呢？比如我们这个年会，第四届年会的成果由第四届执行单位主任汇报；第五届年会设计思路由第五届执行单位主任提出，大家共同审议。我觉得在今天这个背景下，教育太需要平等了。有的学校名声很大，进校的小学生要认识1500字。我曾经讲过，如果说义务教育条例是真条例的话，那么对这种违反条例的学校，应该像抓染色馒头一样地严肃处理，但是我们没有这样做反而听之任之，然后还据此来排位，排什么位呀？我们桃浦的学生是怎么样的？农民工子弟的学生是怎么样的？我们的义务教育应该是零起点。所以，我觉得联合体很了不起，重树了学校的尊严，很令人感动。

第二，就是精神。我们桃浦的精神是怎么形成的？从区政府一直到镇政府，我们郭景扬教授一直是扑在里头的。我觉得这种精神是了不起的，把方方面面的积极性都调动起来了。桃浦从“五个一”到“五个联”，再到“五个结合”，把学校内部的，学校和家长之间的社区的资源和力量都紧密结合起来，调动起大家的积极性了。

人是要有点精神的。人有了脊梁骨，才能脱离爬行状态，直立行走；人有了精神支柱才能成为人。而教育特别需要精神支柱，这个精神支柱是十分重要的，因为它是育人的伟大事业。我觉得桃浦联合体之所以了不起，就是彰显了我们学校教育的精神，彰显了校长的精神、教师的精神、社区的精神，这种精神是非常宝贵的。古希腊的圣人柏拉图在《理想国》里讲什么是教育时，用他老师苏格拉底的话打了一个比方，他说教育就好像是把一个囚徒从洞穴里引出来，提升他的灵魂，就是提升他的精神往上升，达到真实之境。我们中国也是一样的，《大学》开篇第一句话就是“大学之道，在明明德”，这个大学不是说的大学、中学、小学，而是说求学，你求学求什么呢？是在明德，是彰显你内心的美德。孟子讲善，就是讲内心的美德，在内心不断修炼达到至善，这就是善的境界。

陶行知先生讲：“千教万教，教人求真；千学万学，学做真人。”一个人如果言行不一、表里不一致的话，他怎么能成为人呢？21 世纪的教育本质并没有变，英国历史学家汤因比在与日本哲人池田大作讨论21 世纪教育的时候就说过，21 世纪的教育不能停留在功利的浅层次，必须相应地发展心灵的教育。这一点，马克思很早就提到了：教育要培养全面发展的人，自由的人。人之为人，就要从小对小孩进行教育，在小孩身体成长的同时给他良好的精神养料，提升他的精神世界。比如让他知道什么叫“仁”。中国的文化就是讲仁，就是仁而爱人，这也是孔子所追求的最高境界。中国的儒家是入世的，他的最高境界就是仁。“仁”，人字旁，一个二，就是你要做人，心中就要有别人，心中没有别人你怎么做人呢？西方对人的定义与中国不同，17 世纪的西方认为：人，是一种追求利益的动物，是用理性思考追求最大利益的动物。因此，西方社会会因为追求利益而进行扩张等行为。

桃浦的经验告诉我们，为什么会有这样的精神，是因为聚焦在育人这么一个伟大的目标上。今日的教育质量就是明日的国民素质，国家的未来就植根在育人上面。就像刚才李校长所说的，为了每一个学生的终身发展是不变的宗旨，有了这个宗旨教育事业就会精神焕发。

第三，是智慧。联合不容易，需要智慧，需要创造。桃浦的经验不是舶来品，更不是简单从外国移植来的，而是根植于中国的土地上。我学的是教育，可一天到晚学的都是外国的教育理论。我20世纪50年代出来当教师，最早学的是凯洛夫教育学。凯洛夫教育学在苏联是没有地位的，可见我国教育理论之落后。当年什么叫好课？就是下课铃响了，课正好结束这就是一堂好课，你说有这么巧吗？这就是当时教育理论过分注重形式的表现。我现在都还记得课堂教学的五环节这种形式主义概念。

中国从孔老夫子开始就是有几千年历史的教育大国，但现在教育理论上已经没有话语权了。我现在虽然已八十多岁，但还没糊涂，现在听到的全是外国话，名词术语一大堆。因此，桃浦经验了不起的地方就是植根在自己的实际当中。邓小平说实事求是，这是了不起的。我们是什么国情？芬兰的教育是了不起的，但她的人口只有几百万，我们光教师就有一千六百万，学生更是一亿几千万！因此不能迷信外国经验。

“我们举什么旗，我们走什么路”这个太重要了。桃浦联合体提出建立五个平台，这是根据桃浦的经验，根据桃浦的实际，考虑居民的文化层次，孩子的基础是一步一步建立的，所以这种智慧了不起。其实，在联合当中桃浦做了很多，学校的联合、教师的联合、资源的共享等等。你们不是零打碎敲的实践，而是整体的系统性的思考，所以是了不起的。

最后一个是胸怀。桃浦联合体反复讲要形成一个大教育的格局，其实你们前四年的路就是一直朝这个方向在努力。我们办人民满意的教育就要有人民的支持，我们必须认识到这一点。我从桃浦的经验中，看到了社区文化与学校文化之间的互动，感觉到真是迎面吹来的清风，教育的功能得到充分发挥。办学校就要有一种胸怀，不仅在学校里要育好人，把教师队伍带好，而且要拓展出去，跟社区文化互动，互相吸收彼此的精神食粮，齐心协力搞好现代文化。文化不同于经济和军事，培养学生正确的文化判断力，正确的价值取向是不容易的，不能只靠学校，还要有良好的社会环境。因为人一辈子都生活在价值观中，一辈子都在进行价值取向的选择，我们在学校、在社区营造学生健康成长的环境，对莘莘学子是极大的帮助，这是一种胸怀。

提一点想法供桃浦联合体的教师参考，四个字：增强自信。学校教育不管有怎样的生源和文化背景，都是一样的高尚。我们往往认为哪一个经验了不起，大家都去学，导致“他信主义”盛行。上课时是参考资料、一课一练、教育时尚等左右看教师的头脑。时尚不都是对的，时尚是会过期的，真正好的时尚要经过时间的淘洗才能变成经典。

不要被流行所左右，不要被“他信”所左右。我一辈子上过两千多节公开课，每堂公开课几乎不用未经岁月检验的时尚。现在有的老师全国“巡回演出”，上课时喜欢用时尚语言，网络语言，甚至外国骂人的话都出来了。上课不是嘉年华，课堂是神圣的。所以我们要增强自信，既然认准了这条路就要坚定不移地走下去。

西南联大是一个非常特殊的学校，物质条件与现在相比不可同日而语，有天壤之别。我只讲一个自信力的例子，就是大历史学家陈寅恪先生，他在联大上课有四不讲：一是前人讲过的不讲，二是近人讲过的不讲，三是外国人讲过的不讲，四是自己讲过的也不讲。每堂课讲的都是自己最新的研究体会。我想这种自信力是来自对事业的、对学生的高度负责的精神和他的使命感。

一定要根植于桃浦这块土地上，用你们的智慧和你们的责任深入研究教和学的规律，特别要研究学生的所思所想。在教师队伍的成长过程中要增强自信，不断的改革创新。桃浦联合体一定要在原来的基础上增强自信，改革创新，再创辉煌。

7. 书生校长的胆识与胸襟[1]

我这个八十几岁的老人，参加这样一个讨论教育现场的会，对红兵同志的这本书进行恳谈，让我好像又回到了几十年以前。这种场景在当时的课堂以及很多研讨的场所是很常见的。刚才有同志讲，这个恳谈的源头在我这里，这句话应该说是不准确的。为什么这么说呢？我跟红兵确实有一段师徒关系，这个师徒其实也是名义上的，我并没给他多少指导，反而是他给了我很多思考的机会。陶行知先生有句话，一个老师最幸福的一件事就是培养出来最值得他崇敬的人，我想红兵同志五十周岁不到就有如此成就，对我来说确实是莫大的幸福。我是从心里对他由衷地感谢，也是由衷地敬佩。

---

[1] 本文发表于《上海师资培训》2012 年第 5 期。

刚才听了三位学员的发言，张广录老师是用了心仔仔细细去读去思考；郑朝晖老师信口讲来，也是讲到点子上了；耿慧慧刚才选择的点也很好——“好玩”，这个点其实也讲出了程红兵同志从事教育的一些基本要点。

《直面教育现场》是他很多著作当中的一本，他的第一本书《语文教师的人格魅力》就是我写的序。之后他是一本一本地出，跟莫言一样都是高产作家。其实他的工作非常繁忙，但就是这样，他还是把博士读出来了，很不容易。“书生校长”这几个字我觉得对红兵同志来说是匹配的。

我们做校长的身上现在太缺少文化的味道了。有些校长身上的商人气太重，没有书生气，而这书生气对一个校长来说却是非常重要的。我读了这本书之后，感到有几点特别值得我学习。

第一，就是学术勇气。我们每个人都在教育现场中，都应该去直面它。但是，鲁迅先生也讲过直面人生是非常不容易的。我们在这教育现场中经常会看到的是两种情况，一个是发牢骚，不是这个不满就是那个不满，牢骚几乎是无处不在。第二就是视而不见，采取一种逃避现实的态度。我觉得直面现场，本身就是一种学术勇气。红兵写的这本书既不是发牢骚，也不是逃避，而是用他的教育理念、教育思想、教育智慧和他受黑格尔《小逻辑》这本书影响很深的逻辑力量来分析教育现象并加以判断。我想这是一个知识分子，一个有理想的教师的正经的、正规的道路。我是半路出家教语文的，虽功底不行，但是既然入了这个门，就要一辈子“上下求索”。不仅要找到“门”，而且要“登堂入室”，因此我就对语文考虑得比较多。但是红兵不同，他不仅对语文，而且对除语文之外的教育领域包括师范教育和高等教育的各种现象，都作了深入思考。所以说这是一种学术的勇气。借用钱理群的一句话，教育现在是种乱象——我们既取得了伟大的成绩，比如在我们这样的国家有一亿几千万的学生普及义务教育，解决了世界级的难题，对人类作出了巨大贡献。但与此同时，我们教育当中乱象丛生，第一线的老师苦不堪言。为什么会是这个样子，靠谁来解决？刚才红兵引用了钱理群的一句话："恐怕解决问题还是在民间"。我一直相信，从来没有救世主，上课是教师提高教育质量的一个最根本的环节。学校教育质量说到底其实就是教师的质量，说来说去还是靠教师。我们历史上有一个非常特殊的教育现象，像西南联大，校舍设备很差，即使我们中国建筑学家梁思成在那里也没钱盖房子，但是这里出了很多人才！因为那里的老师是精英，他们的学校汇聚了全国的精英。我国"两弹一星"的专家基本上都是从这所学校出来的。另外，像杨振宁也是在西南联大接受的教育，他最大的贡献其实是场论，但因为一个人在物理学方面不能够两次获诺贝尔奖，所以不为大众熟知。九十岁的他在作报告的一个半钟头里，没有停下来喝过一口水，这就是中国知识分子的精气神。西南联大培养了如杨振宁、李政道、黄昆、邓稼先、于敏等一大批人才。可见，师资质量是出人才的第一要素。我们确实要有这种学术勇气，既要肯定我们的成绩，也要对那些乱象用自己的行动和学术的能力加以分析，承担一点责任。

第二，必须要有清醒的头脑。刚才张广录老师分析得很清楚，从观察点、多重角色、判断方法、思维方法、研究方法等去审视。我觉得头脑清醒是非常重要的。我以前一直思考老师为什么不能有点自己的思想主见，为什么总是缺少思想，我现在否定了这些想法。因为现在不是缺少思想的时代，是思想太多了，而且是浅薄的思想太多，深邃的思想太少，特别是一针见血、一语中的的东西太少了。我们经常在浅薄的思想上轮回，不能透过纷繁的现象找到事物的本质，找到骨子里面的东西。其次，装模作样、乔装打扮的思想太多，而实实在在的思想太少了。你看现在随便一个人说出来的话，都是一套一套的，听上去就是新名词、新概念的大串联。这乔装打扮、装模作样的思想太多，让我们来不及思考中国教育到底应该搞什么、语文教育搞什么。有的时候媒体宣传的东西实在真假难辨，伪思想太多，伪科学太多，真的东西太少。这里树一个榜样以后，马上就要卖门票了，到哪一层门卖二十块，到哪一层门卖五十块，到哪一层就可以卖一百块。这把教育办到哪儿去了？你到我这个学校参观，还有土特产卖……我简直搞不清楚了，这到底是什么东西！但是我们很多人就被忽悠过去了。所以，一个老师必须有清醒的头脑，在乱象中，要有文化判断力。什么是真的，什么是假的，什么是科学，什么是伪饰，一定要把它搞清楚。红兵的这本《直面教育现场》有很多很清晰的洞察，很清晰的批判，但没有绝对化。比如对传统教育与现代教育的态度，我们有部分人觉得传统教育都不行，全部都要学习外国的，唯其如此才能称作现代教育。实际从世界上的经验来看，教师中心主义跟儿童中心主义都是两个极端。你怎么可以把别的因素排除以后突出你的这个观点的正确性？一个复杂的庞大的教育工程，不是简单的一两句话、几个标签一贴就成功的，不是这个样子。所以教师应该有清醒的头脑，特别要用辩证唯物主义的武器来思考。

第三，要有文化自觉。清醒的头脑不是天上掉下来的。《文化自觉》这本书我读了，每一个问题都在讲文化，分析问题的时候，也都是在讲文化。什么叫文化？就是“以文化人”。以文化人，这种文化很了不起，它是我们的民族精神，是千百年来祖先淬火锻造出来的。我们现在这种文化自觉很差。中华文化一个了不起的特点就是文化的融合，几千年来它都在接受别人的文化，但是它的这种接受，始终坚持以我为主的融合原则。但1840年英国用鸦片和大炮打开清政府大门、西方的文化排山倒海般进来以后，这种现状就被打破了。中国的近现代史经历了殖民地半殖民地的痛苦历程，即使今天站起来了，仍然深受西方文化的影响。改革开放以来这种影响更大。西方的文化非常有侵略性，它对人的界定跟中国是不一样的。它认为，人是用理性思考谋取最大利益的动物。而中国人认为，人就是“仁而爱人”，有恻隐之心、同情之心、柔软之心。在西方文化的影响下，我们的传统文化还有多少主体地位？我们的教育是否应该有所坚守？中国的教育文化很了不起的地方是强调“读书做人”，将读书和做人联系在一起，这是一个根本问题。既然如此，我们为什么还要育分不育人，重术轻德？中国教育到底用什么文化来支撑？

刚刚有位女同志问红兵“教育国际化”的问题。现在“国际化”“跟国际接轨”这几个口号响得不得了，可是这个国际接轨是跟谁接轨呢？跟印度接轨吗？跟非洲接轨吗？跟西方、跟欧美接轨吗？我们现在高中的课改，基本上是芬兰的模式。可是芬兰只有几百万人口，而我们多少人啊！因此这里讲的文化自觉，非常重要的一点恐怕就是不能忘记你是中国人，中华文化的根是不能忘记的。我们对很多问题并没有站在中国文化的本土上去思考，反而是过分推崇西方的话语权。

刚才红兵回答了很多问题，都是针对训练、做题目、考核，这里的一个考，一个评价体系，就把我们整个的教育全部控制了。我开始真的没有体会到这个问题如此严重。1985 年国家教委对教育大纲、教材的审编工作请我们在北戴河开会，当时语文第一次出现了标准化设计，就是打钩、打叉、选 ABCD。我跟冯大姐[1]住一个房间。她私下跟我讲，这是什么题目呢？一点都做不出来。她是北大的资深教授，也编过中学语文教材。当时我讲，把这样一个标准化的设计引入我们语文高考试卷，起码害了三代。如今看来不知道害了几代了。这个考试指挥棒是很厉害的，它把我们的教育理念、教育大纲讲到的“以人为本”“学生的发展为本”都颠覆了。你到下面去看一看，到底是以人为本还是以分为本！我国过去的学科整体框架是非常完整的，现在却全都是知识点。我写过一篇文章，《标准化试题把语文教学引入死胡同》在《人民教育》发表，我说为什么语文教学弄得如此支离破碎、碎尸万

[1] 指冯钟芸（1919—2005），北京大学中文系教授，文学史专家，曾任全国中小学教材审定委员会委员。

段，语文最重要的应该是读书啊！不读书，怎么得了！书是孩子的精神食粮，是一辈子受益的事，这真要好好反思。

现在所有好的东西好像都是从外国来的，连想象力都是外国的。有一位作家，女儿上小学四年级，他说："你们这都是什么教材，我只让女儿读了七遍《哈利·波特》。"我不反对读《哈利·波特》，但是这并不意味着我们的孩子都要这样。语文老师作为中华优秀文化的传承者，恐怕真是任重道远。我们把所有好的都贴上"外国"，所有不好的都贴到我们中国传统教育上。比如丰富的想象，屈原的《天问》里至少有 138 个问题吧？柳宗元对此就有 138 个"天对"，后来还有"天论"等，我们古人的想象力差吗？有必要这样妄自菲薄吗？我们在 20 世纪 50 年代至 60 年代教学就容易得多，当时尽管是极"左"思潮，但是怎么上课是由着我自己的，没有那么多的规矩。现在讲究"精细化"，却把你的头、手、脚都管住，连你每个手指头都管住。那么老师怎么发挥个性？不管你再怎么提倡"个性"，教师的个性也被抹杀了。这种情况可怕在哪里呢？我们口号虽然讲得响亮，但先是把学生标准化，然后在学生标准化的同时把教师也标准化了。这个真是糟糕！过去四川大学蒙文通教授招学生，他的考试就是让学生向他提问题，如果提的问题他回答不出来，那这个提问题的学生就是呱呱叫的。而我们现在的自由度实在是太差了，时间和空间全部给你捆绑起来。一个孩子、一个教师没有空间和时间，他怎么发展？没法发展！

我们不是反对向西方学习，人家好的东西很多。几年前我第一次拿到童心出版社出的《美国语文》，我还以为是历史教科书。美国的文化是英国殖民文化和美洲土著文化的结合。这本教材选了六个总统的发言，把它两百多年的文化讲得入木三分。而我们对自己五千年的文化却不知道，无动于衷，这是一种什么样的心态？它以历史来串联文本，这个做法很好。我们现在的状况是，一边拼命在强调爱国主义，可另一边却没有让学生搞清楚自己的历史文化，说的和做的反差很大，往往形成一种悖论。20 世纪 90 年代克林顿做总统的时候，他就发现美国小学生的阅读能力很差，于是他花了 15 亿美元，组织了一百万中小学教师、十万大学生半工半读，来提高小学生的阅读能力。他认为信息社会第一能力就是阅读，没有读的能力是不行的。结果这十年下来，他的努力初见成效。一个人，一个民族，最后能不能成功，靠的是他的文化积淀，是他的文化素养。如果我们对这个问题不重视，对文化素养不重视，那么将来我们的孩子怎么能够成才？怎么能够成为卓越的人才？

外国好的东西很多，我们到底该学什么？我们中国自己好的东西又丢掉了多少？从文化自觉的角度，我们真要好好考虑考虑。再比如，我们 20 世纪 50 年代包括 80 年代的学校，虽是泥地的操场，却到处是生机盎然。我看到男孩子打篮球、打排球就非常高兴，这是在锻炼一个民族的精神，在锻炼民族健壮的体魄。而现在中小学的操场虽然漂亮，可又有几家能够做到“龙腾虎跃”？我们现在都是长官意志，规定学生每天必须要一个钟头到室外去。可你看看，实际上有多少学生、学校在按照要求这么做？他要做题目，不去。坚强的体魄从哪里来？我们总是怪足球不争气，可眼下该如何争气呢？儿童、青少年有多少时间进行体育锻炼，打球、踢球？这就如同数学中分母跟分子的关系，坚强体魄的分母都没有，又何谈体育精英这些分子呢？又比如我们的课外阅读。当年我的学生都只是中等偏上的水平，但是对文学的兴趣、对读书的兴趣，让我至今难忘。像陈残云的《香飘四季》刚刚出来以后，我们马上组织讲座，学生立刻就能听到。课外讲座，大礼堂上坐着几百人，可谓盛况空前。甚至几十年以后，学生碰到我还会一而再、再而三地谈到那时的语文课外活动盛况。现在有这样的风景吗？没有，不读书了！20 世纪 70 年代末《哥德巴赫猜想》报道一出来，数学教研组组长马上讲什么叫“哥德巴赫猜想”，而我马上去讲徐迟的这篇报告文学。那时孩子的求知欲望真是高啊！50 年代和 60 年代我在高中教课，十七八岁的孩子会被书中的文字所感动，而我们现在课堂上还有这种风景吗？

红兵说教师要打开课堂，我认为我们这些教育骨干，语文教学骨干，首先要打开脑子来解放思想。有一次跟王志刚校长一起听课，我想如果我是学生，是没有兴趣听这种课的。教师把什么事情都磨碎了来讲，不研究我们的学生，这怎么听得下去？教师可以有自身的理想，但是更不要忘了还要有文化自觉。教育没有文化支撑，是没有魂的。我们现在经常呕心沥血，办的却是没有灵魂的教育，只看到技术看不到人。从柏拉图的《理想国》开始一直到英国大历史学家汤因比跟日本池田大作关于 21 世纪教育的对话，他们都谈到 21 世纪教育的本质是培养人，人不培养全盘皆输。语文老师的文化自觉真是太重要了。文化本身是多年来积淀下来的，你不能因为人家的一些乱七八糟的东西就把他抹掉。文化的毁灭是一个民族的灾难！

最后一点，就是知识分子的责任担当。我们的教育必须有自己的话语权。一个民族，一个大国的教育，如果没有多少话语权，那在世界上是没有分量、没有地位的。社发局的陈彬处长告诉我，我们拿出去的东西都要按照外国人的标准来评判，因为西方有话语权，很多东西拿出去都被退回来了。思想上的殖民、文化上的殖民太厉害了，鲁迅先生如果活着恐怕还要写一篇《中国人失去自信力了吗?》，这种殖民性渗透在我们文化教育的方方面面。我们有那么多优秀教师，有很多闪光的东西，一定要建立文化自信。现在中国、美国、俄罗斯三国联合起来，要向欧洲标准挑战，向他们要话语权，我们为何不能有这样的勇气从西方话语里跳出来呢？程红兵为什么有这样的勇气，有这样的思维，有这样的自觉？恐怕正是他作为知识分子的责任担当意识。你既然是知识分子，你就以天下为己任。古时候都讲“匹夫有责”，即使你是匹夫，也应有社会责任，也应有担当。红兵之所以会有这一系列对话，我想其本身就拥有一颗赤子之心的责任担当意识。

谁的成长没有瓶颈？红兵有时会打电话给我谈到这样的问题，我们也会商量，会讨论。一个人会碰到很多困惑、困难乃至迷茫，但最重要的是你内心的深度觉醒。当你意识到自己的这个教育岗位关系千秋大业，关系千家万户的老百姓时，就有一种崇高的使命感和责任感，就一定要破浪前行。

美国既没有文化部，也没有宣传部，只有中央情报局。它的文化是中央情报局文化，他的工作就是要输出西方文化，而且让被输出的对象能够舒舒服服地把美国的价值观当作自己的价值观，可怕吧？所以我们一定要有清醒的认识。优秀的教师一定要起骨干作用，引领作用，搞出自己的个性，独树一帜，形成教学风格。这个工作很困难，而且语文又是所有学科里被骂得最多的。但是骂也可以变成动力，使得我们更清醒地思考。

我作为一名八十几岁的老学生，读了这本书，受到了一些启发，再听了刚才各位老师的发言更是受益匪浅。当年西南联大的学生躲在防空洞里还要孜孜不倦的学习，就只为了延续中华文化的根。因为中华文化的根有了，那么我们这个民族才会真正实现伟大的复兴。今天这里汇集了很多语文教师中的精英，也都是为了我们中华民族的根啊！讲得不对，请各位老师批评。

8. 我们这支队伍，这些人[1]

黑龙江省佳木斯市第十九中学张丽莉老师舍命救学生的英雄事迹传遍全国，感动了亿万人。她是一位普通的教师，为何能有如此震撼人心的力量？且不说她对学生的爱、对事业的敬、对同事的真，也不说她对伤病所表现出的超强意志和对前景的乐观坦然，就其实质而言，仅一句话概括：灵魂崇高。

一、她是中国基础教育的骄傲

由此，我联想到我们这支队伍。最近中央媒体走基层，寻找最美的乡村教师，报道了许多真实而生动的故事。每次看报道，心中总会涌起触动，让人洗涤私欲，净化感情。那么平凡、那么

[1] 本文发表于《中国德育》2012 年第 16 期。

普通的教师，在乡村坚守10年、20年，乃至30年，面对贫困不言苦，面对艰难勇向前，对社会敢于担当，对学生心怀大爱。他们犹如灿烂星空中闪烁的星星，虽不知名，但却给我们以无限的希望。

教师的思想道德水平可以说是处在社会道德建设的前列。全国有一千多万名中小学教师，他们默默耕耘在培养学生成长、成人的第一线，播撒青春、备尝艰苦、无怨无悔，经常背负着不能承受之重担。时代发展快，教育要求高，误解、指责、怪罪，脱离国情与校情的任务加码屡见不鲜，但绝大多数教师并未把责任推向客观，而是认真学习、努力改进，力争与学生共同成长，志在教育实践中不断修炼，成为高素质、专业化的教师。毋庸讳言，这样庞大的队伍中出现一些违背师德的人和事，的确令人不齿，不仅是同行们不认同，而且有损教师队伍的形象与声誉，必须加强教育，并以此发挥警示作用。

这支队伍是可爱的，深入他们当中，你会发现无论社会环境怎样变化，总有一些宝贵的东西在他们身上默默传承。

二、坚定不移的价值取向

人一辈子都活在价值观中，一辈子都在进行价值取向的选择。价值观是人生的标尺，它决定了人生的境界。

在社会转型、价值取向多元的现实生活中，许多职业炙手可热，而教师职业却有几分清凉。选择教师，选择向青少年学生传承人类精神文明作为自身的追求，就是一种志气，一种境界。

选择教师，就是选择了高尚，选择了与国家前途和命运紧密相连的教育事业。教师是以人育人的工作，许多教师深知，要用自己高尚的人格去引领学生形成健全的人格，以自己的真才实学启发学生旺盛的求知欲。只有自己不断修炼，才能成为师德高尚、业务精湛的人，才能成为指导学生选择正确人生道路的引路人。

在深刻的社会变革转型中，多种经济发展模式并存，生活方式越来越多元，利益分配方法与价值观念交织在一起，原有的价值标准、道德理念失衡、失范、失律，许多教师依然选择了奉献教育、为国育才的价值取向，并传承蔡元培、陶行知等教育大家为国为民的崇高精神。

不说全国范围的感人事迹，单看周围的平凡教师，就可从中吸取不少精神养料。如坚守在上海郊区的优秀教师，包括特级教师，他们经受住中心城区以及其他行业高薪的种种诱惑，全身心地哺育农村学子成长。又如不少参加教育培训的年轻教师，把学习实践、接受培训看成精神上的福利，有的写下了这样的心声："教学工作再忙，应试压力再大，事务性工作再烦琐，也依然要挤出时间去学习。一年半中，从不上网聊天，未看一集热播电视剧，更是与网游绝缘。培训让我真正懂得了终身学习的意义，品尝到学习的无穷乐趣。育人先育己！"

教师不是生活在真空地带，不可能不食人间烟火，关键在于信奉怎样的价值观，选择怎样的价值取向。我自己就面临过高位、高薪、汽车、房子的诱惑，我都婉言谢绝了，因为教师是社会的良心，千万不能为金钱、物欲所俘虏，成为它的奴隶。《礼记·乐记》中就深刻指出："夫物之感人无穷，而人之好恶无节，则是物至而人化物也。"我铭刻在心，在金钱至上、物欲横流的大潮中更须以此为警戒。

教师爱教育、爱学校、爱孩子，他们在教育实践中不断进取，升腾起来的理念是：思路决定出路，行为决定作为，定位决定地位。学校给我一块土壤，我还学校一片绿洲。这就是我们的普通教师，对教育事业有一颗金子般的心。

三、倾注心血的大爱之情

教育事业是爱的事业，没有爱就没有教育。亲子之爱源于血缘关系，父母爱子女是人的本性和本能。虽然教师和学生之间无血缘关系，但只要是诞生于我们这块多情土地上的孩子，教师都要倾注心血，千方百计把他们教好，因为其中寄予了国家的期望与人民的嘱托。这是沉甸甸的历史使命，须有高度的责任感，须有仁爱之心，大爱之情。

对学生能不能满腔热情满腔爱，实际是教师对教育价值能否深刻领悟与不断净化的问题。教师只要内心真正觉醒，把日常千件万件的教育教学小事与国家的千秋大业、人民的幸福追求紧密联系在一起时，就会觉得身上挑着千斤重担，一头挑着学生的现在，另一头挑着国家的未来，今日的教育质量，就是明天的国民素质。觉醒意味着，不仅要领悟教育工作非凡的意义，而且还要真切体验到每个孩子都是国家的宝贝、家庭的宝贝，唯其如此，师爱就会在你胸中激荡。

学生进入学校学习，虽只有短短几年，在人生长河中仅仅是短暂的时光，但这短短几年往往影响一辈子的生活道路。万丈高楼平地起，关键在基础打得牢不牢。做人的根基扎得正，扎得牢固，学生就会一辈子受益不尽。更重要的是，一个人只有一次青春，青春是无价宝，国家把学生的青春年少、风华正茂的时期交给了教师培养，这是对教师的极大信任。如果不充满爱心培育，岂不浪费学生的青春？这是对国家、对人民、对学生的大不敬。基于这样的认识，许多教师锤炼自己的感情，用“有教无类”的博大胸怀，对每一个学生施以爱的教育。开朗的、内向的，家庭和谐的、破碎的，生活富裕的、贫穷的……都想方设法根据不同情况言传身教，学业上、生活上、性格上、习惯上关怀备至，不是亲子女，胜似亲子女，以大爱的细流滋润着他们的心灵，促进他们健康成长。

什么叫大爱？就是没有任何条件，没有任何私利的爱，它源于仁爱之心。亚里士多德说过，善有外在的善、身体的善和灵魂的善，灵魂的善是真正的最具卓越意义的善。几十年来，我一直在教育第一线，耳濡目染、亲身实践，深刻领悟到教师生涯中最大的事就是要一心为学生，不只是说说，而是要身体力行，倾注心血去做，持之以恒地做，做出成效。这就是真善，就是仁爱，就是大爱。哪所学校、哪个地区、哪个省市没有生动、鲜活的关爱学生的故事？教师中不胜枚举的关爱学生的故事汇聚成道德中爱的洪流，与社会上那些自私自利、刻薄寡情形成鲜明的对照。尚善、尚美、尚爱终将驱散丑恶。

四、对专业发展的执着追求

德行与智性是生命之魂。思想道德素质是人的理想信念、价值观念、道德观念、法制观念等方面的综合体现，它决定并影响着智力的发展与发挥；科学文化素质是通过知识传授、能力培养，并开发学生的潜能，使他们的智力获得发展，形成良好的认知结构。在发展智能的过程中，须注意学生情感的激发、意志的培养和正确价值观的形成，三者是不可分割的整体，互相融合、渗透、贯通。要培养学生的德行与智性，教师须强化自身的综合素质。为此，师德高尚、业务精湛永远是每一位教师执着追求的目标。

上好课，不仅是教育改革的原点，也是教师的真本事所在。然而要上好课确实不易。信息如潮涌，学生的信息渠道畅通、视野开阔、想法很多，要让学生学有兴趣、学有所得、学能开启智慧，实非一日之功。有思想、有抱负的教师，钟情自己的学科教学，不受教学参考书的羁绊，不信教学时尚的忽悠，不受分数评价标准的束缚，更不信题海题库、“一课一练”，而是独立思考，刻苦钻研课程教材，把握知识的来龙去脉，凸显教学的核心价值；是研究学情，深入了解学生对所学学科的内在需求，选择合适的途径与方法，引领学生在求知过程中品尝快乐与成功。他们的非凡勇气在于跳出“育分”的怪圈，回归“育人”的教育本质。

举例来说，一位坚持学科教学必须“育人”的语文教师，叙写他多年实践的体会中有这样几句：“教师所做的就是带着学生，沿着文字走进作者的生命世界，去倾听、去感悟，给学生自由思考的空间与表达的机会。在课堂上，我们为学生打开了一扇门或是推开了一扇窗，让学生怀着莫大的好奇穿过门，透过窗，进入更为广泛的语文天空，体验、收获、感受生命的美好，聆听生命的絮语，丰富生命的内蕴，语文教学的生命由此盛大空灵。它们形成了我的教学思路，成为我作为一名语文教师的生命底座。”没有唯分，没有拼分，而是遵循教学规律、遵循学生认知规律，阅读、表达、观察、实践，学生的德行与智性获得有效培养，毕业选拔考试成绩极佳。

每一节课都会影响学生生命的质量，许多教师已经清醒地意识到这一点，为此，在工作十分繁忙的情况下仍然坚持学习、进修，坚持科研，双休日还参加学习培训已屡见不鲜。教研组、备课组是教师专业发展的实体，各个层面的教师形成学习的成长链，以真问题驱动真教研，帮助教师解决真问题，促进教师专业化发展。

对学生丹心一片，对业务执着追求，坚守教育的神圣，创造育人的业绩，这是我们这支队伍、这些人的永恒追求。

9. 寻找教师之根[1]

近年来，在教师教育取得进展的同时，我们也明显地感到不少教师在专业发展过程中有所缺失：对专业技能、教育时尚关注得比较多，而专业理想、专业伦理在为人、为师、为学中体现得不够清晰、明确，教师身上缺少了应该有的“精气神”。专业理想是使教师成为专业人员的精神支柱，无教育理想的教师，怎么可能真正理解教育的本质和目的？教师自身如果理想迷失，又怎么可能培养出有理想、有社会责任感的学生？

形成这种状况有多种因素，但其中有两种力量的干扰不可掉以轻心。

一是经常忘记我们是中国教师，从事的是中国教育。一讲先

---

❶ 本文2013年9月2日发表于《中国教育报》。

进，就是外国，尤其是欧、美、日；一讲传统，就是落后、危害，似乎我们的教育是建立在荒滩上的，建立在污水沟上的，除作为批判的对象，无价值可言。这些年来，我们耳濡目染的教育理念、五花八门的做法大多都是舶来品，许多学校几乎成为外国教育思想观念、概念术语的集散地。

当今时代办教育当然要有世界眼光、国际视野，当然要认真学习国外的先进经验。学习，就要比较、深究、参照，就要立足本土，尊重国情，择其优秀者借鉴、使用、发展，在“化”上下工夫，而不是照搬照抄，以此来炫耀、卖弄，抬高自己的身价。办教育，当教师，首先要弄清楚中国教育的根在何处，中国教师的魂在哪里。它们扎根在数千年的中华民族优秀文化之中，这是无可辩驳的历史存在。从孔夫子到蔡元培，他们不仅有十分丰富的育人成长、成才的宝贵财富，而且不断地以批判的眼光革故创新，以求彰显教育价值。这些育人财富穿越时间隧道至今仍闪现光华。如果我们不了解，不研究，对历史采取虚无主义态度，就是数典忘祖，就是对民族自信心的丢弃，是十分可悲的。

《教育魅力》[1] 探源教师教育魅力与代际传承，目的是让我们的青年教师初步了解“我从哪里来”“根在何处”。我们不是教育的穷人、教育的乞丐，我们要让中华优秀文化的精髓进入自己的思想、情感、血脉，要有海纳百川的胸怀，做有脊梁的与时俱进的中国当代优秀教师。拾人牙慧、仰人鼻息就只能听他人说短长，

---

[1] 该书由作者担任主编，华东师范大学出版社 2013 年 4 月出版。

是得不到别人真正尊重的。

二是分数对我们教师的困扰。说的是“育人”，行的是“育分”，瞄准的是升学率。其实，分数本无罪，但以考分作为评判学生、教师、学校高下优劣的标杆，则形成了待价而沽的局面，市场经济在教育领域彰显着追逐功利的神威。和对分数顶礼膜拜的人们谈全面推进素质教育岂不是一种奢侈？岂不是言不由衷？

坚持以人为本，全面实施素质教育是教育改革发展的战略主题，核心是解决培养什么人、怎样培养人的问题。教师对此须深入思考，摆脱片面质量观的干扰，冲破“育分不育人”的藩篱，使学生德智体美获得全面发展，社会责任感、创新精神和实践能力得到提高。素质教育不排斥考试，不排斥分数。考试只是一种手段，是用来选拔人才、检测教与学的方式。教育的真正目的是培养人，不能错把手段当目标。关键在于教师要怀揣对学生的满腔热情，以自己专业的真本事教出学生的真本领。学生有了真本领，何惧考试？又何愁不能取得好成绩？这比在题海中浮沉难得多，需要教师静下心来刻苦钻研，在专业方面精深求索，切实把握教育教学的规律，形成独特的教育教学风格，对学生产生巨大的吸引力和感染力。

基于这种需求，《教育魅力》着力阐述了现代教师教育魅力的基本构成、功能价值、彰显方式与修养方法，目的在于让青年教师懂得教育魅力对一名教师的重要性。尤其是当今时代，社会对教师的信任，学生对教师的信服，面临着严峻的挑战，要担负起育人重任，取得良好效果，教师需要不断修炼人格魅力与学术魅力。在教育工作中，一切是以教师人格为依据的，教育力量来自教师人格活的源泉。人格魅力是一种与权势、金钱无关的吸引力，靠的是一身正气，品德高尚。学术魅力重在有真知灼见，有厚实的文化底蕴，不人云亦云、依葫芦画瓢。

回顾教育历史，常有这样的图景浮现眼前：一群身无分文的知识分子，气宇轩昂地屹立于天地间，悲天悯人，造福苍生，令人感动。这是由于他们身上有那么一股志气、意气与豪气。历史启示今天，肩负重任的现代教师，理应从传统中汲取精华，锻造自己的“精气神”。

10. “紫竹论道”的启示[1]

从进入闵行区教育学院会议中心开始，我就一直处于感动之中，感动于学院精心准备的这样一台既有内容、有质量，又有多样形式的主题论坛——“紫竹论道”。“紫竹”是闵行的高新园区，在这场“论道”的过程中，体现了闵行教育人的创新思维和追求梦想的力量，让我深受教育。

为什么这么说呢？我这个人是属于历史的人了，已经是八十多岁了。昨天参加了一个关于“为了孩子”的第九届国际论坛。大会有8位发言人，5位是外国人，有联合国“儿基会”的，还有美国、英国、瑞典、意大利等国家的代表，我们中国有3位，

[1] 本文是作者2013年9月27日在闵行区教育学院“对话师德，铸就师魂——2013第一届紫竹论道”上的讲话，傅军根据录音整理。

一位是教育界的老领导王荣华，一位是台湾的学者，还有我。我发现，我们所思考的问题，和5位外国先生和女士相比，一点都不逊色。从思考的高度和深度上，可能我们还略高一筹。

我这样说，主要是为了回应论坛中所谈的自信心问题，一个大区要搞好教育，首先要有自信心。闵行区是一个不断发展、人口不断膨胀的大区，正如徐院长所说，闵行区教育质量这几年一点都没有下降，而且还步步提升。除了有区委、区政府、教育局以及各位校长的努力外，尤其不能忽略闵行区教育学院的功劳。我一直认为区域教育学院思考问题的水平，学术研究的水平，决定了区域的教育质量。不仅影响现在闵行教育的质量，而且预示教育发展的未来。在我接触的市级教师培养基地里，从整体上看，闵行的学员是最认真的，也曾因此颁发给闵行区教育学院优秀组织奖。今天师德、师魂论坛所讲述的不仅是点燃青少年儿童心中真善美的火种，整个论坛也是在点燃老师、领导心中的火种。

闵行区除了中、高考的学科非常努力外，还有一大特点，音乐、美术、体育等学科也非常出色。张家素老师是我非常尊敬的老师，是美术专业委员会主任委员，是我们市教师学研究会的骄傲。他在教育战线上坚守了41年，本身就是一种人生的境界。他的三支笔，每一支笔都做出了卓越的贡献。这不是技能、技巧的事，这是一种超越自我的人生境界。他把教育事业当作自己的生命，把培养青年美术教师作为自己生命的延续。说老实话，搞艺术的人，赚钱是非常容易的，但是我们的美术老师拒绝了这种诱惑。在现实中，把良心送给魔鬼的人太多了，尽管钱钟书先生在世的时候对刘再复说：我们作为一个人，一根头发也不要被魔鬼抓住！面对金钱至上、名利泛滥的情况，教师不仅要坚守自己的职责，而且要薪火相传，这是一种高尚的师德表现，这就是师魂最生动的诠释。

我们几位特级教师在论坛中讲了为师之道，如何“亲道明德”，我也非常受教育。论坛中讲到了做真教师，而真教师首先是要做真人。现在“两面人”太多了，心口不一，言行不一。刚才论坛中6位特级教师讲得非常好，要做真教师、做真人，就要表里如一。任何一个学生的生命只有一次，所以我经常上完课后叩问自己的灵魂：这堂课对学生尽职了没有？因为在每个孩子的成长中，每一天都是独一无二的，不会再来一次，你的每一堂课都在影响着学生的生命成长。特级教师、教研员在论坛中谈道：每一堂课都应该是立体的、多功能的。如果只是简单的操练，恐怕会耽误孩子的青春。张家素老师说得好，“要做一名真教师”，为什么有这样的思想高度？思想高度源于志向的高度，如果一个人没有信念，没有理想，就不可能有思想高度。

作为一个人，即使是处在当今社会转型时期，也要既生活在现实中又要生活在理想中。既要“仰望天空”，像李白一样天马行空，追求美好的未来，不断地追求信仰，又要“脚踏实地”，脚踏我们的热土，像杜甫那样用诗歌写唐史，关照黎民百姓。写文章可以打草稿，可以修改，可以撕掉重来，人生是不可能打草稿的，每一天都是唯一的一次。因此我站在课堂上讲课，每一句话都要深思熟虑，想到这是在孩子的心灵上点燃真善美的火炬，点燃情感的明灯。正因为人生是不可能打草稿的，我们做教师的更应该求真，“千教万教教人求真，千学万学学做真人”这也是陶行知先生的教导。

论坛的第三部分讲到了教研员的工作，讲到了很多内容，尽管只举了戴老师物理学科的一个例子，但她是闵行区教育学院教研员的缩影。其中谈到了“服务学校，幸福学生”。我这个人就是教研员培养出来的，对教研员有特殊的感情。我是一个草根教师，在二三十岁时，不认识任何一个教育官员，只知道上课。那时的教育学院叫教师红专学校，有一次红专学校召开高中语文教研组组长会议，我们学校语文组有一个老组长徐老师，琴棋书画无所不能，非常有文化积淀。他不太愿意出去开会，我是副组长，就派我去参加会议。在这个会上我就谈了很多我对语文教学的建议。有一位四十多岁的老教研员，在会议结束后对我说，“于漪同志，以后我要来听你的课，但不提前通知”。这位老教研员就是市语文教研员杨质彬同志。她是地下党员，大学毕业生，非常有文化修养。她听课不通知，推门就进，一听就是一个学期。在论坛的节目单上写“发现人，成就人”，这也是教育学院的重任。教研员既要有敏锐的目光发现人，又要有毅力，用心血把教师培养出来。杨老师听了半年的课，一周上 6 天的课，她起码来三天。听完课，从来不会说应该怎么教，全都是启发性的问题，引发你独立思考。就是在这样的一系列问题的启发下，培养了我这样一个脑子里全是问题的教师。问题甚至胆大到可以质疑我们的汉语语法体系。我认为我们的汉语语法体系是“舶来品”，是从国外引进的，从

《马氏文通》以来均如此。为了教高中语文，我花了三年的时间，天天开夜车到半夜一点钟，把大学中文系的专业教材全部通读，发现不管是吕叔湘的、高名凯的还是黎锦熙的，“舶来品”痕迹都是很深的。这让我上课时很困惑，在分析很多复句时不能自圆其说，这说明语法有问题。语言学家张志公先生在晚年时说“中国没有自己的汉语语法体系”。

我说这些话的目的不仅是希望，也是请求我们的教研员同志们脑子里一定要有许多的疑问，要不断思考，这样才能超越你现有的水平，才能创新。我就是由教研员培养出来的，也是在课改的洪流中被教研员“问”出来的。我当时教高中两个班的语文课，每班 56 人，每学期 8 篇作文。教研员把一百多人的作文本拿去，坐在校长室一篇一篇地看我是怎么批改的。这就是“培养”，这就是“成就人”。

教研员的身份、定位决定了他的“双重任务”，除自己的“成就”外，还要“发现人，成就人”。作为教师来说，必须有一个敏感的灵魂。有人说，艺术家必须有敏感的灵魂。如张家素老师，既有特殊的美术细胞，也有敏感的灵魂。我们的音乐教师也一样，一定要有敏感的音乐细胞。要拥有敏感的灵魂，第一要“学”，张开自己的感官，还要用自己的“心”，孟子说“心之官则思”。要用心、用自己的感官去学。论坛中还有几位博士、硕士谈到要砥砺自己，就要多读书，要读一些“磨脑子”的书。对教育学院的老师来讲，这一点非常重要，一定要读经典。你单读一点专业是不行的，必须要文理贯通，上下贯通。所以“学”是使自己心灵敏感的第一要素。要把很多的信息，很多精髓的思想、缜密的思维拿来为我所用，这是非常重要的。就如刚才节目中“快递”所送来的很多书（笑声）。读书要会读，读“磨脑子”的书，也许读起来会很困难，但像啃骨头一样，别有一番滋味，不仅会提升你的认识能力，也会提升思考水平。

对于教育学院这样一个培养区域师资的摇篮、孵化基地来说，文化判断力、教育判断力是非常重要的。我们现在处在“乱花渐欲迷人眼”的时期，口号满天飞。拿语文来讲，有“诗意语文”“青春语文”“绿色语文”等等，我搞不清楚。口号最容易出名，学问是不容易出名的。我记得上海第一个成功的口号就是白丽香皂的广告，是上海师范大学一位教师想出来的，“今年二十，明年十八”（笑声）。这个香皂出名了，这句广告违反了生命的成长规律，引人眼球。教育不是口号，作为专业的学科教学是要“沉下去”的，是有知识的建构的。口号不能解决问题，一定要有文化的判断力。论坛中音乐教研员谈到了自己的想法，这让我想到了日本有一位世界著名的音乐指挥家——小泽征尔在参加一次世界级的音乐比赛时，发现乐谱中有一处不和谐，在演奏结束后，他对评委说他发现了不和谐之处，是否乐谱有问题？但评委们肯定地告诉他乐谱没错，是你自己的感觉错了。小泽征尔反复回忆后，斩钉截铁地说：“肯定是乐谱错了！”评委们全体起立为他鼓掌，认为他对音乐有坚定的自信，很了不起！所以文化判断力不是随便地下结论，而是来自深厚的专业素养。

有了深厚的专业素养，才能拥有文化判断力，而且还要有对事业的敬重之心，要敬业。小泽征尔把我们中国著名二胡演奏家瞎子阿炳的《二泉映月》改编为交响乐，指挥演奏后，他对着东方，向着中国的方向，深深地鞠了一躬。瞎子阿炳的《二泉映月》乍看起来似乎是描述无锡惠山天下第二泉夜晚的景色，但小泽征尔体会到了这是瞎子阿炳身世的述说，是一个人生命的诉求。一个人对自己的专业要有很高的学养，首先要有敬重之心。施主来了，大和尚要小和尚送茶，小和尚每走一步都要非常虔诚，这就叫“敬业”。对自己的专业，对闵行这片热土，如张家素老师的专著《热土恋情》所说，一定要有敬业的精神，我想这就是师德、师魂。我们现在缺的不是技能、技巧，缺的是“精气神”。

这次的“紫竹论道”说的是闵行的教育梦，实际也是上海的教育梦，也是中国的教育梦。论道是论“教师之道”，是论教师的人生之道。什么叫“道”？“玉不琢不成器，人不学不知义”，这里的“道”是人生之路，是事业之路。这条路该怎么走？作为一名教师，只有把自己的生命融入我们祖国的教育事业中，和我们伟大复兴的、千秋万业的事业紧密联系在一起的时候，和我们的百姓、和千家万户的幸福联系在一起的时候，你才会超越自己。因为你有内心深度的觉醒，你体悟到自己平凡的工作有了深厚的意义。

我们经常说现在的孩子难教，既不会感动，也不会感恩；有的老师经常跟我说怎么教也感动不了学生。现在的老师比我年轻的时候难当多了，我二三十岁时，能把十七八岁的高中生教得感动不已，包括在座的王厥轩（笑声）。他们在一二十年后来看望我时，还会把我当时讲课的内容、说的话、写的板书背给我听，我也感动不已。记得我在教《文天祥传》时，最后一句话是“朝南再拜，遂死”。我当时对学生说你们不要看这六个字简单，其实意蕴丰厚。“朝南再拜”，文天祥牺牲时，在大都就是今天的北京，南宋小朝廷都城是在临安，因此他牺牲前“朝南再拜”。“遂死”就是慷慨就义，面不改色，这就是中华民族的“精气神”。我们这个曾经苦难的民族经历几千年来内忧外患，之所以能屹立于世界民族之林不倒，那是由于一代一代的仁人志士，传承和弘扬了爱国主义精神。爱国主义是我们民族的精神支柱，民族气节是我们的民族魂。鲁迅先生说过，只有我们自己真正懂得要有民族魂，中国才有真正的进步。民族要有民族魂，为师也要有师魂。今天的“紫竹论道”既论“德”，又论“魂”。在《宋史》中记载，文天祥死后，他的夫人在衣袋里发现一张纸条上写着“孔曰成仁，孟曰取义。惟其义尽，所以仁至。读圣贤书，所学何事？而今而后，庶几无愧。”孔子讲“仁”，什么叫“仁”？“仁”是“亻”字旁加“二”，人活着，心中要有别人。仁而爱人，这是大爱。教师对学生要“仁爱”。“孟曰取义”，孟子讲“义”，什么叫“义”？就是我应该做的事情。教师就是既要教书，又要育人，这是教师应该做的事。“惟其义尽，所以仁至”，我应该做的事都做到了，所以我达到了仁而爱人的至高境界。“读圣贤书，所学何事”，“读圣贤书”学什么？读书是为了明理，明做人之理，明报效国家之理。“而今而后，庶几无愧。”我已经把自己的一生献给了国家，我“庶几无愧”，没有什么感到遗憾的了。我没有想到一二十年后，这些同学来看我，他们把这些话背给我听，此时懵懂的我才懂得：三尺讲台，影响孩子生命成长的质量。

教师这个事业是世界上最崇高的事业，选择教师就选择了高尚。在我脑子里始终有许多救国救民的知识分子的形象，比如民国初年一批衣衫褴褛的知识分子，胸怀天下，站在那里是那样的有“精气神”，因为那时他们心里装着几亿中国人，我想我们教师就要做心怀百姓安危，心怀天下的人，像德国的大文学家歌德在《浮士德》里所说：“让我狭小的心，有一个广阔的宇宙。”

今天这场论道，就是要让我们的老师，虽然看起来只有七尺柔软的身躯，却要能够容纳一个伟大的宇宙。首先要把我们闵行的教育搞得“青枝绿叶，灿烂辉煌”，要能影响上海，影响全国。就像“论道”第五个版块，守正出新，辐射全区，还要辐射全国。工作中有很多困难，但要向张家素老师学习，向许多热爱这份事业的老师们学习，学习坚守，坚守教育者的尊严。

祝愿闵行的教育事业、闵行教育学院进一步发展，开创出更加灿烂的气象！

11. 身处繁华闹市，心中田野芬芳[1]

我觉得在黄浦区做老师是非常不容易的，特别是光明中学，一出去就是市场经济最活跃的地方之一，也是上海各种各样物质诱惑最厉害的地方。身处繁华闹市，而心中田野芬芳，所讲的就是教师一辈子钟情于语文教学，热爱语文教学。

刚才兰保民同志讲到，对这样的一位老师，我们传承什么？我觉得首先就是对我们所从事的教育事业的热爱。这确实是非常重要的，刚才柳泽泉老师在发言的过程中，我就觉得他的心中有三个文化在一直支撑着。

第一个是汉字文化，刚才兰保民同志已经讲到，我们中国的

---

[1] 本文是2008年9月25日在“语文是美丽的——语文教师成长与发展论坛暨柳泽泉《托起一抹绿色》《流淌心灵的泉水》首发式”上的讲话。

汉字，是世界上最美的文字。因此，你爱语文，首先要对我们祖国的语言文字充满热情。我们中国的文字跟英语、法语是不一样的，它有形音义，一个字有一个音节，而且有阴平阳平、上声去声的区别，音乐感非常强；我们的汉字文化是以词汇为单位的，生成性、适应性非常强。在科技文化日新月异的今天，英语的负担重得不得了，多一个新的事物就要多创一个单词出来，导致单词量不断膨胀，所以教外语、学外语是很不容易的。相比较而言，汉字就妙得不得了，这是咱们中国人的智慧，再有新的东西，我们的文字一排列组合，不需要再造新的字，马上就表达出来了。“计算机”是新的，我们几个汉字一拼，“计算机”就显示出来了，一到外文就是另外一种形式了。刚才柳泽泉讲，他送给工作室学员的书是《咬文嚼字》和《文字的味道》，这样的书本身就是对汉字文化的传承和弘扬。

柳泽泉老师对我们经典文化是非常热爱的，这也是支撑他的第二个文化。我们中华传统的优秀文化，从孔老夫子开始，他都非常热爱。什么是经典，经典也曾经是时尚。有些时尚是速朽的，但有些时尚经过时间的过滤，证明确实是有优质的元素，就变成了经典。比如20世纪30年代，《教我如何不想她》是流行歌曲，但是经过这么多年，就变成了经典。作为一个语文老师，他爱语文，就必须到经典文化当中去吸取营养，吸取养料。刚才柳泽泉老师把我们经典文化的作者用画面一个个排列出来，这正表现了他对经典文化的热爱。

第三个是人类进步的文化。中国人从来是认认真真学外国的，凡是人类创造的财富我们都能够借鉴、吸收。所以，柳泽泉从托尔斯泰开始，一个一个学习，法国、俄罗斯、西班牙的文化，都把它列出来了。

我想，爱语文应该是爱我们的汉字文化，爱经典文化，爱整个人类的先进文化。如果你满腔热情的话，就能体会到我们的语文是多么美丽。柳泽泉老师四十多年的教学生涯具体生动而又深刻地阐述了“语文美丽”的丰富内涵和深刻意义。

由此我想到，做教师就要身处繁华闹市，心中田野芬芳。心中怀着对语文的憧憬，是非常了不起的。就是心中有山，心中有追求的目标，有追求的理想。人如果没有信念理想，要成为一个真正的人是十分困难的。刚才柳泽泉老师引用了台湾作家刘墉的话：你可以在现实生活中不登山，但是作为一个人，他必须心中有山，有追求的目标，有追求的榜样。我想这就是文化的价值观。中学教师是一个文化人，特别是高中教师，必须有文化追求，必须有正确的文化价值观，必须有很强的文化判断力。

我一直认为现在做老师非常不容易，比我们那一代难得多。我们这一代比你们这一代懵懂得多，但是社会环境比你们好得多，头脑也简单得多。像我这么一个人，头脑就非常简单。校长一句话就是圣旨，我是百分之百、不折不扣、全心全意去做。现在是这样吗？恐怕不是这样。随便哪个人讲的话，我都要掂量掂量，特别是对我有没有用，对我有没有价值。我们那个时候只有社会价值，没有个人价值，人好似“戆大”。其实我们那个时候也很快乐，因为没有周边那么多乱七八糟的诱惑，头脑简单，容易集中精力全心全意把事情做好。心中有了信念，有了理想，有了追求之后，人就有了很强的文化判断力。

社会上总是存在真善美和假恶丑的，而我们的教育工作是追求真善美的事业。教师心中所以能够有田野芬芳，就是因为追求美。教育事业不是一个简单的职业，它关系我们国家的长治久安，关系千家万户的福祉。一家只有一个孩子，送到学校来培养，我们应该负什么责任？国家把未来交给我们，国家的希望在未来，那么我们应该怎么办？而语文母语教育是影响人的终生的。柳泽泉老师身处繁华闹市，心中田野芬芳，非常难能可贵的是他心中有山，不断追求，不断攀登，我想这一点对青年教师来讲是非常重要的。

今年我们国家是天灾人祸——南方雪灾、汶川地震……没有想到两个奥运会开得这么好，结果又来了个“三鹿事件”。这个祸闯得不小啊！为什么？人的基本良知没有了！我们的总理讲，就是企业家也要有个道德底线！不管从事什么职业，有个做人的底线，有个道德底线！想不到有些人只要钱，什么都忘了，孩子的生命都可以不顾！为什么这么做？钱迷了心窍，一个人物化了以后，特别在商品经济十分发达的地方，就丧尽天良！所以我说我们现在的老师很难，难在哪里呢？身处种种诱惑之中，要能够坚守精神家园，就要有很强的文化判断力和理想信念的支撑，否则心中不是田野芬芳，而是很多乱七八糟的东西，灵魂就会受到污染。

第二，我就联想到刚刚柳泽泉老师讲的内容。他是语文教师，同时又做了二十几年的行政工作。我也做过校长，深知校务工作杂务繁多又必须事无巨细，很影响事业发展。柳泽泉老师做了二十几年的校长，始终笔耕不辍，每天写个几行，《流淌心灵的泉水》就是这样写出来的。作文教学是柳泽泉老师擅长的强项，他编书，我常要给他写序。我觉得即使从事行政工作，业务不丢非常重要，站在课堂上讲课，就能体会到教师的辛苦。我自己有个体会，教课是用生命在歌唱，这里有个执着的追求。我经常在想，学生进学校一天，上七、八、九节课，这么多课都是在课堂上度过，因此课的质量影响着学生生命的质量。一个孩子只有一个青春，青春是无价宝，所以课要上好是很难的。我在学校里什么角色都当过，最后得出一个结论，学校里最难的事情，难不过课堂上课，因为要天天上，日日上。要把课上得一清如水，要言不烦，这是什么功底？要把课上得激情洋溢，学生满载而归，要怎样一种热情？要把课上得让学生学有所得，学有兴趣，学有追求，学有方向，指引学生人生的道路，这要怎样的整体素质，怎样的人格魅力？

现在，社会上的各种矛盾都转嫁到教育上，我一再讲教育有不能承受之重。现在很多学校教育的问题实际上是社会问题，有的真是不白之冤。比如，前些时候闹出了大事情，有人说我们把小学教材里《狼牙山五壮士》去掉了，这是无中生有。本来小学教材里就没有，H 版 S 版都没有，就是因为炒作新闻，结果移花接木。人家又不知道，打个电话去，编教材的就讲，我们教材也要与时俱进，一个时代有一个时代的英雄，那时正好杨利伟上天，把这两个联系起来，一直搞到政治局，这个苦头是吃足了！最近又出了一件事情，《新闻晨报》头版头条报道，闹得很大啊，叫“教师节收礼”。收什么礼呢？一个是出国旅游，一个是给他装修，一直搞到中央。搞了以后要查，查到最后根本没有这回事情！后来写新闻的说是听到人家饭桌上讲的。

我们中小学教师队伍是最辛苦的，还要受这些不白之冤，一个头版头条出来后，即使有一千张嘴也说不清，网络上全是负面新闻。因此现在坚守这个家园是非常不容易的，需要大智大勇。教师这个工作，它的意义和价值十分重要，因为今天的教育质量就是明天的国民素质。不是说培养几个人就行了，国民素质需要全面的提升才行。因此，再含辛茹苦，顶着各种压力做事，也要把自己的心得体会写下来，这就是财富。语文老师从事的是母语教育，这对塑造学生心灵是最重要的。学习祖国的语言文字，吸收优秀传统文化的乳汁，学生获得滋养，才能健康成长。其次能够把自己的心得体会写下来，这对青年老师来讲是非常重要的。再怎么困难，也要有时间积累自己的教育经验。我跟我们青年老师讲，没有经验，总归会有教训，教训就是最好的经验。久而久之我们对教学的规律就会逐步地认识。要培养我们的接班人、建设者，不靠天不靠地，靠我们自己，靠我们自己有所作为。

第三个就是柳泽泉老师工作单位不断地更换，但是朋友情意深长。我跟柳泽泉认识是因为师范学校，他刚才历数他对学生的一些做法，我都知道，如旅游的考察，“浦东之春”的作文比赛等。那时候没有功利，也没有一分钱，但是情意深长，为什么？

聚焦在孩子的成长上，只要是为了学生的成长，我们心甘情愿，志同道合。后来柳泽泉老师到了格致中学又到了光明中学，虽然工作单位不断更换，但是朋友之间的友情仍然深厚，情意深长，这对我们青年教师来讲也是一笔非常重要的财富。

教育有个特点，教师队伍的建设，个体的质量一定要高，因为教师是脑力劳动者，校长再怎么努力也不可能在同一时间去听所有老师的课，书记再怎么努力也不可能每堂课都去听，这是不可能的。全靠教师自觉，靠教师自己的责任心和对孩子的热爱，因此说教师个体的质量一定要高。

但是教育质量要提高，一定要讲求群体效益，一定要有团队精神，要互相帮助，互相学习。我是个改行教语文的人，很多地方是不合格的，根底很差。但是我有一条，就是我学会了借别人的智慧。一定要学会借别人的脑袋。每个老师都有他的长处，哪怕是开教研组会的时候，我都是把人家最精彩的话记下来，变成我自己的，来琢磨，来学习。作为一个老师，必须要谦虚，虽然我们现在的年轻老师学历很高，但是学历水平不等于岗位水平，能不能成才不是只靠学历，而是在岗位上自觉地学习锻炼。博士学历说明在从事教育之前接受教育的程度，能不能成为栋梁之才是在岗位上不断学习锻炼的结果。因此向同行学习，向同辈学习，向资深老师学习，都是非常重要的。

个体的素质质量和群体效益相结合，这所学校的师资队伍一定能兴旺发达，教育质量就会不断提高。

我觉得参加这个会议，是接受了一次教育，从柳泽泉老师身上，更觉得我们年轻的老师，身处黄浦区繁华闹市，心中要有理想，要有他人，要有学生。什么是高尚？高尚就是心中有别人。东方文化大师季羡林先生讲，一个人碰到事情，如果他60%是想到别人的话，他就是好人。我们教师不光要做好人，还要做一个高尚的人，因为选择了教育你就选择了高尚。世界各国的老师没有发大财的，想发大财就不要做教师。但是这个工作的意义和价值非比寻常，是以人育人。希望年轻的同志，都能够做到像柳泽泉老师讲的那样，做个“远远走来的人”，那是一个什么人，那是语文老师。

最近有件事情令我非常感动。教师节前夕，9月5日，在杨浦高级中学开了一个会，就是请第二师范十位毕业生回来谈一谈求学体会。因为第二师范停办以后从来没有开过会，很多学生都想回来，所以就开了这么一个会，主题叫“忆母校教育，谈今日成长”，全杨浦区青年教师都来参加了这个会。十位毕业生中，有第一线教师，即学科老师、班主任，有政教主任，有校长、书记，还有在机关做干部的，他们谈得非常动情。有的事情你想不到的，比如有位学生谈到，她这一辈子都记得接受“四个一”教育：“一句话”就是我们的校训——“一身正气，为人师表”；“一身服装”，我们当时的学生校服是南极装，藏青的，白衬衫，红领带，一律短发。当时刚改革开放，学生穿的五彩缤纷，奇形怪状，很乱。因此就统一了校服，是学生自己设计的；第三个我怎么也没有想到——“一块抹布”，我们一百几十亩的校园，没有一个清洁工，绿化也全是师生自己做的。很简单，我就是培养学生艰苦奋斗的精神，没有奋斗的精神，在任何岗位上都不可能成才。这位学生说于老师要求，擦玻璃窗要擦到看不到玻璃才算干净，因此他自己带的班级打扫得如同五星级宾馆，因为自己本身就养成良好的习惯。第四就是“一支笔”，学生从进学校一直到出学校，要练毛笔、钢笔、粉笔。因为要教小学、初中，字写得一塌糊涂，怎么能教好学生？你教学生几年，学生就像你那个样子，所以我们那时候的普通话测试全都是 A 级，90 几分，字写得端正，一人一块小黑板。开会就要互动，尤其是青年教师，区教育局请了几位青年教师发言。有位青年教师突然举手，她说：“我可不可以发言？”主持人当然应允了。她说：“我的妈妈是于老师的学生，我只有一个要求，就是要于老师来抱我一下。”当时两百多位教师愣住了，我也很感动，就走过去抱了她一下。我问她：“你的妈妈叫什么名字？”她告诉我，我脑子里没有这个名字。她解释说：“其实于老师，您只给我妈妈上了一节课，但是我妈妈就记了一辈子，她说这就是真正的语文课。”一句话感动全场。不是说我的语文课上得怎么好。可能某一位老师生病了或者有什么事情，我去临时代课，我是教研组长，具体什么情况我已经不记得了，但是教育教学就是那样地令人深思，给人以启迪。一节课那时候是 50 分钟，50 分钟就可以使一个学生记忆终生，还传到她的后代，这是多么令人感动。

因此学语文是美丽的，教语文更是美丽的，钟情语文教学，为我们的孩子学语文奉献青春与智慧，人生也是美丽无比的。愿为这样伟大的事业尽心尽力，与老师们共勉。

12. 编者手记之三

兰保民

“教育的生命力在于教师的发展”，这是进入新世纪以来于漪老师反复强调的一个重要观点。可是长期以来，“教育学”中却没有“教师”的地位，体系严密、结构宏大的传统教育学，往往分设专章专节来论教育与社会、论教育与经济、论课程、论教学、论班级管理等等，似乎能论述的全都论述了，能研究的全都研究了，而对教育中最具有能动性和创造力、决定着教育质量高低的最重要的人的因素——教师，对不起，付之阙如。对此于漪老师深以为憾。

正因为如此，从20世纪后期开始直到如今，教师的成长与发展，教师队伍的建设与提升，就一直是于漪老师最为关心、最为倾情的事业。为此她不仅奔走呼告，引起社会各界和相关部门对教师工作的重视，而且发起成立了“教师学研究会”，满腔热情地投入到相关的学术研究和活动中。可以毫不夸张地说，她所主编的《现代教师学概论》《教育魅力：青年教师成长钥匙》等著作，都具有填补传统教育学研究空白的意义。她的相关著作、论文和演讲，不仅创造性地提出并确立了诸如“教师学”“现代教师教育魅力”等研究范畴和学术话语，而且还在以西方教育思想体系为主要参照和来源的传统教育学中，注入了具有中国教育实践智慧特色和中华优秀传统文化底色的教育思想的血脉。由此，“教师”这一人的因素便挺立在教育学的研究视野中了；由此，教育学便不再仅仅停留在纯客观的学理建构和学院研究的静态层面，而是更加鲜活，更有生机，更具有学行统一、交互促进的动态特征，因为在“教师学”的话语体系中，教育学的发展和完善，关键取决于教师主体的实践参与和行动书写。不仅如此，于漪老师还不顾耄耋高龄主持名师培养基地、德育实训基地、农村教师培训班等，不辞辛劳，身体力行，用言传身教引领优秀青年教师的发展，用心血和智慧为她创立的“教师学”积累了生动丰富的实践素材，书写了精彩纷呈的行动文本。

从这个意义上来说，本辑和后面一辑所收录的二十余篇文章，就是于漪老师近几年来为她的“教师学”巨著谱写的新篇章。之所以将本辑的11篇文章单独编排，是因为这些文章基本都集中在对教师职业特征、精神特质和素质内涵等问题的论述上，重在点燃教师内心的火把，呼唤教师内心的深度觉醒，引导教师探寻为学为师的文化根源，指明成长发展的努力方向，结合当前教师的主要困惑，用富有感染力的语言，为教师添动力、增自信、醒心智、净灵魂。

在《寻找教师之根》中，于漪老师特别提到了教师身上应该有的“精气神”。如果将这11篇文章作为一部作品来解读的话，这庶几可以概括“教师之根”的基本内涵。从于漪老师的论述中，我们至少可从以下三个层面来理解“精气神”的丰富内涵。

首先，教师内心深度觉醒后，就能够产生对教师这一职业的强烈的荣誉感和使命感、生命价值实现的满足感和自信体验。教师内心深度觉醒，就能够体会到教师这一崇高职业的光荣使命，为将自己的生命与学生的发展和国家民族的未来紧密相连而倍感荣耀，就能够认识到，只有自身素质过硬，才能够不负学生的信任，不负社会和家长的重托，无愧于国家民族复兴的希望。这“精气神”，就是内心深度觉醒后所焕发出的生命的光彩。（参阅《点燃心中的火把》《教育的生命力在于教师成长》《中国教育工作者的精神、智慧和自信》等）

“精气神”还体现为教师学术魅力和人格魅力。教师有才华，就有感染力；有学识，就能在教学工作中得心应手；有见识，就能帮助学生廓清迷雾，提升认识，在纷繁芜杂的知识丛林和社会现象面前，形成认知力和判断力。教师具有强烈的人格魅力，就会“身处繁华闹市，心中田野芬芳”，自觉追求心灵的纯净高尚，自觉抵制损害学生利益、影响学生健康成长的不良现象和荒唐做法，因而就能让学生倾心热爱。一个具有学术魅力和人格魅力的教师，怎能不让学生倾心热爱？又怎能不精力充沛、气宇轩昂、神气十足呢？（参阅《学习做教师的真本领》《真情四溢才可爱》

《我们这支队伍，这些人》等）

当然，作为一名教师，不仅是知识的传播者，而且还是思想者，是文化人。因此，这里的“精气神”，还应该包含着教师教育的智慧、思想的锋芒和创造的才华，在课堂教学、实践活动以及与教育教学相关的方方面面，一个有“精气神”的教师就应该锤炼感情，深化思想，“善于见人之所未见”，创造性地开展教育教学工作。作为文化人，教师还应该对自己所从事的工作有充分的文化自觉和足够的教育自信。“中国教育的根是不能忘的”，因此既要“站在中国文化的本土上”思考中国教育问题，还要看到广大教师在中国的教育土壤上所创造的一片片美丽的绿洲。中华悠久的教育传统和丰富的实践积累，足以让每一位教师感到无比自豪，信心满满，因此断不可妄自菲薄。（参阅《书生校长的胆识与胸襟》《我们这支队伍，这些人》《关键在教师》《“紫竹论道”的启示》等）

其实，这里所说的“精气神”，就是于漪老师所提出的“教育魅力”的鲜活表达。

一辈子学做教师

1. 善教与会写[1]

以新时期语文教师为话题的首届尚德杯语文教师征文大赛虽然落下了帷幕，但在评阅来稿过程中讨论的热点不仅没有降温，而且辐射到有关方面，形成很多不相同的看法。有的认为语文教师只要善教，会不会写无所谓，又不是作家；有的认为语文教师既要善教，又要会写，不会写又怎能做到真正善教？就这个问题，谈一点浅陋的看法。

“善教”与“会写”之间既不能画等号，也不能视为是对立的两个方面。对于教师来说，“会写”应是“善教”的有机组成部分，尤其是语文教师，如无写作的切身体会，教学中难免产生种种缺陷与不足。“善教”的内涵极其丰富，以往强调传道、授

[1] 本文 2002 年 9 月 1 日发表于《新民晚报》。

业、解惑，随着时代的进步，社会对教育的需求，学生主体的健康发展，教师的职能注入了崭新的内容。学生是活泼的生命体，今日的善教者必须尊重学生的学习主体作用，善于激发学生的学习兴趣，重视学生思维方法、思维品质和思维能力的发展，尤其要重视创造性思维的培养。善教者不仅要教学生学会某些技能，掌握某些知识，更要指导学生学会学习，使他们终身受益。要达到如此的教育教学水平，单口授、口传往往无济于事，还要身教、身体力行。

写作教学是语文教学中的一大块，而且是十分重要的一大块。学生作文的优劣绝不只是运用语言文字技巧正确与否、高低如何的问题，而是学生个体思想、情感、观念、观察力、思维力、想象力、语言能力、文化基础、认识水平等等诸多因素的综合反映。要指导学生爱写作文，会写作文，写出有一定质量的作文，单靠文章作法、条条框框是难以奏效的。当然，学生作文的好坏，教师无法负全责，因为确实存在众多因素的影响，如家庭的语言环境、文化氛围，课外阅读面的广狭，交往的人员层次高低、品位高低等；但如果教师会写，对写作中的甘苦备尝，有自己的独特体会，指导起来就大不一样。具体而不空泛，生动而不呆板，点拨在关键处、细微处，在学生心中弹奏，容易激起学生共鸣。语文教师会写，无疑就为学生运用语言文字表达情意方面作出榜样，怎样消除写作上的畏惧心理，怎样深入生活、深入内心，怎样加强阅读增添智慧，怎样炼词炼句炼意等等，均会让学生受到启迪。

教师会写，并不要求教师都成为作家，语文教师如能跻身于作家行列，也是好事、美事，会写的人不一定不善教。教师经常动笔，可以锻炼思维，锤炼情感，增强认识生活、感悟人生的能力，增强驾驭语言文字的能力。对语文教师来说，思维的清晰化、条理化十分重要。课教得一清如水，学生就愿学、乐学，学有所得；如果含混、朦胧，学生就如坠入云里雾中。动笔写，对训练思维的清晰度、条理化极有效果。写，促使思维的严密，促使问题方方面面都考虑周到，促使语言的选择与推敲，不大而化之，不浮在表面，经常锻炼，思维品质提高，思维能力加强，必然促进教学质量的提高。实践得不深入，缺乏独特的体会，写不出；认识泛泛，缺乏高明的见解，写不出；就事论事，缺乏足够的文化底蕴，写不出；平铺直叙，缺乏驾驭语言文字的能力，写不出。而文化底蕴、高明见解、独特体验、语言能力，对一名语文教师来说，又是不可缺少的，否则，又怎么谈得上“善教”呢？“会写”是“善教”的组成部分之一，不能机械割裂。

“会写”不应局囿于征文比赛之类，“会写”的范围很广。教学随笔，读书笔记，经验总结，教学实验报告，教学研究论文，学生某某情况调研报告，教学改革纪要……写的范围很宽泛。工作的，生活的；文学的，科学的；历史的，时尚的，勤于观察、思考，勇于织锦成文，思想情感就会如汩汩泉水流入笔端。

新时期的语文教师应思维活跃，业务精湛，好学善教，笔下生彩。

2. 师风可学，学风可师[1]

在庆祝第20个教师节的日子里，我想得最多的是如何不辜负党的期望，人民的嘱托，培养学生成长、成人、成才。要把学生培养成为素质良好的有用之才，做教师的就须自觉地进行自我教育，育人先育己，力求德才兼备。水管里流出的是水，血管里流出的是血，育人的大事来不得半点含糊。

当今做教师，尤其要在八个字上下功夫，那就是“师风可学，学风可师”。

师风可学。教师身上要有正气，对党、对祖国、对教育事业，对学生满腔热爱之情，全身心投入到教育教学工作之中。随着改革开放的深入，国外经济、科技、文化等涌入，良莠夹杂，泥沙

[1] 本文2004年9月8日发表于《教师报》。

俱下，教育面临前所未有的挑战；国内多元经济并存，多元文化碰撞，纷繁复杂的世界对教师产生前所未有的巨大诱惑。如何坚定信念，坚守岗位，排除诱惑与干扰，是每个教师必须用思想言行认真回答的问题。教育事业是倾注理想的事业，教师要追求的是高尚的“真善美”的境界。选择教师，就选择了高尚；要脱离低俗，抵御金钱至上、利己主义的侵蚀，完善自己的人格，在为人、为师、为学方面堪为学生榜样。

学风可师。教师要学而不厌，努力充实自己，才能担当教育学生的重任。社会的向前发展，科技的飞速进步，新的信息层出不穷，如潮水般涌来，教师要教出成绩，必须认真学习，提高求知的自觉性和积极性。教育教学工作最忌不思进取，五年老面孔，十年一个样，无时代活水流淌。尽管基础教育传授的知识基本上是知识的“核”，即最基本的，但具有怎样的教育理念，采用怎样的教育方法，指导学生怎样学习，怎样深化教学改革，提高育人质量等，从理论层面到操作层面，要思考、要学习的内容不胜枚举，要致力于丰富知识，增长见识，向专业化发展。求知是一条光荣的荆棘路，心中有理想之灯，有坚忍不拔的毅力、锲而不舍的精神，必能取得丰硕的成果。教师求知欲旺盛，有丰富的智力生活，跟随着时代奋勇前进，对学生是极大的激励，是学生学习的楷模。

我一辈子追求的是“人师”的目标，要做一名学生的老师，首先要自我教育，严格要求，完善人格。因而“师风可学，学风可师”是我的座右铭。

3. 永远的良师益友[1]

人不能自然成才，总要靠培养。我在基础教育园地耕耘半个多世纪，之所以能得到学生、家长、社会的认可，除组织的长期教育、同行的亲切帮助、学生的积极督促外，《上海教育》杂志以其一篇篇遵循教育规律的文章指导着我，一个个生动鲜活的典型报道激励着我，催我奋进，助我成长。蓦然回首，这本杂志真是我成长中的良师益友。

一、学，勤于采撷

开始做教师，十分懵懂，只有教好学生的愿望与热情，至于怎样才能教好，应该具有怎样的教育理念，怎样才能上好课，怎

[1] 本文发表于《上海教育》2006 年第 6 期。

样的教育教学方法才是正确的，朦朦胧胧，稀里糊涂。一次教工大会上，校长要求教师博览群书，特别强调要认真读读《上海教育》，说那是紧密结合上海中小学教育情况的活的教育学，对提高自己很有帮助。

“活的教育学”，我一下子就听进去了。出于好奇，我每个月都到阅览室去看。越看越有兴趣，觉得好些问题自己从没想过，更别说做了。于是，自己订阅了一份，也好在杂志上圈圈画画。

至今还清晰地记得1964年第4期上转载的人民日报社论《培养生动活泼的主动的学习空气》。这篇社论是因该报介绍上海市育才中学改进教学方法、减轻学生负担、提高教学质量的经验而发表的。我把这篇社论和杂志发表的社论结合起来，反复学习，圈圈画画，一遍遍咀嚼、体会，对教育方针、培养目标、教育思想、教育方法的认识大大提高了一步，教育工作中突然出现了一大片可供开垦的新天地。“要按照党的教育方针，正确处理德育、智育、体育的关系”，“让学生在德智体诸方面生动活泼地、主动地得到发展”，要培养学生成为“身体健康的、生气勃勃的、富有创新精神的”全面发展的新人；“正确的教学方法就是充分调动起学生学习的主动性，也就是充分地发挥学生在学习上的主观能动性”，教师主动性和学生主动性“结合起来”，“在课堂教学中要重视人的因素，充分发挥学生的主动作用”等，这些语言都印在我的脑子里，引领我逐渐悟到了育人的真谛，逐渐形成正确的教育理念，终身受益。

杂志上介绍了各类学校各个层面的教育教学经验，我勤于采撷，既开阔视野，又从中吸取丰富的养料，大大增长了教育方面的见识。

二、思，敏于发现

“学而不思则罔，思而不学则殆。”学的时候不动脑筋思考，如行云流水，不留痕迹，等于白学。学习理论，学习他人的经验，一定要动脑筋琢磨。

杂志上的文章，有时是专门一个主题，如前面所述的改进教学方法的经验。整本杂志虽只有一个主题，但角度不一样，有实践改革者的体会，有社论、有评论，有校长、教师学习后的感受。不同文章，从不同角度阐述、剖析，既提炼出规律性的认识，启我心智，又表述了实践者的探索与苦心，还表达了学习者的积极性，助我钻研。读一本杂志，介绍的先进教学经验在脑子里来来回回过几遍，留下痕迹，择其要、择其优储存，就成了自己的教育积淀。

思，绝不是漫无边际，更不是胡思乱想。思，要善于比较，善于鉴别，多问几个为什么，敏于发现问题。通常情况下，一本杂志总有好几个主题，每个主题又由几篇文章组成。碰到这种情况，我就一组一组阅读。如保护学生视力问题，有医生文章，有中学、小学文章，有图书管理员文章，都谈到用眼卫生，这是好的。但当时的直觉似乎缺了点什么，仔细一想，家长这方面弱了，只在中学一篇文章中带了几句。其实学生做作业，晚上都在家里，而当时家庭的照明条件并不理想。如果这一块加大宣传力度，让学生家长也现身说法写篇文章宣传、指导，就更完美了。

更多的是把自己放进去对照，从中看到自己的不足、缺陷，从中获得启发，获得可资借鉴的教育教学技巧。读了班主任工作经验，对照自己的班主任工作，一下子就发现了不少问题。比如家访，我只认为是通报学生在学校情况，其实也是接触社会，了解学生成长的具体家庭环境，家长的所思所想、所爱所恶对学生有形无形地产生了怎样的影响。一个家庭是一本书，历史的，现代的，家庭成员的，亲朋好友的，读懂不容易，交流更不容易。读不明白，又怎能对学生的生活世界、心灵世界了解得一清二楚呢？又怎样与学生心灵交流，因势利导呢？家庭访问有如此的差距，其他呢？是不是每个学生都能心情愉快地发展？是不是每堂课学生都学有所得，学得愉快呢？是不是老师和每个学生都亲密无间？一连串的问题常困扰自己，总觉得自己不称职，没有做好，思维不活跃，能力不强，有同志笑我："你太追求完美了！"其实不然，这里缺一点，那里差不少，离完美相距十万八千里。要感谢的是这本《上海教育》杂志给我提供了自照的镜子，照出了不足和问题，榜样引路，给了我前进的不懈动力。

三、行，勇于探索

事情是干出来的，不是说出来的。教育事业既是理想性的事业，又是实践性的事业。要实现把学生培养成人、成才的理想，追求高尚，追求真善美，就要勇于实践，勇于探索。

看到问题，发现不足，就要改进，就要弥补，杂志上登载的许多行之有效的做法正是学习的榜样。它山之石，可以攻玉。于是，我迈开了教学改革的步伐。从深入钻研教材，到了解研究学生；从处理教材、驾驭教材，到改革课堂教学内容、结构、方法；从课堂教学语言到课外活动组织与指导；从板书设计到作业批改、讲评；等等，对教学的改进、质量的提高作了全方位的考虑，一步步前进，一步步实践。有了些粗浅的认识与体会，连续写了几篇短文，最后发表在《上海教育》杂志上。

尽管当时的认识与做法均十分肤浅，谈不上有什么经验，但《上海教育》的记者不断来听我的语文课，鼓励我探索，我很感动。特别是公开课，记者在百忙中抽空来听，和我交换看法。高中年级主要教议论文和文言文，我在教《民族的科学的大众的文化》一文时，记者章如同志不仅随堂听课，而且还写了一篇较长的报道，肯定教得活泼，学得主动，教师发挥了主导性，学生发挥了主动性，改进语文教学初有成效。这就更加坚定了我继续探索的信心。

也许是机遇，也许是幸运，1978 年我被评为首批语文特级教师。在当时被评到的 8 名中学特级教师所在学校中，只有我们学校是区重点，名不见经传，与其他 7 所学校的历史、名声，无法相比。我忐忑不安，总觉得自己欠缺很多，评上纯属偶然，名实不相当。《上海教育》记者却一视同仁，到一所所学校采访。最难忘的是徐金海、金正扬两位同志，他们的采访不是蜻蜓点水，浮光掠影，而是沉到课堂里，沉到学生中，开了许多学生与教师的座谈会，翻阅了许多作文本，然后写成了一篇报道《语文教学的艺术——记杨浦中学特级教师于漪》，发表在 1979 年第 3 期《上海教育》上。与此同时，我配了一篇《兴趣·感情·求知欲》发表，杂志还为此写了短评《语文课要上得有“味”》。这样的事发生在任何教师身上，都会产生巨大的激励作用。一是记者的敬业精神，一丝不苟，高度负责；二是杂志对教师工作的肯定与扶持。这份关爱和热情就成为我不懈努力的驱动力。

进入新世纪，《上海教育》更以崭新的面貌出现在读者面前。视野更开阔，信息量更大，精彩内容更多，图文并茂。尽管我已不在第一线工作，但几十年所思所想所做均是教育，教育已成为我生命的组成部分，须臾不能分离，因此《上海教育》仍然是我的钟爱，是我永远的良师益友。

4. 做教师是一篇大文章[1]

今天我参加这个会，除了非常感谢组织上对我教育工作的肯定外，我还深深感到不能承受之重。开这个会，领导非常重视。其实我一再与区教育局领导讲，我是名普通的教师，没有必要这样做。我虽拒绝了很多次，但是区教育局领导跟我讲：这不是你个人的事情，因为我们要培养好的校长队伍，好的教师队伍，我只好应允。但开这样的会，我仍然感觉到不能承受之重。为什么呢？

第一，我确实是名普通的教师，没有什么特别的地方，也说不上有多大的成绩。我最深的体会是：当了一辈子的教师，一辈

[1] 本文发表于《新绿》，是2006年9月8日在上海市普教系统名校长、名师培养工程“于漪基地”暨“于漪教育思想研究中心”揭牌仪式上的发言。

子在学做教师。做教师是一篇大文章，非常丰富。我从 20 世纪 50 年代初开始做教师，一直到现在，深感每一个时间段都赶不上时代，总是觉得有许许多多的不足，因此，我体会到，与其说做一辈子教师，还不如说是一辈子在学做教师。我除了有限的一些“井底之蛙”的经验之外，确实没有多少东西值得学习和借鉴。

第二，我毕竟年龄大了，中国人讲“人活七十古来稀”，我已经超过 70 岁，没有几年了。年轻时曾不断吐血，患胃溃疡，瘦得像树干，还有很严重的肝炎。我没想到还能活这么久，总觉得我现在是赚来的。这样的身体，患这么多重病，不是新社会，不可能活到现在。所以，我一直是怀着感恩的心情做工作，我向我们的祖国、向我们的党感恩。当年，我在读初中时，每天要走很多路，冬天路边常见人冻死。想想过去的日子，我们现在真是非常幸福了。我之所以有这么点知识，都是我的老师、同事不断地启发、教育我的结果。任何一个人在事业上有点进展，都是许许多多人的精神的、物质的共同作用的结果。所以，我这一辈子都是怀着这份感恩的心情来工作的。既然组织上委我以重任，任重而道远，我当尽心尽力。

我当了几十年的教师，在这所学校摸爬滚打，几乎每个角色都当过，对普教的情况比较了解。从实习到教历史，再改行教语文，隔行如隔山，开始我连“b、p、m、f”这些拼音字母都不认识。我们支部书记讲：“在战争中学习战争，这是最高指示。”谈话两分钟之后就改行了。我觉得党让我做的事情就是需要，需要就是我的志愿。我的志愿是“干一行，爱一行；干一行，专一行”，我不能辜负组织对我的信任。当然其中的艰苦也是一言难尽。语音、语法等一无知晓，只能天天开夜车，明灯伴我过半夜，不到一点钟是不睡觉的，这样两三年之内把中文系课程、语文教学的基本知识与能力初步掌握。

老师和医生有不同的地方，庸医伤人，马上能看见；教师的合格与否，说实话一下子看不出来，10 年、20 年以后全部知晓。人接受怎样的基础教育，思想道德和科学文化素质培养得如何，多少年后会全部体现出来。我们基础教育做的是地下的工作，打做人的基础，没有什么惊人之笔，但是它关系国家的千秋万代，关系学生的青春。一个孩子只有一个青春啊！我没有什么豪言壮志，我一看见学生就觉得肩上挑着重担。一个肩膀挑着学生的现在，一个肩膀挑着国家的未来。对学生进行怎样的教育，他就成为怎样的人，无论如何我不能做一个误人子弟的教师，误人子弟是犯罪行为。国家把孩子的青春、未来交给我们培养，我只有专心致志、兢兢业业，勤奋工作。

上海名师基地的工作是非常重要的，我深深体会到学校教育的质量说到底就是教师的质量。高楼大厦、教学设备是重要的，但最根本的还是教师。西南联大的校舍那么破旧，为什么能培养出那么多的高端人才？师资好。第一，教师忧国忧民、救国救民，他们是怀着这样的心态来教育孩子的；第二，有良好的风气，始终是积极向上的。我们培养孩子一定要积极向上。获诺贝尔奖的杨振宁、李政道、“两弹一星”功臣都是西南联大出来的，多少年以后就全部检验了这所学校的师资水准。我每想到这些，总是觉得身上有用不完的劲。有人说，于漪一讲教育浑身是劲，为什么呢？我们教师、校长是干什么的？就是要把我们的教育理想转换成教育的现实。我们的教育理想就是把每一个受教育的人培养成德智体美全面发展的建设者和可靠的接班人。这样的教育理想是真善美的理想，通过谁才能把它变成现实呢？只有通过我们校长、教师辛勤的劳动，把它变成现实。

“二期课改”确实有先进的理念。我有机会参加教育部的语文教学大纲、语文课程标准的审查，过去都是以知识体系为核心，现在课改的提法与科学发展观完全一致，以人为本。从知识为本，到以人为本，以促进学生发展为本，这是极大的进步。上海二期课改的整个支柱和一系列的做法也是围绕这一点的。我觉得在所有的工作中，人是第一要素，有了人，好的方针、政策才能顺利贯彻。如果人有问题，就会遭殃，有令不行。所以，以学生发展为本是先进的理念，把先进理念变成学校教育、课堂教学的实践，要靠教师和校长。校长和教师是教育理想和教育现实、教育先进理念和教育实践的转换者。我体会到，上海二期课改和全国教改一样，成也教师，败也教师。

因此，三尺讲台，应播撒什么东西到学生心中？不仅是播撒知识的种子，与此同时还要播撒做人的良种。

今日，我们是一个高度开放的社会，有的国家对我们确实是亡我之心不死。我买了一套美国推崇的语文教材，仔细看了一下，真是触目惊心，睡不着觉。他们的语文教材中历数美国总统的功绩，赞颂与推崇美国文化。他们的单极思想、美国精神渗透到每课的练习当中，不可小视。有的时候我们自己糊涂，不清醒。我们上海的二期课改和“两纲”教育，就是着眼在改革开放条件下如何培养可靠的接班人。最近中央教育督察组来检查教育，检查中央第 8 号文件和第 16 号文件贯彻情况。上海有“两纲”，与课改结合起来，是上海育人的根本。德育不进课堂是没有强大的生命力的，生命教育、道德教育必须随着知识传授、能力培养、智力发展，点点滴滴在学生心中扎根。

我一辈子梦寐以求的就是中华民族的伟大复兴，这是老师在我心中播撒的种子。我中学的校训是五个字“一切为民族”。这五个字渗入我的血液中，在任何情况下，包括在这所学校里被斗，依然坚持到底，我就是要亲眼看见祖国的强盛。这是老师撒播的热爱祖国的种子，老师教的时候慷慨激昂，要我们记得，这成了我一生的精神财富。所以，教课绝对不只是技术问题，是用生命在歌唱。只有你自己追求真善美，你被真善美所感动，你的话才是出自肺腑，才能感人至深。

这个名师基地的建立是上海市教委对我的厚爱，教育思想研究中心的成立对我也是厚爱和鞭策，我一定尽心尽力、扎扎实实为老师的成长铺路、搭台。李骏修主任曾说过，名师不是哪一个人培养出来的，归根到底要靠自己。这是最重要的，自己有这份心、这份情，搭台就能展示才华。凭我这种水平，我是培养不出名师的，但是我有很多经验教训可以告诉大家。看到我们建设的“知识杨浦”日益兴旺发达，我十分高兴。我过去每次到市里开会，心里都很难过，总被人说我是“第三世界”，我一直和人争。

我想事在人为，我们杨浦区的基础教育一定要打出牌子，创造经验，站在教育的前列。讲得不对的地方请各位领导和老师批评指正。

5. 教海泛舟，学做人师[1]

我学的是教育，对教育一往情深。我梦寐以求的就是当一名好教师，在学生的心中播撒知识的种子、做人的良知和金色的希望。我憧憬着学生在人生道路上青枝绿叶，花朵芬芳，果实累累，自己作为曾经输送过生命养料的泥土，分享快乐和幸福，享受精神的富有。

我之所以有这样一个梦想，是因为求学时有幸遇到了许多学高德馨的好教师。他们教课时情不自禁表露出的忧国忧民的情思，常震撼我的心灵，激起我无尽的遐想；他们传授知识、剖析问题时的一语中的、鞭辟入里常使我茅塞顿开，变得天朗气清，快乐无比。上课求知明理是我的期盼、我的幸福，对老师的崇敬爱戴

[1] 本文发表于《人民教育》2010 年第 17 期。

不仅充盈我的胸际，而且心中经常不由自主地升腾起当教师的强烈愿望。人不可能自然成才，要靠培养，去除蒙昧，走向文明。教师是文明的传承者、播种者，我要像我的老师那样在三尺讲台倾注爱，编织人生的理想。

一、在委屈中起步

怀着满腔热情，带着感谢培育之恩的思想，我走上了教师的工作岗位。可理想与现实之间的距离太大了。想得很美，做，可得站在地上，不能在半空中飘浮。学教育，教育学、心理学还有些熟悉，文理学科教学则陌生，无论教哪个学科，都得从头学起。

学校原本要我教历史，当我正沉浸在背诵中国古代史重要历史年代、熟悉历史事件、把握历史发展脉络时，校领导突然要我改行教语文。教历史，已是勉为其难，缺少专业素养，改教语文，岂不是又要重起炉灶？汉语拼音、汉语语法都没学过，起码的基本功都不具备，怎么教呢？别说误人子弟，就连课堂上一节节站下来也十分困难。于是，我诉说自己的难处，谁知校领导说："战争中学习战争，哪有先学打仗再去打仗的？这是'最高指示'。"我无法再开口，认了，两分钟就解决了改教学科的大问题。

那个年代，没有教学参考书，全靠自己独立钻研，独立创造，根据自己的理解去教。自由度是大的，但教得正确与否、质量如何，我这个年轻教师没有把握。那时，课堂闭锁，不可以随便进别的教师课堂听课、学习。我向老教研组组长央求了多次，希望能听他一节课。听说他教得好，琴棋书画也行，令我羡慕。可他就是不吭声，不应允。古语说：“有事弟子服其劳。”我一大清早就到学校，积极主动地把办公室的清洁卫生工作包下来，扫地、擦地板、抹桌子、打开水，想以勤劳“感动上帝”。然而，终未见效，他仍未给我听课学习的机会。

一天，老组长突然来听我的课。推开教室门，见他坐在最后一排的椅子上，一脸严肃。由于毫无思想准备，腿不由自主地“弹起了琵琶”。我清晰地记得当时教王愿坚的小说《普通劳动者》，对作品中的“将军”和士兵“小李”进行人物形象分析。我定了定神，把课上了下来。学生认真阅读、听讲，我自认为讲得还是有条有理，过得去。

课后，他找我谈话，轻描淡写地肯定了我的板书、语言后，郑重其事地说：“语文教学的大门在哪儿，你还不知道，人物形象分析是这样贴标签的吗?”“轰”，如五雷轰顶，脑袋炸开了似的。怎么办？我只得低声下气向他请教该怎么教，但他仍一脸严肃，金口难开，不吭声。他在办公室一天难说几句话，我们都怕他。

“门”在哪儿都不知道，我是个不合格的语文教师。专业不对口，一改再改，须知隔行如隔山，说说轻巧，我一肚子委屈。委屈又有什么用？路还得往前走。既然改了行，就要干一行爱一行，干一行专一行，把责任往客观推，永远不可能成为合格的教师。语文教学的大门究竟在何处？脑子里整天翻腾着这个问题，即使路漫漫其修远，我也要寻找。不仅要找到门，而且要登堂入室，探究其中的奥秘。老组长这句“金石之言”成为我教学生涯中不懈追求的动力，我常常反躬自省：“你入门了没有？‘堂’在哪里？‘室’在何处？你清楚了多少？一名对学科教学不入门不辨堂室的教师怎能称职？怎能对得起学生？”外力在教育历程中化为我的内驱动力。从此，夙兴夜寐一灯明，寻寻觅觅。

一方面，我着力打基础，从语言、语法、修辞到中外文学史、经典文学作品，广为涉猎，吮吸其中琼浆，丰富自己的语文素养。另一方面，广泛地寻找借鉴，从中探索入门的途径。如到记忆中搜索当年自己在中学求学时，语文老师是怎么教我们的，哪些课拨动我们的心弦，使我们激动、兴奋，引领我们在优美的语言文字、精辟深邃的思想里遨游，使我们享受语文，享受文化，享受快乐？又如从比较中学习。传统教法是什么，流行教法怎样，国外怎么教他的母语（尽管资料凤毛麟角，当时封闭，也可体悟一二），经常阅读有关报纸杂志，比较利弊得失，逐步形成对语文教育的一些看法。再如到语文教育论述中寻觅。张志公的《传统语文教育初探》，朱自清、叶圣陶、吕叔湘对语文教育的众多论述，从识字教学到工具书的使用，从阅读教学到作文训练，我认真阅读，逐一推敲，从中寻觅有效途径。

为了进入语文教学的大门，我如饥似渴地阅读、思考、实践。一把尺子量别人的长处，真心实意，虚心求教；一把尺子专门量自己的不足，查找自己教课的差错、缺点、不足，每节课写教后心得，记录下歪歪斜斜的脚印，寻找语文教学的规律。

二、“可惜我不会”

教了三四年，那种上课如履薄冰、如临深渊的感觉有所稀释，对语文教学的门径似乎有了些领悟，但有个问题又常让我心里不安。课上学生颇有学习气氛，听讲也很专心，但进步不明显，尤其是部分同学的作文，长进很少。为此，课后我常与学生聊天，了解症结所在。不少学生自责，说自己基础差、不努力，有位课上从不发言的男同学笑着对我说："老师，我喜欢上语文课，你讲得很好听，可惜我不会！"说"可惜我不会"时还低下了头，露出些许歉意。

淡然一语重千钧。教课，学生没学会，我这名教师"合"的什么"格"？我认为自己已经尽了很大努力，讲得一清二楚，怎么学不会呢？别说打业务底子，力求摆脱知之甚少甚浅的窘境，告别孤陋寡闻，就是对教材我也是潜心研究，查检资料，独立分析，从语言文字到思想内容，从思想内容到语言文字，起码三四个来回，一篇篇课文反复推敲、研究，把文章的脉络、篇章的构成、语言的运用、作者的意图等等，弄得一清二楚，力求使教材如出自己之口，如出自己之心。钻研一篇课文，有时要花 10 小时、20 小时，甚至 30 小时。我深知如果教师对教材若明若暗，一问三不知，别说有损教师的形象，起码会愧对自己的良心。基于这样的认识，备课非认真读书、刻苦钻研不可。3 篇、5 篇、8 篇、10 篇，上百篇独立钻研，我开始尝到了庖丁解牛的滋味，往往能一眼看到底里。现在看来，真得感谢当时没有可供抄袭的种种教学参考书，非自己学会走路不可，否则，高中课堂站不下来。阅读教材的本领是逼出来的。

当时，学生的话虽看似平常，却激起了我的深度反省。不可否认，我是努力的，但我只着力于“心中有书”，忽略了“目中有人”。我误以为只要讲清楚，学生就会懂，就能学会，越俎代庖，荒唐可笑。在教学工作中，学习者是第一因素，没有学习者就没有教学。杜威对此有一精彩说法：在教学过程中没有学生，正像没有买主就没有销售一样，还谈得上什么教学？同样道理，课堂里有学生，但脑子里没有他们活生生的形象，不研究他们的实际，岂不和没有学生一样？教学是教师的教和学生的学双方面的活动，教师的主导作用就在于调动学生学习的自觉性和主动性，促使学生充分发挥认识主体的作用。钻研教材、使用教材正是为了教学生，教好学生，我这种有书无人、重书轻人的教学，在不经意间脱离了学生的实际，当然不可能收到实实在在的效果。

毛病出在自身。教学不能建立在对学生情况不清楚的基础上，要疏通了解学生的渠道，和学生接触，和他们的学习动态、书面作业接触，和他们的家长接触，处处做有心人，让学生的思想、品德、知识、能力、兴趣、爱好、性格特征、生理特征等各种信息进入自己的脑中，并分别储存起来。无论教哪个年级哪个班级，总要精心地走进学生的世界，课内课外了解，直接间接了解。早在两千多年前孔子就说教学生要“视其所以”，观察学生的日常言行；“观其所由”，观察学生所走的道路；“察其所安”，考查学生私下的言行，摸清学生的个性，目的在给他们个性中智慧的花朵提供发展的条件。我采用观看、倾听、询问、调查等多种方法，探索学生的知识世界、生活世界、心灵世界，做他们的知心朋友。对有些学生学习中的困难感同身受，共同探寻破解的方法。此时此刻，学生就不再是一个个名字，一张张卷子，一笔笔分数，而是立体的、灵动的、有个性的、生动活泼的形象，变化着的、发展着的形象，充满希望、有无限的可塑性。

我这个人真懵懂，教了那么多年才开始接触教育的本质，才懂得教育教学的出发点和归宿点是学生，是我的教育对象；才懂得只有知之准、识之深，才能教到点子上，提高教学的有效性。离开了对学生的深入了解，悉心研究，那是在教教材，在表演给学生看。课如果只教在课堂上，就会随着教师声波的消失而销声匿迹；课要教到学生身上，教到学生心中，成为他们素质的一部分。特别是母语教学，语文能力、语文素养的培养，应力求惠及终生。

三、咬定青山不放松

有一件事又给了我新的思考。一天下午，学校请来一位同志作报告，会议结束，我与学生走出礼堂，边走边谈。我说："今天报告的内容比较好，谈青年学生如何求知、如何成才，有自己的一些看法……"一名调皮的男同学冲着我说，"好什么啊，他讲了150多个'这个'，其他我什么也没听到"，说着就把练习本打开给我看，上面画了无数个"正"字。我愕然了，想不到语病有那么大的危害，把讲述的内容也掩盖了。事后我反躬自省，深感自己的教学语言毛病不少。一是啰唆、重复、不简洁；二是词汇贫乏，说来说去就几句大白话，无色彩，无味道；三是有语病。我是江南人，半路出家，语音不准；脑子转不过来时，我会下意识说“呶”，思维跟不上，下面的话找不到适当的词，就来个“但是”，其实根本不需要转折，我就乱转折。

用清楚明白的语言传授知识、启发思维是教课的基本条件，含含糊糊，闪烁其词，杂乱无章，学生就会坠入云里雾中，得益甚微。教学用语里既要有经过锤炼的活泼的口语，又要有优美严谨的书面语言，有文化含量，这样学生置身于语言美的环境之中学习，就会受到熏陶与感染。基于这样的认识，我就在行动上下苦功。我的目的是力求“出口成章，下笔成文”。作为语文教师，在语言文字运用方面，应该成为学生的榜样，不能说的是一套，自己行的不一样。如何规范自己的语言，清除语言中的杂质，提高语言的质量？我是多管齐下。一是训练自己思维的条理化，锻炼“心明”，促进“言明”；二是勤奋阅读，增加知识素养，丰富词汇量；三是用“以死求活”的方法，用比较规范的书面语言改造自己不规范的口头语言。当时年纪轻，有干劲儿，追求完美。我把上课的每一句话都写下来，然后修改，把不必要的字、词、句删除，把不符合逻辑的地方改掉，然后背下来，进而口语化。这样一来，啰唆、重复、语病大大减少。

每天到学校，需步行 20 分钟再乘坐公共汽车。这 20 分钟里我就把上课的内容在脑子里“过电影”：怎样导入，怎样展开，怎样发展，怎样掀起高潮，怎样结尾；这个问题下来，学生会怎么回答，回答不出，怎么引导，怎么铺垫……乘上车，有时继续想，坐过站的状况常有发生。这样把心贴在教学上，不仅提高了语言的质量，而且一堂堂课过后心中很踏实，无丝毫飘浮的感觉。

写，也是如此。自觉地坚持写教后心得，梳理思想，提升认识，评说得失；写学生品德评语，力求一人一个样，各有特点；批改作文，批语就是一篇小文章，与学生倾心交流。学校要求写的计划、总结、质量分析等等，无不一丝不苟。

我一直认为写得好，首先是做得好。只有深入实际，深入思考，确有体会，确有见解，下笔才流畅无阻，言之有物，言之有序。而今，我已是80岁的老人，发言不用稿子，写文章不用打草稿，大概就是年轻时锲而不舍下苦功的缘故。

正当我教学实践渐入佳境之时，急风骤雨式的“文化大革命”开始了，我在劫难逃，被打入劳改队。“为什么教学那么卖力，受到市里表扬，是‘修正主义教育路线吹鼓手’！”“为什么那么关心帮助学生，是‘腐蚀学生’！”“为什么那么卖力钻研业务，是‘知识越多越反动’‘反动学术权威’！”一顶顶“桂冠”压得我透不过气来。侮辱、监督劳动、审讯、批斗，周而复始，我从未遭遇过如此的打击，百思不解。特别是看到有些十六七岁的学生，原本很可爱，曾几何时，变成打砸抢的模样。一皮带抽下去，腿上留下一道痕迹，血就会冒出来，打的是他的老师啊！边剪老师的头发，边逗乐，边大笑，把快乐建立在别人的痛苦之上。这着的是什么魔？人性到哪儿去了呢？我困惑、愤怒，欲哭无泪。善良应该是人的本性，为什么要扼杀，让兽性发作？在处境极端险恶的情况下，我更加想到教育非抓不可，一定要把青少年教育成“人”的样子，有人心，有人性，有情有义，把握做人的底线。

人间自有真情在，有些老师、有些学生关心我、鼓励我，我在逆境中活了下来。胡乱折腾了两三个月，总算放回家住，每天去学校报到：劳动、检讨，改造灵魂。熬到了所谓“复课闹革命”，学校开始恢复上课，要我带一个乱班，做班主任。从此，我就成了带乱班、乱年级的“专业户”。对我而言，这又是一个新考验。以往教的都是比较好的班级，不存在纪律问题，而今学生受“读书无用论”及打砸抢的影响，逃课、打架、偷窃，个别学生简直无法无天。面对学生无辜受害，我更感责任重大，要竭尽全力真心帮助他们。挨家挨户访问，三次五次，八次十次，和家长做朋友；与学生真诚相处，呵护他们，将心比心，遇到问题，换位思考；要求学生做到的，自己一定先做到，以此赢得学生的信任。逐渐地我的话能在知音者——学生的头脑里回响激荡，收到良好的效果。学生进步了，所带班级转变了，所带年级先进了。

正沾沾自喜时，一篇周记猛击了我的心灵。“今日早操时，你骂学生‘十三点’，你的阶级感情哪里去了？你还像不像个教师，配不配当教师?”太厉害了，上纲上线，我边读脸上边发热。我从不骂学生，同学总说这位女同学“十三点”（即北方说的“二百五”的意思），因她不断闯祸，无理取闹，又不听规劝。那天早操她在操场上惹事，像旋转的陀螺一般一刻不停。我提醒多次，她不理睬，我黔驴技穷，脱口而出：“你又不是‘十三点’！”这句话真灵，她马上不乱动了。话一出口，我就很后悔，深感自己的无能，但没想到对这位同学造成伤害的严重性。冷静下来扪心自问，确实有愧。

感情问题来不得半点虚假，对学生丹心一片，情深似海，就不会出言不逊，伤学生的自尊。学生的人格是宝贵的，是有尊严的，岂能冷嘲热讽伤学生的心！我没有掩饰自己的错误，主动到班里读了同学的周记，说明自己为何出言不逊，心里是怎么想的，并向被嘲讽的同学道歉，请她原谅。这件事我记了一辈子，教训深刻。面对各种学习懈怠、思想行为偏差，乃至被家长赶出门的学生，我总怀着满腔热爱之情，不断拷问自己的感情与责任，力求做一名合格的教师。学生千人千样，有个性、有潜能，资质优良的学生，教育起来同样有相当的难度。没有大爱，没有水磨的功夫，就不可能拨动他们的心弦，奏出悦耳的乐曲。

一个学生就是一本丰富的书，一个多彩的世界，每个学生的成长都是独一无二的。要尊重他们的人格，他们的个性，善于发现他们的长处与潜力，善于“长善救失”，把蕴藏的种种潜力变为发展的现实。学生世界的事无须喋喋不休，动辄下禁止令，管头管脚，要坚持正面教育，关键时要引导。几十年来，我教过各种类型的学生，面对这些丰富的“书”，我一本一本认真读，一点一点学习、领悟，逐步懂得师爱的真谛，也品尝到亦师亦友的无穷乐趣。

长相忆，我那些个性迥异、充满活力的学生！

四、追求永无止境

1978 年，特级教师的巨大荣誉突然落到了自己的头上，我又惊又喜，兴奋不已。首批评选，无自己申报的手续，在开会颁奖之前，我全然不知。面对如此好运，绝不能让荣誉蒙上灰尘，定要让偶然性为必然性开辟道路，加倍努力，追求卓越，孜孜不倦地缩短“实”与“名”的差距。

首先面临的是极大的压力。我还是我，就是那点水平，可冠以特级教师以后，别人对我的要求一下子高了起来。一切教育行为，一切思想言行都在众目睽睽之下，似乎你应该什么都懂，什么都应十全十美。一下子怎么做到呢？我只能自强自立，奋勇拼搏，增强自我教育的内驱动力，以敞亮的胸怀、无限的热忱去迎接来自各方面的挑战。比如听课，每一节都有同行听，少则二三十人，多则几百人。为了对得起学生、对得起远道而来的各地教师，我不敢有丝毫懈怠，全身心备课，天天夜里明灯相伴。而且那都是随堂听的家常课，未经过试教，很少有表演成分。外地同行邀我去上课，我都婉言谢绝。有人说我摆架子，有人说我只会教自己的学生没本事，对这些我都没放在心上。

“文化大革命”一次批斗会上，使我内心有所触动的不是捏造的事实，而是一位老教师的讲话。他说：“公开教学，你不断借别人的班上课，你知道带给别人怎样的伤害？一个人有一个人的教法，你教得好极了，到别人班级上课，别人怎么进课堂……”至今那义愤填膺的模样我还清晰地记得。尽管借班上课不是我的本意，是下达的任务，但伤害同事，影响别人教学，自己却有不可推卸的责任。做任何事都要为别人着想，设身处地为他人考虑非常重要。当时我就下定决心，日后如还有可能上公开课，决不借任何班级上课。再说，借班上课对学生情况不了解，违背教育原则，针对性较差，更多的是表演性质，推销授课教师的“才艺”。至于研究性质的课当另作它论。我的岗位是学校教学第一线，那就要脚踏实地耕耘，扎实提高教学质量，一门心思为学生，“巡回演出”的事不干，显然不是架子的问题。

教师身上要有时代的年轮，努力学习，不断提高认识，学会站在教育战略的制高点上思考一些问题，探索教育教学规律，跟随时代奋勇前进。为此，我不断地挑战自我，清醒地看到自己的无知、缺陷与不足，寻求解决问题的途径与方法，追求超越。比如课堂教学，根据课程目标和自己的实际情况，制定努力的小目标，一个一个台阶上，一步一步攀登。先是“胸中有书，目中有人”，知心教心，有的放矢；并在语言的规范、生动、鲜明上下功夫，力求出口成章，下笔成文。再接着就是研究课堂教学的节奏与容量，怎样的教学节奏与内容的分量，学生最易接受，最能满足学生心理需求，不打疲劳战。然后又研究课堂教学的多功能，发挥学科教学的实用功能、发展功能和审美功能，以学科智育为核心，融合德育、美育，使教书育人落到实处，改变只是传授知识的线性思维。又研究课堂教学结构的改革，如何调动每个学生的学习积极性，落实到教学的情境之中，师生互动，生生互动，把传统教学结构的直线往复转换成网络式的辐射型，能者为师，水涨船高，推动教学向深处开掘，往广处开拓。研究的问题均来自教学的困惑，学生学情的启示，目的是修正或否定自己不合语文教学规律与不合时代前进步伐的想法与做法，切实引导学生全面提高语文素养。

教师要有主心骨，不追时尚，不跟风，不炒作。教育是朴素的老老实实的学问，无须三流的化妆来涂脂抹粉，花里胡哨。有一个阶段有这样一种舆论，似乎没有什么动人的口号就是保守，就是不改革。当时我只能一笑了之。语文教学的科学性、复杂性难道用一句广告语就能概括？千人千面，千课千样，哪一个教学模式能包打天下，放之四海而皆准？多一点哲学思考，多一点文化判断力，就能经得起这个风那个风的劲吹，牢牢抓住教学育人不放松，一步一个脚印往前迈。语文教师的定力、个性不仅反映在课堂教学中，还要体现在课程建设、教学发展的重要时刻。我总是直言不讳地对许多问题提出自己的看法，撰文阐述自己的观点。比如语文教育的目标问题，语文学科的性质、特点、功能的问题，兴趣、情感、求知欲问题，素质、能力、智力问题等，我不仅发表了很多看法，而且预料到会有不同意见，乃至反对的意见，但是本着当教师的良心、对学生的热爱、对语文教学质量的执着追求，坦率地讲述观点是应该的、必须的。意见能深化自己的研究，修正不恰当的、不周全的乃至错误的看法。一名教师总不能只埋头上课，要抬头仰望教育大形势、语文教改大潮流，判别语文教学现状的利弊得失，了解向前发展的可能与期盼。胸中有全局，教学实践就能心明眼亮，措施有力有效。

20世纪90年代至今，社会上物质生活的诱惑对教师的冲击越来越大，我也未能幸免。调动工作，优厚待遇，兼职校长，房子车子，我都婉言谢绝了。90年代中期，一所规模宏大的民办学校邀我当校长，年薪60万，我也毫不犹豫地谢绝了。我也是食人间烟火的人，为什么会作如此的选择？毕竟在人生道路上走了几十年，曲折坎坷，最牵动我心的是学生能否健康成长，国家能否繁荣昌盛。我是一名教师，不愿做知识贩卖者，把人和金钱之间画上等号，人格也就扫地了。人总是有物欲的，因为要生存要发展。但君子爱财取之有道，追求的目标是人格的完美。人之所以为人，是因为有精神世界，有精神支撑。教师是教圣贤书的人，应是做人的表率。

教海泛舟，学做人师，无比幸福！

6. 每一节课都会影响学生的生命质量[1]

“师者，人之模范也。”什么叫老师，老师就是榜样，是模范。老师是非常特殊的职业，要做老师，你的智慧就要像泉水一样喷涌而出；你的思想言行要能够做别人的榜样。这个分量很重。用现在的话说就是：德才兼备。

我想，做老师，首先是传承优秀的中华文化，不管教什么学科，这是非常重要的。中华优秀文化有很多方面，但基本精神是“人文精神”。中华文化的第一个特点是“尊重人”，受现今社会上“急功近利”“立竿见影”思潮的影响，对技能技巧非常重视，对“人”这个本体缺乏深刻的领会。

---

[1] 本文发表于《黄浦教育》2009年第11期，节选自于漪老师在上海市名校长名师培养工程徐崇文“教心”基地“提升人文素养，促进专业成长”研讨会上的发言。

人为本体、核心，是我们中华文化十分重要的特点，这也就是“人文精神”。

我当了一辈子教师，最忧心的是只看到技能技巧，育分不育人，求学不读书，这都是对孩子的坑害。

中华文化的第二个特征是对人的修养的重视。人成为“君子”是需要“修炼”的。中国的优秀文化就是要重视人的修养。传授知识是教师的应有之义，但是在传授知识的同时，一定要融入做人的道理，这是中国教育的特点，也是中国文化的特点。

作为教师，必须清醒地意识到，要传承中国优秀文化。传承中国优秀文化，用现在的话说就是怎样成为一个不辜负国家期望、不辜负人民嘱托的人民教师。《易经》中有两句话很重要：“天行健，君子以自强不息。”天道运行刚劲雄健，君子应自觉奋发向上，永不松懈。第二句是“地势坤，君子以厚德载物”，人要有宽广的胸怀，厚德才能载物。

21 世纪的教育变了没有？不管是什么样的市场经济，教育任务还是没有变。教育是什么，教育就是培养人。有时候我们就是把“人”忘记了，只看到分数，只看到技术技能。知识、技能技巧只是攀登精神世界的阶梯，不是终极目的，终极目的是人。当前首先是培养有一颗中国心的人，现代文明人。我们对中华文化有所认识，对事业的价值和意义就会有很深刻的领会，就会激发对事业热爱的感情。

我是语文老师，课文内容要感动学生，首先要感动自己，只有自己发自肺腑的感情才能感染学生。在教学生课文《文天祥》

时，我深深感到“爱国主义是中华民族精神的支柱”，“民族气节是民族魂”。人没有脊梁骨就不能站立行走，如同动物没有精神支柱就不能成为真正的人。人最重要的是要有一口气，那就是志气，浩然正气。

三尺讲台，联系着学生的生命，你讲什么，教什么，传授什么知识，培养怎样的能力，给予怎样的思想熏陶，给予什么价值观，将来都会反馈给你。现在的学习会影响学生一辈子的生活。所以，我一刻不敢懈怠，因为我的每一节课都会影响学生的生命质量。在知识的传授和能力的培养中，融合了情感、态度与价值观，培养他们学会学习，懂得怎样求知，这是一种立体思维。

什么是成长，教师必须与学生一起成长。教育的生命力就在于教师的成长和发展；教师的真正成长与发展，在于教师的内驱力。内驱力来自哪里，只有当自己平凡的日常工作与国家、民族的命运紧密联系在一起的时候，才会站得高、看得远，才会看到自己的工作是多么有意义，有价值。休戚与共，血肉相连。

7. 一辈子做教师，一辈子学做教师[1]

我做了一辈子教师，自 1951 年从复旦大学毕业后，就一直工作在基础教育领域。我深深地体会到，选择教师就是选择了高尚，就是选择了跟我们国家前途命运紧密联系的伟大的教育事业。不是什么人都可以做教师的，因为教师这个工作是育人的工作，教师要用自己高尚的人格去引领学生形成健全完美的人格，要以自己的真才实学启发学生旺盛的求知欲。汉代韩婴在《韩诗外传》中曾讲过："智如泉涌，行可以为表仪者，人师也。"做教师一定要德才兼备，自己的思想言行要给孩子做榜样。教师的人格对学生的影响是非常大的，它无时无刻不在潜移默化地影响着学生。

[1] 本文是在 2010 年 9 月 26 日由上海市教卫党委、上海市教委举办的"全国教书育人楷模于漪老师报告会"上的讲话，后收入《教师学习资料》2010 年第 4 辑。

我一辈子的理想就是做一名合格的人民教师，这里讲的“格”，不是指电脑上的排位，而是国家的期望、人民的嘱托。国家把学生交给我们教师，国家就放心了；老百姓把自己的子女交给我们教师，他们就放心了，这才是合格。

一、学历水平不等于岗位水平：清醒地认识自己

做教师，身教远远重于言教。《论语·子路》篇讲过：“其身正，不令而行；其身不正，虽令不从。”我经常和年轻教师讲，教师对学生的作用，绝对不会是零。教师工作无时无刻不是你世界观、人生观的亮相，你整天和学生在一起，你有什么样的思想观念，自然会对学生产生相应的影响。要成为一名合格的人民教师，不辜负党和人民的期望，自己必须首先做一个一身正气、有中国心的堂堂正正的中国人。在此基础上，才谈得上教师的专业发展、教育教学的技能技巧。在我心中有很多榜样，苏步青、谢希德先生那样为国为民、忧国忧民的情怀始终是我学习的榜样。我是个凡人，一名平凡的普通教师，但是我想，千里之行，始于足下，我也可以一步一步攀登，一步一步修炼，成为一名合格的、学生爱戴的、人民放心的教师。所以，第一步就是要清醒地认识自己，这是塑造自己人格魅力的前提。

我22岁大学毕业做老师，不知天高地厚。做了老师以后我才发现，学历水平不等于岗位水平。学历水平只能说明职前接受教育的程度，岗位上是要有综合素质、综合能力的。有两件事情一直让我刻骨铭心。讲到阳春白雪、下里巴人，我就这样和学生讲，

下里巴人就是通俗的，而阳春白雪是高雅的。后来读宋玉《答楚王问》才发现，我教的是多么不准确。原来它讲的是有客到楚国都城郢唱《下里》《巴人》两首曲子的时候，属而和者数千人；唱到《阳春》《白雪》两首曲子的时候，属而和者不过数十人，而到了引商刻羽、杂以流徵的时候，属而和者数人而已，因此曲弥高和弥寡。我由于治学不严谨，误把第二等作为最高的。基础教育是不能有半点差错的，因为它是伴随人的终生的，小学学写字、对数字的概念，一辈子都在用。当时我非常内疚，对学生讲，我讲错了。我是改行来教语文的，因此我要用五倍、十倍的力气来学。天天学习，明灯陪我过半夜，用了三年的时间，把大学中文系全部课程学完。九点以前搞工作，九点以后自修。有一次批改作文，对面坐的是个语文老教师，他看我写“着”字，“羊”字头下面一个目，我把“羊”字头断下来了。他看到了，就对我说：“于漪，你要知道，你写错了就会影响一大片，你在黑板上写错一个字，可能这个孩子一辈子就写错了。”这样的教导，我真是刻骨铭心啊。从此我不敢有丝毫懈怠。我想做教师非常重要的一条，就是要谦虚谨慎，好学不倦。

当时，我们语文组有 18 名老师，我是唯一的女教师。那个时候听老教师一堂课很难，不像今天，现在党和国家对青年教师的关爱和期望是我年轻时没有感受到的。我们那位老组长很有学问，有一天他来听我的课，我清楚地记得上的是王愿坚的小说《普通劳动者》，讲的是将军和士兵的故事。课上完后，我向他请教，他先表扬了我几句，接着说道：“不过，语文教学的大门在哪里你还不知道呢!”我简直像五雷轰顶一样，晕了。他又说：“人物分析有像你这样分析的吗？将军平易近人，热爱劳动，这是贴标签。”他的这句话激励了我一辈子：既然做教师，我不仅要把大门找到，而且要登堂入室。

从此，我下定决心要拜众人为师，两把尺子伴随自己的人生，一把尺子专门量别人的长处，一把尺子专门量自己的不足。

一把尺子量别人的长处。每次开教研会，我都拿本子记。每个人思考问题都会有很精彩的地方，我用心听，认真记。我体会到教师要学会借脑子，要博采众长，把别人所有的长处、思考问题的结晶都学过来。别人会从各个不同的方面给自己以启发，所以我向教研组所有的老师学习。我不断地“照镜子”，寻找自己的不足。

一把尺子量自己的不足。每一次课上下来我都有教后心得，每堂课都要反思。教后心得记两点，一是记学生的闪光点。当孩子们全神贯注学习的时候会超水平发挥，往往超过我备课时的所思所想，这是孩子们创造的火花，我要把它记下来。二是记自己的不足。不管备课的时候多么认真，当孩子的主动性发挥出来以后，就会发现自己的准备总有这样那样的漏洞，因此我就记下自己的不足。不用长篇大论，一二三四五写它几点，这样长期下来就掌握了教与学的规律。

二、一辈子自我教育：学而不厌，勇于实践

教育事业真是遗憾的事业，我一辈子没有上过一堂十全十美

的课。罗曼·罗兰说过，“累累的创伤，就是生命给你的最好的东西，因为每个创伤都标志着前进的一步。”每次课上下来认真思考，都会看到自己的不足、缺陷乃至错误，因此不敢有丝毫的懈怠。教师的成长与发展最重要的是内心的深度觉醒，就是把日常平凡琐碎的工作与我们党未来的事业、与千家万户紧密联系在一起，这样每件事情就会有育人的非凡意义，就会满怀激情千方百计做好。在我的教育生涯中有两根支柱，一根支柱是学而不厌，一根支柱是勇于实践，两根支柱的聚焦点是反思。

第一，学而不厌。要诲人不倦，首先要学而不厌。一名教师学不好，就无法担当教书育人的重任。关于学而不厌，我想有这样几个方面：首先是重要的理论要反复学。一定要武装自己的头脑，要有正确的世界观、人生观。现在教育问题纷繁复杂，不用辩证唯物主义、历史唯物主义观点来思考，就会非常茫然。比如，学习邓小平同志讲的“三个面向”——面向现代化、面向世界、面向未来。当联系很多具体材料学习这个理论时，我觉得重任在肩。在20世纪六七十年代的时候，西方发达国家对教育的重视程度是惊人的。撒切尔夫人曾经讲过，办教育要有救火一样的紧迫感。美国总统克林顿执政时，发现小学生的阅读能力很差，因此他就用十年时间搞了一个特种阅读挑战，花了15亿美元，动用100万中小学教师、10万大学生半工半读来提高中小学学生的阅读能力。我们学校曾和英国牛津大学教育学院、美国密西根大学教育学院搞了个跨国研究课题，研究教师培训“师带徒”的方法。我们的优点是，师带徒教育的技能技巧是三个国家中最强的。

但是我们带徒弟的视野明显落后于美国，师生之间关系的密切程度也不如人家，这使我不得不思考一些问题。我们课题组里有个斯坦福大学的博士后，他的孩子在硅谷小学读书，孩子四年级的时候我问他暑假作业是什么，他说没有书面作业，就是读 40 本书，其中就有儿童版的《水浒》和《西游记》。每个理论的后面，都有丰富的内涵，要联系国内外实际去思考问题，这样就会更加清醒。

第二，紧扣教材深入学。我经常想，假如教师的教和学生的学是在同一层面移动的话，学生怎么会有求知欲？教师起码要提高一步，要紧扣教材深入学。教要教在学生不知道的地方，教在他似懂非懂之处。比如，教《木兰辞》，“东市买骏马，西市买鞍鞯，南市买辔头，北市买长鞭”，用“东西南北”方位词写木兰替父从军购物准备出征的繁忙。于是我紧扣这一点深入学习，其他诗词里面是怎么用方位词的呢？《楚辞·招魂》中是这样的，“魂兮归来，东方不可以托些……魂兮归来，南方不可以止些……魂兮归来，西方之害……魂兮归来，北方不可以止些……”，四方不可以留，楚怀王的灵魂要回归故里，这是表现屈原忠君爱国思想的。这和《木兰辞》里的用法不一样。在曹植的《游仙诗》里又是另外的用法，“东观扶桑曜，西临弱水流，北极玄天渚，南翔陟丹丘”，东西南北都堵在那里，无路可走，表现他受到猜忌，郁郁寡欢的心情。《捕蛇者说》里是结合起来用，“叫嚣乎东西，隳突乎南北”。还可以是打油诗的用法，在《儒林外史》里面，落拓知识分子杨执中屋里壁上的对联是“三间东倒西歪屋，一个南腔北调人”。教师一定要紧扣教材深入学，不断增加自己的文化积淀。什么叫作备课？备课不是让字躺在纸面，而是钻研到让它站立起来跟你对话，那你就不仅知道字的表面意义，而且知道字的后面作者为什么这么用词造句、谋篇布局，不仅知道工具的使用，而且知道工具背后的情和意，用现在的话来讲就是蕴含的情感、态度与价值观。《后汉书·列女传》中讲：“一丝而累，以至于寸，累寸不已，遂成丈匹”。我就是用古人讲的这种精神来学习的。学习是光荣的荆棘路，教师没有丰富的智力生活是不可能点燃孩子旺盛的求知欲的，是不可能让孩子在每一堂课都兴味盎然地吮吸到精神养料的。

第三，勇于实践。教育事业是实践的事业。教育不是说出来的、不是讲出来的，而是做出来的。因此怎么做，用什么教育理念来指导，非常重要。我一辈子上了近 2000 节的公开课。1978 年评上第一批特级教师后，堂堂课有人听，少则几十人，多则几百人。你所有的事情都在众目睽睽之下。但也有个好处，使我养成了严谨的习惯，不敢有丝毫的懈怠。还有就是做班主任让我各个层面的学生都带过。比如，1977 届的学生乱到全校没有办法上课，我们年级组有三十几位老师，女老师除了我全都哭过。我担任年级组长，天天早上 6 点多钟到学校，一直到晚上 9 点多钟才走，有一个阶段，我还上三个班的语文课。我当时就想，一定要抓好各个班级的小干部，把他们抓在手里培养。我把各个班的小干部集中起来，每周集中培养两次。一个下午专门学习理论，把学生的思想理论底子打好，学理论其实也在学文化；还有一个半天，因材施教，发挥学生的特长，搞各种各样的课外小组、课外活动。粉碎“四人帮”后，1977届学生参加“文化大革命”后首届高考，两个快班的学生全部考取了大学。因此，做老师的一定要教在今天，想到明天，孩子是有未来的，一定要为孩子的未来着想。虽然当时我顶着“修正主义教育路线吹鼓手”“反动学术权威”的帽子，但我想，在一个文盲半文盲充斥的国家是无法建设社会主义的，这种状况是一定会改变的。

我年轻时多病，唯一的一个儿子身体极差，生了很多病。小孩子有一年住了七八次医院，两次是病危，一次是败血症。我是班主任、教研组长，教两个班级的语文，工作一直超负荷。孩子胸口生了一个疖子我都不知道，后来发展为败血症，住进了第二军大医院。上半夜我爱人陪，下半夜我陪。一天夜里，医生找我们谈，说药用了没有明显效果，要我们有思想准备。他说现在只有一个办法，要用一个健康男子的血液给他输进去，看看能不能好过来。谁没有亲子之爱？我只能求医生全力救他的命。我每天早上把他扶起来时他总吐我一身，嘴唇也烧焦了，头用冰袋敷着。每次走他都要哭，问我会不会死，让我不要走。我说这里的叔叔阿姨都很好，一定会救你的。其实我心里非常难过，但我不是医生，我救不了孩子的命，咬咬牙还是去学校上课了。那时正值高考复习，考大学确实能影响一个人的人生道路，我不去上课，谁来代课？我想，我一定要忠诚于党的教育事业，全心全意爱学生。什么叫懂道理？懂道理不是写在纸上、说在口里的，身体力行做到，才是真正的懂。所以，我几十年来没有为家里私事脱过一节课、请过一次假。我孩子的命最终救过来了，但人一直抖，一年未能读书。后来我们老书记说你这么困难为什么不说？我说我不是医生，不会治孩子的病，但我是老师，孩子在高三最后一个月复习，我走了谁来带？我们的教育事业肩负国家的未来、人民的嘱托，这是沉甸甸的历史使命，要有责任感和使命感，要负起责任来。因此，我觉得一辈子肩上都挑着千斤重担，一个肩膀挑着学生的现在，一个肩膀挑着国家的未来。今天的教育质量就是明天的国民素质，所以我不敢有丝毫懈怠。

三、“胸中有书，目中有人”：不断追求教育的理想境界

教师要努力攀登，追求理想境界，也就是说要不断地自我超越。人最大的敌人是自己。大学毕业、研究生毕业去做老师满腔热情，四五年下来就会有些懈怠。有的评上了高级教师，就产生“高原现象”。我觉得作为教师，一定要追求高尚的理想境界，不断地努力攀登。我对自己有八个字的要求，即“胸中有书，目中有人”。胸中一定要有书，这个书不是教本、学本，而是书要烂熟于心，如出自己之口，如出自己之心。

我上课是从来不带教案的，拿着教案怎么面对全体学生？你要察言观色，眼观六路，耳听八方，观察每个学生的学习情况，因此备课的时候要备得十分熟练。备课要目中有人，我们所有的学科都是为了育人，这是教育的本质。教育就是为了促进每个学生的终身发展，通过教师的开发把学生蕴藏的潜能变成现实。我体会到，一个班培养出一二十个学生是不稀奇的，要教好每一个

学生，那是千难万难的。因此一定要深入了解，目中有人，不仅要走进学生的知识世界，而且要走进他们的生活世界和心灵世界。你只有了解学生，知心才能教心。不知心，他觉得你讲的都是假的和老八股。因此，了解学生、研究学生非常重要。

要研究学生的心灵世界，我连周杰伦的歌都研究，为什么？现在学生上老师的课不感动，开班会不感动，一个“还珠格格”就把初中女生全部打倒了，周杰伦起码打倒了80%的高中女孩子。于是，我把周杰伦的磁带买回来，听听到底好在什么地方。我找了些女生聊天，说我不反对听流行歌曲，韩红的《青藏高原》，激昂高亢，歌颂青藏高原很好，结果她们说不好，太露了；腾格尔的《天堂》，歌唱家乡，那种浓浓的乡情，她们说也不好。我说周杰伦好在什么地方呢？她们说，流行歌曲是容易学的，但周杰伦的歌就是学不像，好就好在学不像。这我怎么也没有想到，我们想的和学生的距离有多大啊！后来我再和她们聊，觉得也是有道理的。周杰伦的歌词有它的文化含量，如《青花瓷》《双节棍》等，都有中国文化的元素。还有就是，他的歌是又说又唱，很适合现在的孩子。现在的孩子条件好了，回家一人一个小房间，爸爸妈妈忙得没有时间和他们交流。但是孩子要成长、要诉说，所以又说又唱是很适合他们的。做老师无论如何都不能误解孩子，不能随便对孩子说“不”，“不”是最没有力量的。“不”是否定，否定一百遍也不等于“行”。我教课也是如此。学生作文写不好，不能说你怎么怎么不行，而是要精细地指导，教他怎么写就能好，就能行。要正面引导，让他们饮琼浆，对他们灌醍醐，让他们有精神养料。所以一定要目中有人，走进学生的世界。教育确实是春风化雨的行为，和学生有共同语言才可能逐步地引导他们向前，绝不能高高在上。

我所写的几百万字的文章，都是在教学过程中学生帮我指出的问题。针对教育教学中出现的问题，要思考、要学习、要探讨、要试验。力求“出口成章，下笔成文”。所以说教师的思路十分清晰，教课才能一清如水。我自己的体会是，当我对问题透彻理解的时候就能一语中的，因为我对这个问题认识得很深刻；如果我对这个问题有些含糊的时候也是我废话最多的时候。废话一多，学生就倒霉了，如坠入云里雾中。我一直和年轻教师讲，你一路走来，教育的脚步有深有浅，你要停下来，深入思考哪些是对的，哪些是错的，哪些是不足的，久而久之就能摸到规律了。

课堂教学是要深入研究的。老师绝不能做教书匠，不能只是灌输知识。在传授知识、培养能力的同时，要发展智力，熏陶情感，要育人。我在 20 世纪 80 年代就在课堂教学中试验了，绝对不是“我讲你听”，“你问，我回答”。课堂教学要多功能、立体化。要以学科智育为核心，融合态度、情感与价值观的教育。教学是立体的，育人和求知应该互相渗透。语文教学不仅有实用功能，还有教育功能、发展功能、审美功能。比如，《岳阳楼记》里的名句“先天下之忧而忧，后天下之乐而乐”，难道只是讲字句知识吗？不是。它不知道哺育了多少代仁人志士。因此，智育和德育是紧密结合的，学校全面贯彻教育方针绝不是班主任管德育，教务处管智育，体育老师管体育，课堂教学本身就应该全面贯彻教育方针，以学科智育为核心，融合德育、美育、体育。教师是给孩子的心灵滴灌智性与德行的，智性是孩子生存和发展的本领，而德行是其做人的底线。二者是合二为一的，不是外加的、分离的。因此，所有课程都要能够立体化施教、全方位育人，让人人都是德育工作者。

改革开放以后，我多次面临着调工作，包括从政、到高校，但我舍不得这三尺讲台，我说三尺讲台就是我生命闪光的地方。上课，我是用生命在歌唱，因为我觉得每节课都影响孩子的生命质量。课如果只是教在课堂上，随着声波的消失也就销声匿迹了，课要教在学生身上、教到学生心中，成为他们良好素质的一部分。

四、教师责任大于天：教育的希望在青年教师身上

退休以后我主要抓教师教育。教师教育可以说是我的一个期盼，从 20 世纪 70 年代末开始我就一直带年轻教师。教育的希望在青年教师身上，所以多年来我对教师教育非常重视，手把手地教。我当第二师范学校校长时就是这样的。校长是培养教师的第一责任人。良好的习惯能形成良好的素质，良好的素质能造就高尚、完善的人格，因此习惯的培养非常重要。我做校长，最大的事情就是培养青年教师。我进入课堂听课，听完课评论，听一节课，起码评两三节课，要站在理论和实践相结合的高度来评课。我倡导的是“活的教育学”，要让老师觉得上这堂课是师生都有收获的，要知道好在哪里，为什么好，不足在什么地方，为什么不足，应怎样改进。人是要靠培养和鼓励的，不足的地方，我们具体指导，因此我们年年有提高、有发展。

我一辈子做基础教育的教师，教师的生命是在学生身上延续的，教师的价值是在学生身上体现的。有位诗人在读了屈原的《离骚》之后，写了这样几句诗：“你埋下了一坛老酒，酒坛上的红纸沉沉地写着黑字——魂。每当到了汨罗江悲怆的那一天，那酒坛里就溢出芦叶的清香，回荡起亘古不变的激昂，路漫漫其修远兮，吾将上下而求索……几千年了，喝过这坛酒的人，都醉成了龙的脊梁。”我一辈子上下求索，就是为了做一名合格的教师，让学生能成为龙的脊梁。生命是有限的，但是教育事业是常青的。我们的希望在中青年教师身上，他们手里掌握着国家的未来。中华民族的伟大复兴，不仅在物质文明方面，还要用高度的精神文明来向世界展示，那才体现真正的中华民族的伟大复兴。我想，教师最大的心愿就是学生健康成长，学生成人、成才，能够出现数以万计的素质良好的建设者，能够出现数以千万计的拔尖人才，我觉得特别要出卓越人才，不仅要对我们的民族和国家做贡献，还要对人类作出贡献。育人先育己，我一辈子走的是同学生一起成长的路，在教育学生的同时首先教育自己，教育自己成为一个堂堂正正、表里如一、言行一致的有中国心的中国人，成为一个能和学生知心教心的教师。

我说一辈子做教师，一辈子学做老师，绝不是一句空话，我一辈子都在学，不断完善健全自己的人格。我不断地反思，我一辈子上的课，有多少是上在黑板上的，有多少是教到学生心中的。我梦寐以求的是，上海的教育兴旺发达，在全国有广泛的影响；

我希望中青年教师人才辈出，创造教书育人的新业绩。为了每一个孩子的终身发展，通过我们的艰苦奋斗，把这个理想变成光辉的现实，理想实现之时，就不仅是全国的创新，在世界上也是了不起的创新。

8. 为“强师”做新贡献[1]

杨浦教师进修学院的院刊一百期大庆，我这名老读者向它致以衷心的祝贺。

每当看到它，我总情不自禁地想到这所学校的历史足迹，怀念这所学校关心、指导青年教师成长的一名名老教师。

那已经是四十多年前的事。一天下午，语文教研员召开区里高中语文教研组长会，讨论高中语文教学改革的问题。杨浦中学语文教研组组长徐老师嘱咐我去参加。当时自己年纪轻，不知天高地厚，听完了几位参加会议的老师的发言后，我就口无遮拦地述说了教学中存在的种种弊病，它们影响教学质量的提高。会后，一位操着浓重四川口音、年过半百的女教师走到我身边对我说：

---

[1] 本文发表于《杨浦教师进修学院院刊》2011 年第 1 期。

“于漪同志，以后我要来听你的课，我不通知就听随堂课，你平时怎么教就怎么教。”区语文教研员告诉我，她就是市语文教研员杨质彬同志。过后，她真的成了我课堂上的不速之客，一周要来听两三次课，一听就是一个学期。不仅听课，而且把我教的两个班级的作文本搬到校长室翻阅。那时批改作文是语文教师很重的负担。一个班级56名学生，每学期8篇作文，作文要精批细改，也就是说不仅要有总评，而且要有眉批。总评少则一二百字，多则千字，得与学生交流。杨老师多半是一人来听课，有时区教研员陪伴。我清晰地记得，他们对我的课从不评头论足，而是提问题启发我思考，例如：“你为什么对课文这样处理？根据是什么？如果不这样处理，还可怎样剪裁？效果会怎样？”从无结论性的语言，但不断“逼”我思考，并进而促使我养成教学中认真思考的习惯。

“文化大革命”期间，教育是重灾区，谈不上有什么教学研究。20世纪70年代中期，学校教学秩序逐步恢复正常后，区语文教研员纪德裕老师来我校听我的课，并组织公共教学，要我上的课是《中华民族》。在那个“知识越多越反动”思想弥漫的年代，还来抓学生的文化学习，提高教师授课的质量，那是要有勇气的。这种对师生教学状况关心、负责的情意令我感动。

80年代初，杨浦教院开启培训青年教师的先河。按照当时沈志彬局长的要求，有两名青年语文教师来我校进行岗位进修，由我负责带教，培训语文骨干力量。为此，纪老师不断奔波，最终促成此事。随后又扩大培养对象，有点上的直接带教，有面上的广泛培养。为此，区语文教研员黄景英老师做了大量细致的工作，包括每两周一次语文教学专题报告，她都尽量与学员一起参加。那时学校条件差，近百人在阶梯教室听讲，夏天大汗淋漓，严冬朝北的教室冻得手脚发僵。为了培养青年语文骨干教师，无论是市教研员还是区教研员都十分劳累，十分辛苦。

不要说60年代，就是80年代，物质条件还是比较差的。教研员来学校听课、指导，最多是清茶一杯，他们不是徒步来，就是挤公交车来，确实有奔波之苦。但是他们对语文教师的成长、语文教学质量的提高充满热情与期待，给我们以良好的职业道德、职业精神的教育。每想到他们，我总是心怀感激，尤其是纪老师对语文业务的刻苦钻研，黄老师的精彩教学，杨老师培训青年教师的无私奉献和宽广胸怀，我一直铭刻在心，成为不断前进的动力。

而今，教师教育的重要性越来越被认同。强国必先强教，强教必先强师。教育大计，教师为本。胡锦涛同志说："要把加强教师队伍建设作为教育事业发展最重要的基础工作来抓，充分信任，紧密依靠广大教师，努力造就一支师德高尚，业务精湛，结构合理，充满活力的高素质专业化教师队伍。"有道是基础不牢，地动山摇，没有一支高素质专业化的教师队伍，优质教育只能是空中楼阁，要适应社会需求，满足人民期待只是纸上谈兵而已。

教师队伍建设涉及诸多方面，教师教育尤为重要。区教师进修学院承担着全区教师教育的重任。从初入职的教师到成熟教师，到骨干教师、学科带头人，都有培训的空间，发展的潜力。这支队伍的成长，除学校的周密规划、有效促进，以及个人的内驱动力外，区领导悉心指导，搭建平台，促进交流甚为关键。区教院对区域教育状况最为了解，教育教学中涌现的新经验、新做法，教学中的热点、难点，认识与实践中的倾向性问题等，均为教师教育中具体、鲜活的资源，教院组织研讨，专题阐释，先进引领，可有声有色地促进教师专业发展。

杨浦教师进修学院有培养区内教师的优良传统，教研员中敬业爱岗、言教身传的精神留给很多教师美好的记忆。如今，教师教育的任务非常繁重，祝愿杨浦教院继承和发扬优良传统，在高素质专业化教师队伍建设中做出新贡献。

院刊是杨浦区教育改革发展的宣传阵地和交流平台，盼望从中读到教育理念正确、师德感人、教学底蕴深厚又富于创意的佳作。这些佳作应是从教师心中流淌出来又经过实践检验的，能恩泽学生成长的好做法、好经验，并且倾注了教院教师的智慧和心血。

9. 教师专业发展学校：教师成长的新型学习共同体[1]

强国必先强教，强教必先强师。

教师专业发展是我国当前和今后相当长时间需要解决的难题之一。学校教育质量说到底是教师的质量。上海基础教育课程改革的发展与深入，对教育界带来的最大挑战莫过于对教师的挑战。教师要铸师魂、锻师能、养师风，持续提高素质与专业水平，方能担当新世纪教书育人的重任。上海市为促进教师专业发展采取了很多举措，“十一五”期间创设的双名工程、新农村教师专业发展项目，在促进教师成长方面取得了不凡的成绩。但基础教育

[1] 本文发表于《现代教学》2011 年第 9 期。

教师面广、量大，如何让所有教师都享受继续教育的权利，更好地实现专业发展，依然是摆在很多基层学校领导面前的、迫切需要解决的问题。

浦东新区敢为天下先。在“十一五”期间，浦东新区吸收国内外先进的理论研究与实践经验，兴办“教师专业发展学校”，探索教师教育新途径、新模式，以教育理念的先进催生教师教育的不断创新。通过系统的政策设计、实践建设与跟踪评估，初步建成了19所教师专业发展学校，覆盖幼儿园、小学和中学学段，在区域内乃至在全国范围内产生了积极的影响。这些教师专业发展学校不是另起炉灶，而是在原有学校建制的基础上，充分运用原有学校的优质教育资源，拓展学校功能，发挥示范作用和辐射作用。浦东新区根据本区域师资实际情况和教研层面的迫切需要，建立以校为本的新型学习共同体，与高水平的、相似层次的“共同体”相互砥砺、相互激发，从根本上改变以往忽略教研质量，不能促使专业发展的状况。这种新型学习共同体惠及各个层面的教师。新教师有专人指导，成熟教师、骨干教师有教研专题、项目引领，以教研为实体，形成教育、教学、研究、学习结合的专业生活方式。这种新型学习共同体极大地调动了教师成长的积极性，促使他们向着专业发展的目标不断发掘自己的潜能。

教育内涵提升的关键在教师的专业发展。教师通过自身的专业发展，能体验到职业内在的尊严与价值，从而钟情于业务钻研，提高教育教学能力。教师专业发展学校聚焦专业性很强的教育实践，强调教师在课堂教学实践中锻炼成长，于实践中发现问题，针对问题开展教学研讨，从而上升到理论发展的制度建设：从校情出发，规划全校课堂教学实践；从教师个人实际出发，为专业发展量身制订方案。教育事业是实践的事业，紧抓教育实践不放，聚焦课堂教学“临床”诊断、指导、评析、研究，“共同体”成员专业明显获得发展，这是优质学校内部各种教师教育资源不断外化的辐射源。浦东新区举办教师专业发展学校从设计之初就强调其示范辐射功能。获得命名的优质学校，通过课题研究、成果展示、校际结对、带教指导等形式，为本地区及外省市学校提供丰富多彩的教育示范服务。在教师教育资源辐射的过程中，外校教师专业得以成长，教师专业发展与学校本身的指导能力得到提升，形成了双赢的可喜局面。

浦东新区的教师专业发展学校追求的目标是实现“双中心”和“三发展”，即学校发展要以学生和教师的发展为中心，要实现学生、教师、学校三方面的发展，浦东新区也正向着这一振奋人心的目标努力前进，其中五所学校已被上海市教育委员会遴选为首批上海市教师专业发展学校暨师范生实习基地。相信在“十二五”期间，浦东新区专业发展学校定能在教师培养方面会取得更大的成绩。

10. 立德·立业·立人[1]

“学科德育”的提出与实践为上海首创。为了实现“立德树人”的根本任务，为了践行《上海市中长期教育改革和发展规划纲要（2010—2020 年）》的核心理念，“为了每一个学生的终身发展”，就要坚持把社会主义核心价值体系融入教育的全过程，坚持把德育贯穿到育人的各个环节。在学校教育工作中，教育形式多种多样，但当今时代以班级为单位的课堂教学仍然也必然是主要形式。学科主渠道、课堂主阵地必须充分发挥育人的功能。学生进学校学习，日复一日、年复一年，绝大部分时间都在课堂上度过。因而，课堂教学进行怎样的教育对学生精神的滋养、心灵的塑造、智力的发展起至关重要的作用。

---

[1] 本文发表于《上海教育》2012 年第 9 期。

学科德育实训基地应此需要而诞生，参加德育实训基地学习的学员均是有业务能力、有教学经验的教师，只要提供多种条件，创造多样平台，他们的主动性、积极性与创造性得到充分的调动与发挥，学科德育规律、途径、方法的探索就会取得明显进展，育人质量就会明显提高。因为主动性、积极性与创造性的充分调动与发挥，是一种教育自觉，是一种以教书育人为历史使命的内心的真正觉醒。而要切实做到，须在立德、立业、立人上下功夫。

一、立德

师德高尚是教师修炼的目标。古人强调做人要往“立德、立功、立言”的方向努力。“立功”非主观条件所能决定，须有多种多样的机遇；“立言”更为不易，那是人类思想的精粹，能穿越时空，历久弥新，给人以无尽的智慧；而“立德”主要靠自身的努力，人人都可做，只要坚忍不拔，自我提升，都能做到。

教师立德尤为重要。教师工作非比寻常，它是以人育人，以德育德的工作。教师以自己高尚的人格教育、引导学生形成健康完善的人格，以自己高尚的情操培育学生良好的道德情操，以自己的人格魅力影响、感染学生。人格魅力是无权力的力量，但能春风化雨，润物无声，点点滴滴注入学生的心里。有人认为这个年头讲实际，高尚是标语、口号，谈论它是一种奢侈。这种看法乱人视听。社会上各行各业追求高尚的人不在少数，“感动中国”的许多人物就是社会的楷模，学习的榜样。作为育人的教师应站在精神高原之上，而不是下降到精神低谷，跟风、随波逐流。一个精神卑俗的人不可能担当好培育学生健康成长的重任。

师德内涵丰富，当前对教师而言，最重要的是价值取向的选择。价值取向左右着人的精神追求、生活道路、行为取向，对人来说，起灵魂引领的作用。教师对人生价值取向、对教育的价值取向须作清醒的思考和正确的选择。教师也是食人间烟火的，但对物的追求要有“度”。教师是教学生读书明理的人，明做人之理，明报效国家之理，当然应抗诱惑、拒腐蚀，不为物质所累，做学生的表率。对于教育，同样有个价值取向的问题，是真正的以学生为本，创设种种条件，营造良好氛围，促进他们德智体美全面发展，学得生动活泼、学得快乐有劲，还是用无止境的操练、名目繁多的竞赛，挤掉他们个性发展的空间与时间？面对口心不一、言行背离的现状，学科德育教师必须坚持全面质量观，扎扎实实地实施素质教育，不要把“育分”作为教育第一要务，更不能把分数作为图腾顶礼膜拜，推波助澜。素质教育本不是不重视智育，也不是漠视学习成绩，进行教学改革、提高教学质量的理念与措施就是明证。主要是急功近利思想泛滥，加上社会诸多因素的作用，把应试教育推到高峰，扭曲了教育的本质。错误的价值追求混淆视听、乱人耳目，对学生成长的危害难以估量。教师在这方面要立德，对学生今日的健康成长、明日的长足发展高度负责。

二、立业

业务精湛是教师追求的目标。教师专业要持续不断发展，具有教育教学真本领，就须做到以下几点：

一是勤于学习。让学习成为一种习惯，让虚心作为支撑。新知识、新事物层出不穷，唯有学习才能让头脑清醒，才能适应工作需要。可学的东西很多，但本原的非学不可，否则专业上就缺少主心骨，浮游无根，随风飘荡。学什么？

学习什么是教育。也许有人认为多么幼稚可笑，事实上真正懂得教育的人不是很多。肤浅的、一知半解的名词术语满天飞，大概不在少数。至于与真正教育背道而驰的、违背儿童和青少年成长规律的做法也屡见不鲜。认认真真读几本教育的书，联系实际思考、辨别、比较、判断，才能逐步把握教育的真谛。教育须有信仰，没有信仰就不成其为教育，而只是教学的技术而已。教育的本原所在是使它的文化功能和对灵魂的铸造功能融合起来。

学习学科的性质、目的、功能，正确地理解把握，真正弄懂学科教学中有哪些是不可违背的规律。脑子里不能用知识碎片充塞，不能用考题、训练题充斥。学科基础要厚实，脑中对学科整体教学内容须有清晰的框架，不能混沌一片，更不能醉心知识点的嚼烂。要深入钻研，把握学科精髓，从急功近利、琐碎枝节的桎梏中走出来。

拓开视野，广泛学习，特别是有关国情、世情的书，选择好的读几本，能使狭小的心有广阔的天地。对德育实训基地学员而言，这一点十分重要。眼界决定境界，读一些对心灵有所震撼的书，能帮助我们正确认识中国的历史与现状，学一些观察社会、探索历史发展规律的立场与方法，懂得把学科德育放在时代大背景下考察，才能洞悉其现实意义和深远意义，从而增强学科德育教育自觉。

二是勇于实践。实践出真知，鲜活的教学经验，无不来自教学实践。教师的专业知识、专业能力、专业态度，均在教学实践中展现，而专业能力更是在教学实践中锻炼提升的。学科德育不是纸上谈兵，而是要刻苦钻研，发现、挖掘、运用教学内容中固有的育人资源，智育、德育融合，在教学中实施。对语文学科德育的现状、走势、问题与困惑的研究，离不开语文课堂教学实践；探求语文学科德育的规律、途径与方法，离不开课堂教学实践。学员从事教学实践要在“勇”字上突破。增强自信力，勇于探索，勇于创新，勇于反思，勇于坚守，有时甚至要勇于抗争。

三是批判眼光。须具有较强的文化批判力与教育批判力。存在的不都是正确的。利益驱动，自我炒作，再加上有些媒体的裹挟，是非混淆，真伪难辨。作为教师应该深思，识别力、判断力不可缺失。

文化是一名教师的厚度，思想是一名教师的高度。在专业发展的同时，这二者的提升，至为重要。立业，我们立的是忠诚教育的事业，如果做什么都讲功利，背后都有功利的目的，那“事业”就成了“私业”，这是万万不可取的。

三、立人

教师教书育人，育人先育己，自己要先做人，人立而后事举。自己有信仰、有追求、有精神支柱，就能担当工作重任。教师要成为立于天地之间的人，当前有几点很重要。

一是要有敬畏之心。学生是活泼的生命体，教师对每个生命体都应该有敬畏之心，每个生命体都值得尊重，应该尊崇、爱护。对天、地、人如果无敬畏之心，就会导致无法无天，轻则违背规律做不好工作，严重的会对社会造成伤害。社会上常见到这种情况，教师须格外警惕。

要敬畏教育事业。教育事业是传承文明、教育学生成人的伟大事业，对人类进步、社会发展有巨大贡献。教育以“使人成其为人”作为它的内在指向，它的使命就是“人的完成”。教育的意义就是要让混沌的心灵清澈、明朗起来，它的价值在于让人对生命、对未来不断产生向往之情，从而去探索、去奋斗。对学生生命敬畏，对教育事业敬畏，就会兢兢业业，高度负责，创造育人的佳绩。

二是要有仁爱之情。教育事业是爱的事业，没有爱就没有教育。师爱超越亲子之爱。亲子之爱是血缘关系，教师与学生间虽无血缘关系，但必须对他们怀有满腔热爱之情，因为师爱包含了崇高的使命感和责任感。爱学习好的、家庭富有的、家长有权的，那是对师爱的扭曲。师爱要做到对每个学生丹心一片，情深似海。要做到这一点，必须有仁爱之情。仁而爱人，心里总想着别人，爱别人，而不能只爱自己。无血缘关系的师爱是一种仁爱，一种大爱，正如陶行知先生说的要“爱满天下”。没有这种大爱情怀，遇到自己不如意的学生就会情绪激动，怒火中烧，出言不逊，乃至语言暴力，不仅挫伤学生的自尊心，还影响他们的健康发展。

其实，每个学生都是宝贝，教师有仁爱之情，就会目光敏锐起来，发现他们的优点、长处，发扬他们身上闪光的东西，因势利导，长善救失，他们就能快乐、幸福地成长。

三是要有赤子之情怀。有赤子情怀就能做到人正、心正、行正，就能追求理想，坚守忠诚。教师的赤子之怀表现为内心的真正觉醒，自觉地把自己平凡的工作与国家大业、民族复兴、百姓幸福紧密联系在一起，有旺盛的内驱能力，严于律己，勇于创新，乐于奉献。

立德、立业，归结到立人。立教师的人，也是为了立学生的人，教育就是育人、立人。立人是一个不断跋涉、不断攀登的过程。泰山不让土壤，故能成其大；河海不择细流，故能就其深。只要持之以恒地努力，必能造就师德高尚、业务精湛、充满活力的，在学科德育方面有影响力的教师队伍。

11. 编者手记之四

兰保民

在“教师学”的建设上，于漪老师不仅注重在教师心中“点火”，而且善于在教师眼前“指路”。如果说“寻找教师之根”一辑重在为教师“点燃心中的火把”，那么本辑里的10篇文章，则重在为教师“指明前方发展的方向”。

于漪老师有一句名言：“与其说我做了一辈子教师，不如说我一辈子学做教师。”很多人只是把这句话理解为她的自谦之词，其实这实在是理解浅了。这句话当然是于漪老师谦逊人格的自然流露，但仔细想想，恐怕还包含着她对广大教师的激励之意吧。因为在她看来，教师不是一份简单的职业，而是一种人生的高标。（参阅《一辈子做教师，一辈子学做教师》）如果仅仅把教师作为一种简单的职业，说这句话的于老师实在是太自谦了；但是，作为人生的高标，教师确实是需要一辈子去感悟，一辈子去学习的，这是于漪老师从终生从教的深刻体验中领悟到的，这标志着她对教师这一职业所蕴含的丰富内涵、所承担的庄严使命的深度理解。她主编的《教育魅力》一书的封面上，赫然写着这样一句话："如果你想让一个孩子的生命有所不同，成为一位教师吧！"那么，教师应该成就怎样的生命，达到怎样的高标呢？在本辑的多篇文章中，她曾多次引用《韩诗外传》中的一句话："智如泉涌，行可为表仪者，人师也。"可见，教师的生命应该表里澄澈，教师的人生应该是德智双全。因此，学做教师，既要在学术上不断精进，智如泉涌，又要在人格上不断升华，堪称表仪。也就是说，要不断修炼自己的学术魅力和人格魅力。

学做教师，首先要对教师育人的使命有深度觉醒。认识到"每一节课都会影响学生的生命质量"，因此教学中必须是"用生命在歌唱"。有了这种认识，才能够不满足在技术层面上灌输知识，而是将"教书育人"的历史使命作为教育教学的价值指向标。有了这种认识，教师才能够积极主动地去"自我教育，严格要求，完善人格"，不断追求教育的理想境界，通过不断学习和修炼，让自己"站在精神高原之上，而不是下降到精神低谷，跟风、随波逐流"。(参阅《师风可学，学风可师》《做教师是一篇大文章》《立德·立业·立人》等）有了这种使命感和责任感的深度觉醒，教师才能在学术魅力和人格魅力上不断精进，悉心锤炼，让自己的生命通体生辉。

在《永远的良师益友》一文中，于漪老师为教师应该如何修炼自己的学术魅力和人格魅力指明了方向，那就是学、思、行。

所谓学，就是要站在文化的高点上广泛汲取人类发展历程中积累下来的优秀文化来提升自己的素养，滋养自己的心灵。在于漪老师看来，教师的学习，不仅是自身业务能力和专业素养提升的需要，而且还是为人师表的重要体现，因为“师风可学，学风可师”。只有不断学习，使自己具有广博的文化知识，精深的专业知识和扎实的教育心理学知识，才能在教育教学工作中得心应手，游刃有余，才能“以自己的真才实学启发学生旺盛的求知欲”，才能“体验到职业内在的尊严与价值”。（参阅《教海泛舟，学做人师》《教师成长的新型学习共同体》等）

思考，是学做人师、锤炼学术和人格魅力的又一重要维度。于漪老师认为，要把思考与学习、思考与实践有机结合起来，这样才能不断提升教育教学的境界。这种教育教学境界的提升，一方面表现为对教育教学认识的深化，通过思考，触及教育教学的本质层面，对其功能和价值形成更为清醒、更为本真的理解，从而使自身的教育教学实践方向更明确；另一方面表现为教育教学行为的目的性和规律性，从而使教育教学从自发走向自觉，教育教学的效果和效率也就得到了保证。因此，思考应该成为一名现代教师最重要的生活方式，所以，作为一名教师，不仅要“善教”，还要“会写”，要“勤于观察思考，勇于织锦成文”。（参阅《一辈子做教师，一辈子学做教师》《善教与会写》等）

教育教学，说到底是一项实践性的工作，要直面教育现场，站在三尺讲台上，用生命去歌唱，把课上到学生心里。在于漪老师眼中，“教师”是两个通体闪光、魅力无限的字眼，以教师为职业的人，只有永远不停地实践，不断地前行，不懈的追求，才可以无愧。所以在做教师的道路上，她永远保持着行走的姿态，“一辈子学做教师”。在《教海泛舟，学做人师》等文章中，于漪老师通过鲜活的教育事例告诉人们：学做教师，就要把课堂变成学生生命的培育场；学做教师，就要在日复一日的教育实践中把学生的生命质量放在自己生命的杠杆上去撬动。

于漪老师说：“在我的教育生涯当中有两根支柱，一根支柱是学而不厌，一根支柱是勇于实践，两根支柱的聚焦点是反思。”是啊，正是学习、实践与反思的紧密结合，让于漪老师成为一个襟怀博大、心灵澄澈、见识卓越、永不落伍的“师之大者”。

人，活在价值体系中

1. 青春无价[1]

有位年轻朋友郑重其事地问我："老师，青春是什么？"我不假思索地脱口而出："青春无价！"这岂不是答非所问？大概不是，从下面几个故事中，您可能会找到两者之间沟通的奥秘。

早春二三月，江南草长，群莺乱飞。一个周日的下午，三五位同学约游京口北固亭。跑啊，跑啊，那股兴奋的劲儿难以言表。登上北固亭，面临波涛滚滚的长江水，有的同学诗兴大发，高声吟诵："何处望神州？满眼风光北固楼。千古兴亡多少事？悠悠。不尽长江滚滚流。年少万兜鍪。坐断东南战未休。天下英雄谁敌手？曹刘。生子当如孙仲谋。"语文教师在课堂上声情并茂教学的《南乡子·登京口北固亭有怀》，深深镌刻在学子的心上，从个人

[1] 本文发表于《中文自修》2001 年第 1 期。

的慷慨激昂到几个人的集体背诵，声音的振幅，振到山，振到水，山水有情人有情，热爱祖国的感情油然而生。不知是谁说了一句："闻一多先生的《一句话》好极了，简直是心灵的喷涌，激动人心。"有两位同学不知道，于是你一句我一句，把它凑完整，写在纸条上。接着，大家又齐声诵读起来：

有一句话说出就是祸，
有一句话能点得着火。
别看五千年没有说破，
你猜得透火山的缄默？
说不定是突然着了魔，
突然青天里一个霹雳
爆一声：
"咱们的中国！"

这话叫我今天怎么说？
你不信铁树开花也可，
那么有一句话你听着：
等火山忍不住了缄默，
不要发抖，伸舌头，顿脚，
等到青天里一个霹雳
爆一声：
"咱们的中国！"

同学们读得热血沸腾，两颊绯红。他们读的是民族的呐喊，表露的是缄默的中国蕴藏着的惊天动地的巨大力量。

从辛弃疾的词到闻一多的诗，从小乔初嫁时的周郎到羽扇纶巾的诸葛亮，从历代多少兴亡事到浪淘尽千古风流人物，谈见解、摆看法，一个个俨然是救国济世之才。争论，平息，再争论，又平息，起起伏伏，青春在胸中涌动。下北固山时，夕阳余晖做伴，反衬着生命力的无比旺盛。

半个世纪以前，即使是省立中学，住宿的条件也极差。一间寝室只有一个榻榻米，没有床，十个同学挤在上面，被褥紧挨着被褥。生活上照顾、谦让，学习上的互帮互学屡见不鲜。水是金贵的，吊一桶井水上来，总不会忘记给晚来的同学留着。汲深井之水需力气，男同学常自觉勇挑重担；咸菜炒肉丝是节日的加菜，八人一桌站着吃（无凳子），总要留几筷给晚来的同学；点蜡烛是一种奢侈，家境略好的同学带来考前复习用，总不忘给视力差的同学点一支。

高三毕业考来临，教室里欢声笑语稀少了，代替它的是静谧、全神贯注和很少的窃窃私语。一天上英语课，教室里突然“爆炸”起来。头发花白的老师不仅严格，而且十分固执，他的话向来就是“圣旨”，怎么商量都不会更改。这天他突然宣布，课本上所有的内容都要考，每篇文章都要背出来。同学们不约而同地叫了起来。怎么得了？平时不要求篇篇背诵，这次来个突然袭击，考的科目那么多，岂不是要逼死人？讨价还价是绝对没有效果的，吵闹更是无用，只得“认”了。开夜车挑烛夜战，说也奇怪，一个通宵硬是把一本书强记在心。年轻人的记忆力就是那么厉害，那么神奇。第二天，同学之间相互背诵，你一句，我一句，你一篇，我一篇，相视而笑，真是先苦后甜，妙不可言。

最快乐的莫过于一学年结束时的全校文艺晚会，精心准备的忙碌劲儿就甭说了。特别是考试结束到发成绩报告单之间，那几天学校简直成了文艺的海洋，教室里，寝室里，操场上，饭厅里，拉胡琴的，吹笛子的，背台词的，编舞蹈的，似乎一个个都是文艺天才。最辛苦的要算编导，他们人数虽不多，但确实有才华。他们写，他们说，他们调动各种各样的角色，一个个节目几乎都出于他们的手。教师既不出面，也不插手，一切由学生自主，道具，服装，一切由学生解决。各个班级的班长就是组织节目的"头"，他们是调遣每个学生发挥不同作用的大将。舞台在露天广场，是饭桌和课桌搭成的，幕布由一块块大床单缝制而成，舞台的四周挂了好些汽油灯，晚上众灯齐亮，倒也巍巍乎壮哉。演员们尽量发挥各自的才能。一曲二胡伴奏的白居易名作《花非花》，倾倒全场观众，那优美的诗句"花非花，雾非雾。夜半来，天明去。来如春梦几多时，去似朝云无觅处"，随着低回缠绵的琴音在夜空中飘荡，是梦？是真？是追思？是惋惜？留给大家无尽的遐想。瞬间，幽静的氛围又被满场笑声所代替。原来两位男同学在舞台的大黑板上演算数学题：一个方、两个圆、一个三角、一个横卧的长方，"啊呀！怎么来了两位数学老师！"同学们叫了起来。黑板上又出现了一个个漫画式的头像，是大家都熟知的人物，妙极了！有的同学笑得捧着肚子，有的笑得眼泪往外涌。欢乐，欢乐，心底有朵笑开的花。

青春，初味人生的年华，民族情、报国志，乡情、师情、友情，都是那么炽热，那么纯真，那么多彩。在众多美好情感的熏陶下，长身体，长本领，长智慧，长才华。青春是无价宝，就在你的脸上，就在你的心中，就在你的身边。抓住它，千百倍地珍爱它，它会给你创造一辈子享用不尽的精神财富，千万别让它从你手指缝里随着时光的推移而流失。年轻的朋友，什么是青春，您明白了吗？

2. 当五星红旗升起的时候[1]

当国歌奏响，五星红旗冉冉升起的时候，每个同学心里想的是什么呢？也许想到卫星发射，火箭升空，也许想到排除冰川的险阻征服南极，也许想到奥运健儿超越自我，勇夺金牌。总之，为国增威、为国争荣的思潮翻滚而来。当然，也可能有人在想自己的私事，也可能面对国旗，脑子一片空白。这是为什么？这是一种怎样的区别呢？想与不想，想什么，乍看是“思”的区别，实质是“情”的区别，是感情、热情、激情的区别。

写文章的人都知道，不精不诚，不能感人。白居易说过，情是根，言是苗。情动于中而言溢于外。写文章尚且如此，何况做人？同学们进学校求学，就是学做人的真心，学做人的真情，学

[1] 本文发表于《新绿》2001 年第 1 期。

做事的真本领。当五星红旗冉冉升起，在蓝天下飘扬的时候，你应该情不自禁地想到无数革命先烈在向你诉说历史，对你寄予无限的期望；你应该情不自禁地想到无数革命前辈艰辛地创建今日的成就，期盼你快快成长；你应该满怀豪情地憧憬未来，强烈地意识到国家富强，匹夫有责。你可以想得很多很多，也应该想得很多很多，做热血的中华儿女，不为世俗流行的小利、私利蒙蔽了做人的准则，冷却了纯真的心。

升旗仪式，不是一般仪式，更不是形式。升旗，对我们每个同学来说，是人生的洗礼，它不断教育我们从小要有赤子心、赤子情，为亲爱的祖国争光，为人类做贡献。

同学们，愿你们自觉地从冉冉升起的红旗里吮吸丰盛的精神养料，滋润自己茁壮成长！

3. 求知乐无穷[1]

往昔年少乐事多，同伴间踢毽、跳绳争优胜，野外的尽情奔跑呼叫，学习缝衣做鞋的紧张与笨拙，无不充满生机，充满乐趣。然而，最使我难忘并终身受益的，莫过于求知了。

在我的眼前，一切事物都是新奇的。大自然的风、雨、雷、电，我想问个究竟，弄清楚它们是怎么来的；花、草、树、木，我要查一查它们的姓名和兄弟姐妹；鸟、鱼、兽、虫，同样要观察、查询，了解形状，了解习性。虽然社会上的事接触不多，但少年世界中的友情、争执乃至恶作剧，也是够咀嚼回味的。至于反映社会生活的童话、小说、散文，对我更是有无穷的吸引力，我可以废寝忘食地阅读。记得第一次看到巴金写的《家》，我急

[1] 本文发表于《顺德教育》2001 年 12 月第 3 期。

不可待地读了一夜，为小说中的各色人物时而忧、时而愤、时而喜、时而悲，那份投入，那份欢乐，难以用语言表达。

知识能给人以精神的养料，它能驱除愚昧，启迪智慧，助人立志，陶冶性情。青少年时代是求知的黄金时代，从小学的东西如手脚长在自己的身体上一样，运用自如，经久不忘。

求知，就要在“求”上下工夫。“求”，就要动脑筋，发挥自己的主动性、积极性。如果处于被动地位，当作任务，忙于应付，不仅学习效果不理想，而且兴趣索然，味同嚼蜡。几十年前的我，学习是带着极为浓厚的兴趣的。比如学习鲁迅的《故乡》，语文老师用带着情感的语言描述少年闰土出现在月下瓜田的美丽情景时，我彻底陶醉了。我一边读课文，一边在脑子里画图画，天空的色彩是深蓝的，上面挂着一轮金黄的圆月，地上是一望无际的碧绿的瓜地，画着画着，画中闯出了一位十一二岁的少年，英姿勃勃，虎虎有生气，手上握着一把闪亮的钢叉，向偷瓜的敌人——猹——奋力刺去……这是一幅活动的画，有漂亮的色彩，景中有人，人在景中。作者写画，老师说画，我在脑中画画，把无声的文字变成有色彩的形象，印象深刻，一下子就理解了课文。从此，我懂得了阅读不能只局限于理解词句，要开展想象，补充自己的生活经验，把平面的文字立体化起来。当我一旦领悟到这一点时，不仅课文学得比过去深入，心里更是乐开了花。

开展想象不仅要动脑子，而且要调动自己的感觉器官，眼看、耳听、鼻嗅，做到如见其人，如闻其声，如嗅其味。《社戏》一文中月下行舟的情景，只要开展想象，不仅可看到双喜、阿发拔篙、点开船、摇橹，还可以看到朦胧的月色，往船尾跑的铁的兽脊似的连山，听到嚷声、说笑声、潺潺的船头激水声，婉转、悠扬的横笛声，而且闻到豆麦和水草的清香。调动自己的感觉器官与思维器官阅读，人就身临其境，如入画中，对作者绘景写人的高超的技巧就能心领神会，乐在其中。

动脑筋最为重要的是善于发现问题，发现问题后还要寻求解决问题的途径。想要解决问题就要学会分析，无论是语文还是数学，都不可人云亦云。人云亦云不开动脑筋，往往不是真懂，文字上稍有变化，数学题稍有变化，就会不知所云。比如朱熹的《训学斋规》中写道："余尝谓，读书有三到，谓心到，眼到，口到。心不在此，则眼不看仔细，心眼即不专一，却只漫浪诵读，决不能记，记亦不能久也。三到之中，心到最急。心既到矣，眼口岂不到乎?"读了这一段，我立刻产生疑问：为什么"三到之中，心到最急"？读书当然首先是眼到，眼睛不看，心怎么到?"急"在这里是什么意思？因为有疑问，阅读时就特别用脑筋。反复阅读、思考，弄明白这几句话的要点：强调读书最要紧的是心到，要专心致志。心不到，就会视而不见，读而难记。作者把心到、眼到、口到三者之间的关系说得十分明白。自己有疑问，读一读，想一想，查查工具书，就会有原本在胡同里摸索，然后突然步入大街时豁然开朗的快感。

同学之间解代数题、解几何题常为角度与方法不同而争论，也是十分快乐的事。平面几何加辅助线常给人以别有洞天的感觉。有的题目看起来是"铜墙铁壁"，不知从哪里攀登才会破门而入，有时冥思苦想，不得其解，突然契机来到，连线、求证、逻辑推理，得来全不费功夫。按捺不住内心的激动，向别人津津有味地述说解题的欢乐。

做一名有科学文化素养的人必须重视积累。读书，脑子不能像漏斗，前学后忘；不能浮光掠影，飘飘然不留痕迹。有些数学定理、公式要牢记在心，解题时能像水往下流一样，毫不费力；有些美诗佳文要熟读成诵，牢记不忘。诗文中包含的文化，包括做人的道理、为学的执着追求，词章的天衣无缝，语言的精彩练达，都会随着记忆流入心田。熟读、背诵，切不可小和尚念经，有口无心。否则，事倍而功半，时间花得很多，收效甚微。那时，我们背诵，一是弄懂，在理解的基础上记忆。整段说什么，先说什么，再说什么，最后说什么，脑子里有个提纲，梳理得一清二楚。由段再扩充到篇，写得精彩的段落尤其要多读几遍，加深印象。理解得好，背诵起来很方便。二是寓背诵于游戏之中。两三个好朋友拿起一篇课文，接龙式地背，一人背几句，连续不断，谁接得疙疙瘩瘩，谁背得不熟或背不出来，就罚。接龙式地背，很紧张，你必须认真地听别人背，又必须自己立即跟上去，思想如果开小差，就会出差错，就会受罚。至今我还记得当初接龙背时令人捧腹大笑的情景。尽管由一本正经而嘻嘻哈哈，乃至打打闹闹，但毕竟背诵了不少名句名段名篇，今天好些名句能脱口而出全得益于当初记忆的功劳。人脑仓库里“货物”越丰富越充实，这个人越有文化素养，越能向愚蠢告别。否则，脑中除了沙漠一无所有，那就糟了。我们要做脑中仓廪富实的人，从小重视积累，并做到坚持不懈。

如今，科学技术迅猛发展，新信息层出不穷，我们有志的青少年更应如饥似渴地学习。学习虽是辛苦的，但苦中有乐，当你开动脑筋解开一道难题、理解一个定理、记住一段名言、写出一篇佳作时，那种快乐，那种豪情，只有亲身实践才会深深体会其中的滋味。青少年朋友，如若不信，你们可以试试，我等待你们更上一层楼的佳音。

4. 诚实守信岂是古板的信条[1]

小李因有事未上某专业课。课后他向同班同学小沈借笔记抄。小沈团结互助，慨然应允。一周过去了，笔记未归还。小沈上课要用，一次次去索取，谁知小李淡淡地说了一句："丢了，找不着了。"小沈与他争辩，他竟然说："小事一桩，有什么了不起的！"

其实诸如此类的事，在我们周围常有发生。言而无信，乃至说假话不打草稿者大有人在。有人善意指出"对人对事应诚实守信"，当事人反会振振有词："老古板！弄弄清楚，什么时代啊？"听起来貌似有理，实质是美丑不辨，是非不分，影响人际关系的和谐。如果大家都这样，社会风气就会受到戕害，社会健康发展就会受到阻碍。

---

[1] 本文发表于《成才与就业》2006 年第 11 期。

诚实守信是中华民族的传统美德。“诚信者，天下之结也。”（《管子·枢言》）诚信，是治理天下的关键。“言之所以为言者，信也；言而不信，何以为言？”（《春秋谷梁传·僖公二十二年》）说的话所以能成为话，是因为其中有信誉；如果说话不讲信誉，那还算什么话呢？谁能相信呢？自古以来，朋友之间真诚相待，感人的事很多，很值得今人思考、品味。例如《后汉书·独行传》中有这样的记载：东汉的范式和张劭两人一起在京城的太学学习。后来范式回家时对张劭说：“两年后我回来，一定拜访你的双亲，看看你的孩子。”两人共同约定见面的日期。约定的日期将到，张劭把此事告诉母亲，母亲说：“两年离别，相隔千里的诺言，你怎么相信得如此认真呢?”张劭说：“范式是个重信用的人，一定不会违约。”到了约定日期，范式果然来了，拜见张劭的父母，与友人叙旧。

故事还有下文，但从上述事情来看，友人之间真是一诺千金，情意深重。今天时代向前发展，难道这些美德就过时，就无用了吗？显然不是，人类创造的精神财富和美好品德是跨越时空、绵延千秋万代的。有人误以为市场经济就是以牟利为中心，满足个人私利就行，管它道德不道德，这是愚昧无知的表现。市场经济有市场经济的规则，诚实守信就是极其重要的一条。虚假广告，假话连篇，坑蒙拐骗，只可能得逞一时，最终必自食其果，搬起石头砸自己的脚。有些企业的倒闭就是从虚假广告开始的，失去了顾客的信任。诚实守信的程度标志着社会文明的程度。以诚实守信为荣，以见利忘义为耻，形成大家普遍的荣辱观，并付之于行动，人们的道德提升了，社会的文明程度就高；反之，言而无信，虚假横行，污浊之气丛生，人们的心灵就遭到破坏，家庭蒙难，国家遭殃。

对诚实守信的必要性、重要性，在青年学生中常有两种流行的看法：一是无关紧要，二是怕自己吃亏。我们不妨粗略地推敲一番。前面说到诚信是治理天下的关键。今日的社会与以往相比，复杂得多，丰富得多。社会是人的各种关系的总和，整个社会要稳定、要健康运转，各种关系必须和谐相处。损人利己必然损害和谐，破坏人和人之间的友好相处。而人际关系之间和谐的重要纽带是“诚”，是“信”。一片坦诚，真心相待，信守诺言，不仅可成为朋友、挚友、知己，乃至生死与共。讲诚信是做人的底线，真诚，互相守信，人与人之间不仅矛盾少，而且即使有矛盾，也容易和风细雨，妥善解决。因此，崇尚美德，讲诚实守信，于国家、于个人均百利而无一弊。社会和谐、家庭幸福也有保障，个人学习、工作均能欢畅。

二是吃亏问题。什么叫吃亏？吃谁的亏？社会上确实是有人不讲诚信，有些不法分子更是钻空子，以种种骗术引人上钩，达到利己的目的。是非不明，或贪小利而屡屡上当的事时有发生。吃了骗子的亏，首先责任当然在骗子，然而受骗者难道不该反思吗？“私”字当头，就会眼不明，心不亮，上当受骗。通常人们说的“不吃亏”，就是门槛高一点，自己的利益丝毫不能受损。其实这里有一个向谁看齐的问题，是“见贤思齐”，向品德端正、品德高尚的人看齐，还是向打小算盘为自己谋蝇头小利的人看齐。人要学会保护自己，不受侵害，这无可非议，但不是舍弃做人的美德，处处以个人私利为重。如果真如此，那真是亏大了，价值导向颠倒了，见利忘义、损人利己的思想就会乘虚而入，腐蚀吞噬心灵。久而久之，人就站立不起来。

人在前进道路上许多鸡毛蒜皮的小事可以不计较，但是非问题决不能含糊。坚持诚实守信，养成良好的思想品德、行为习惯，有利于自己的健康成长，有利于家庭的和睦相处，有利于社会良好风气的形成。青年学生应在这方面做出榜样。

5. 健康开朗，积极向上[1]

《中文自修》组织的作文大赛在展示上海中学生的写作才情过程中，努力倡导健康的文风，提升参赛对象对写作本质的认识与把握。这种引导是及时的，切合当今学生身心发展需要，十分有意义。

校园写作文风不可能不受社会文化、报纸杂志登载的文章以及许多文学读物，尤其是青春读物的影响。对爱好文学，会动笔杆子的同学而言，这种影响更是潜移默化，浸染日久。如何面对？如何判断？如何识别？又追求什么？须认真思考，深入思考。当前，我们社会多元经济并存、多元文化并存、信息网络化覆盖面极广，社会上的文化产品五花八门、良莠不齐，要学会两只眼睛

[1] 本文发表于《中文自修》2006 年第 10 期。

看社会，既要看到文化的主旋律，追求高尚、追求健康的文化，又要识别低俗、扭曲、堕落文化的面目，千万不能错把腐朽当神奇。校园写作提倡健康的文风，既是对青少年学生成长的爱护，又能引导青少年学生意识到在社会转型时期自己肩负着更多的责任，要坚持扬清激浊、伸张正气、营造和谐。

学写文章的学生要做到文风健康，须在路子上下工夫，写自己的真情实感。文章应情真、理真、事真，做到“情深而不诡”“义直而不回”“事信而不诞”，否则就为纸剪的花、刀刻的叶，徒有外表而无生命活力。每个学生都是活泼的生命体，有自己独特的思维、独特的视角、独特的体验，珍视自己这些独特的看法与想法，如实清晰地加以表达，写出来的文章就会像植根于泥土中而又带着露水的鲜花，虽不知名，但分外可爱，分外动人。

最怕胡编乱造，拼凑抄袭，扭扭捏捏，故作姿态，说一些自己也听不懂的话，这样的写作不仅违背学写文章的本意，而且不知不觉地亵渎了自己的心灵。究其原因，往往一是懒于思考，二是刻意追求。尽管学生的生活范围有限，但毕竟眼见耳闻不少人和事，也毕竟读过一些书，有点间接经验，只要重视对生活的热爱、感受、体验，不懒于思考，许多生动的写作材料就不会在眼皮底下溜走，动笔时也就不会腹中空空，借别人的脑袋和语言刻意造作。二是刻意求新，要石破天惊，不同凡响，于是用“旁征博引”包装，用稀奇古怪的语言包装，就是缺少自己的思想与感情。写好文章的愿望是好的，无可厚非，然而追求的目标发生了偏差。不管怎么用笔，只要健康开朗、积极向上，都会是好文章。

年轻人善词藻华丽、喜汪洋恣肆，不是缺点，须注意的是：“酌奇而不失其真，玩华而不堕其实。”无论叙事、记人、绘景、状物，无论如何构思、如何遣词造句，都要有实实在在的思想、实实在在的内容，不能浮游无根，“失真”“堕实”。

文章是心灵的表露、心灵的释放，学生年代为人处世，讲真诚、重情义、严于律己、心胸开阔、知荣辱、辨是非、明行止，写出来的文章就会意旨高远，质优言美。

手中的笔是用“心”来锤炼的。

6. 要有良好的心态❶

初三、高三的莘莘学子面临中考、高考的选拔，可以说是学习生涯中的一件大事。考试时，要能正常发挥，充分发挥，乃至超水平发挥，取得理想的效果，至为重要的是须具有极其良好的心态。镇定自若，遇题不慌，稳扎稳打，就会笔从心愿，节节取胜；如若紧张焦躁，心烦意乱，惴惴不安，那顾此失彼、丢三落四、判断失误就会悄然侵袭，消解自己的能力。两相比较，孰是孰非，不言自明。

怎样才能使自己考试时具有良好的心态呢？

首先要相信自己，坚定地相信自己，有自信力。音乐界曾流传这样一个故事：日本的小泽征尔去欧洲参加音乐指挥家大赛时，

---

❶ 本文发表于《中文自修》2010 年第 5 期。

对评委交给的乐谱提出疑问，他确认有问题，但在场的作曲家及评委声称不会有错，是你自己感觉错误。小泽征尔再三考虑，最后大声说：“一定是乐谱错了！”此时，令人震惊的事情发生了。全体评委起立鼓掌，祝贺他夺冠。因为他坚持正确判断，未被“圈套”所迷惑，这样的人，才能称得上世界一流音乐指挥家。小泽征尔之所以能临阵从容，清醒过人，是由于他长年累月孜孜不倦地学习，有丰厚的音乐积累。

我们参加选拔考试，也是有备而来。且不说 4 年或 7 年的求学攻读，单是总复习期间，就把各门课程所须掌握的知识、能力认认真真地梳理了一两遍乃至三四遍。重点知识巩固、理解得更为清楚明白，薄弱的地方提醒、强调，加深印象。人的脑子就是一个伟大的储存库，各种各样的知识、信息，纵横交错地隐藏在那里，只要一刺激，一兴奋，它们就会奔涌而出，毫不含糊。妙就妙在你刺激什么，调动什么，它几乎是百分之百地听从命令，愉快地报到。每个学生都有这样十分可贵的脑潜能，而自信是开发脑潜能的神奇钥匙。充满自信，就会精神饱满，思维活跃，调度知识的能力也强。

自信的敌人是盲目他信。考前大家对有些事有些课有些知识七嘴八舌说一通，自己姑妄听之，千万不能乱了分寸，落入“矮人看戏何曾见？都是随人论短长”的尴尬境地。

第二要放松，努力使自己心静如水。一张试卷，凭自己的知识储存、解题能力，绝大部分都能应对、解答。更何况每个同学都有身经百战、完成检测试卷的丰富经验，心态放松，脑子就清醒，一是一、二是二，就不会把能解答的与不能完全解答的人为地糅合在一起。思想紧张，就有可能把题目看走眼，遗漏关键的词、关键的条件，发生审题的错误。控制自己的情绪，放松、平静、仔细看题目、感悟文字表达的意图，答题时就能从容，不出或少出差错。最忌讳的是自己吓自己。吓，必然引来慌乱；一慌乱，完全有把握解答的题也会莫名其妙地失手。难题，自己无把握的题，先把它搁在一旁，毫不动心，全神贯注地把自己会解答的准确无误地完成，然后再回过头来攻坚。千万不能先与难题较劲，让原本有把握到手的成果从手中流失。

增强自信，沉着应对，以极其良好的心态去创造参加选拔考试的精彩。

7. 《读懂中国》序言[1]

人有了脊梁骨，才能直立行走；人有了精神支柱，才会心胸开阔，志存高远，做个堂堂正正的人。国家、民族也是如此，有了坚不可摧的精神，虽历经内忧外患，仍能昂首屹立于世界民族之林，为人类社会作贡献。我们伟大祖国就是杰出的榜样。

精神从何而来？文化。中国人的民族精神，来自于源远流长、博大精深的中华文化。

鲁迅先生在《中国人失掉自信力了吗》一文中极其精辟地指出：“我们从古以来，就有埋头苦干的人，有拼命硬干的人，有为民请命的人，有舍身求法的人……虽是等于为帝王将相作家谱的

---

❶ 本文是为《读懂中国》丛书写的序，该丛书由上海远东出版社 2008 年陆续出版。

所谓‘正史’，也往往掩不住他们的光耀，这就是中国的脊梁。”这些“苟利国家生死以”的中国脊梁，无不是中华优秀传统文化哺育的结果。

五千年来，我们的祖先用自己的辛劳、意志、智慧、品质创建了具有自己民族特质的中华文化，一代代薪火相承，历久不衰。这座文化宝库硕大无比，其中精品琳琅满目，美不胜收。只要怀着进深山探宝的心情去寻觅，去阅读，浓浓的民族情思就会扑面而来，至圣先贤的深邃思想、精辟见解就会如清泉喷涌到你的心田，使你心窍顿开。

遗憾的是，我们中小学生对自己民族的宝藏知之甚少，对学习它、读懂它的重要性、紧迫性还缺乏真切的体会。再加上所处的文化环境纷繁复杂，外来文化、娱乐文化、低俗文化乃至垃圾文化，伴随着声、像、色的喧闹，冲击学生的视觉、听觉，搅得他们心烦意乱，迷失方向。青年学生缺少生活阅历与文化积淀，文化判断力差，有时良莠不分，鱼龙混杂，照单全收，甚至错把腐朽当神奇，心灵受到污染和损害。目睹这种状况，有识之士无不焦虑。民族文化是民族的根，一个没有文化根基的民族是没有希望的。一名学生不经历中华文化的学习、熏陶、洗礼，就会目光短浅，胸无大志，失去精神支撑，难以成为有用之才、栋梁之才。

《读懂中国》正是适应当代中小学生健康成长的迫切需要而编写出版的。中华文化经典浩瀚如海，这部读本以独特的编辑视角，科学地选取最基本、最精要的内容呈献给读者。它深入浅出，图文并茂，生动活泼，穿梭古今，中小学生读者定会乐于亲近，欣然阅读。

中华优秀传统文化必将提升人的素质，陶冶人的情操，赋予人一种内在的大气与高贵。中小学生潜下心来阅读这部读本，坚持数年，就会惊喜地发现自己已增添了前所未有的厚度与高度，享受茁壮成长的快乐。

8. 弘扬“包容”的维度[1]

有机会参加静安区教育系统关于弘扬上海城市精神，培育静安人价值取向的专场讨论，很受教育。

俞正声同志在中共九届上海市委十六次全会上强调：“文化是整个经济社会发展的灵魂，而价值取向是文化的灵魂。”价值取向左右着人的精神追求，左右着一个人的生活道路，影响着社会能否持续进步。

静安人以“友善”“包容”“诚信”“守法”为价值取向，现就其中的“包容”谈一点看法。

世界上著名的大都市，如纽约、巴黎、伦敦，包括我国的香港，无一不将“包容”作为城市的共同价值观。包罗万象、兼容

[1] 本文是 2012 年 4 月 13 日在静安区教育系统专场上关于价值取向讨论的发言。

并包的社会环境，从来都是国际大都市的必备文化条件。上海在创建国际大都市，静安区又是上海大都市中最发达的地区，倡导“包容”的价值取向是志存高远、远见卓识之举。

从刚才几位老师论述的内容来看，弘扬“包容”主要有以下几个维度。

一、价值维度

“包容”是中华文化的根本精神，数千年的中华灿烂文化由此而创造。中华文化是北方草原游牧文化、南方山地游耕文化与中原定居农业文化经过长达三千多年的交会融合而成，而交会融合靠的是兼容并蓄的精神。中华文化丰富博大、异彩纷呈，靠的就是这种极强的凝聚力和同化力。中华文化与外来文化接触，决不排外，而是本着兼容并蓄的精神进行交流，既始终保留自身的体系、特点，从不迷失自我，又放眼世界，兼学众长，给自身文化增添新的活力。我们常说的唐代文化的灿烂就与这种包容精神紧密相连。佛教传入、张骞出使西域、郑和七下西洋等均为这种精神的生动写照。

百年上海的成长，百年静安的繁荣，一直坚持海纳百川的胸怀，充分证明包容精神的巨大力量。

二、时代维度

以时代精神丰富包容精神。改革开放，社会转型，上海作为城市化、市场化先发地区，社会阶层格局不断发生变化，社会矛盾错综复杂，利益诉求不断深化，此时的“包容”就必须有时代的特征。对人对事、对众多的困难与问题，要有更开放的心态，更博大的胸怀，更平和的情绪。改革不仅针对客观世界，对自己的主观世界也要调整、提升。每个人都是独一无二的生命体，不仅对自己的生命要尊重、敬畏，对他人同样要尊重、敬畏。不固执己见，不拘泥等级、区域、财富。你活，别人也要活；你活得好，别人也要活得好，心中有别人，心中有集体，就会享受到心灵获得解放的快乐。你的价值，决定你自己在多大程度上解放你自己，拥有怎样宽广的胸怀创造你自己。追求这样的价值取向，就能逐步形成海纳百川、再创辉煌的文化氛围，而这种文化氛围必将温暖人心，推动社会文明进步。

一颗没有精神家园的心灵，无法思考自己生命的意义和价值，也就不可能对他人有真正的情感关切，对社会有真正的责任心。

三、身份维度

“包容”是立身之本，是中华民族的文化认同。教师在这方面更应率先垂范。为了每一个学生的终身发展，教师就必须有宽大的胸怀。这种胸怀以包容精神为支撑，热爱、容纳每一个各具个性的学生。学校里教师和学生必须紧密接触，那是生命和生命的相连。课程设置也好，课堂教学也好，校园活动也好，师生生命相逢的黏合剂就是爱与责任。包容不是迁就，不是一时一事的忍耐，而是要微笑地心甘情愿地接纳每一个学生，把他们当作国家的宝贝来培养。能真正这样做，须有仁爱之心，大爱之情。师爱超越亲子之爱，这种没有血缘关系的师爱源于仁爱的高尚德行，是爱满天下的大爱。师生之爱交会融合，就能编织成育人的锦绣文章，创造出至善至美的校园文化。

学校教育就是要引导学生创造有价值的人生；要创造有价值的人生，首先要让心灵辉煌起来。培育静安人的价值取向，弘扬中华优秀文化，就是激励心灵有崇高的道德追求，迈开奋力前行的步伐，共创社会的和谐。

文化自觉，本质上是一种主体意识的清醒与执着，中国人一定要挺直自己的文化脊梁。

9. 理想照耀生命[1]

今天讨论的话题也许大家认为是老生常谈，但须知这个话题是常谈常新。

太阳虽每天从东方升起，但每天有新的气象，新的活力，给人们带来新的希望，新的启示。

常识要成为经典，需历经时间检验，成为大家的共识，如人要吃饭，大到民以食为天，小到个人的一顿饭，其中有许多学问，许多值得研究的问题。话题虽老，但同样常谈常新。更何况“理想”这个话题对我们青少年学生而言，是应该思考、应该讨论、不可或缺的。

新世纪开始，胡锦涛同志在2000年6月1日《为推进祖国新

[1] 本文是2011年5月14日在市教委党校高中入党积极分子学习班的演讲。

世纪大业做好全面准备》时说：

少年时代是美好人生的开端，

远大的理想在这里孕育，

高尚的情操在这里萌生，

良好的习惯在这里养成，

生命的辉煌在这里奠基。

每个青少年都期盼自己有美好的人生，能创造生命的辉煌。怎样才能实现？孕育远大的理想、树立远大的理想至关重要。

一、志存高远是人生价值的源泉

生命的特征就是“活”，所谓“活”，无非是自然界三个量：物质、能量和信息在生命系统中综合运动的表现，也就是说生命是自然界的高级运动形式。

我们探讨的理想照耀生命，不是生理层面的“活”，而是精神层面的追求。也就是说，在尊重生命、敬畏生命、热爱生命的基础上，要激发生命的潜能，捍卫生命的尊严，提升生命的质量，实现生命的价值。简言之，探讨人生的价值。

人生在世几十年，最多百年左右，谁都希望自己的人生美好、多彩。在人生之春的青少年时代就应严肃地思考：追求什么价值取向，一辈子路往哪里走？张海迪曾说过一句启人深思的话：人生的价值在于创造一个有价值的一生。确实如此，人的一生可能燃烧，也可能腐朽，不懂得生活意义的苟活，不担当应负的社会责任，只禁锢在个人私利的牢笼里，就会步入灰暗、闭锁、卑微，乃至腐朽。

有价值的一生是怎样创造的呢?

记得20世纪美国著名探险家约翰·戈达德曾这样说:“让心灵先到达那个地方。”

是心灵的渴望,开阔了求索的视野。

是心灵的飞翔,催促了奋进的脚步。

是心灵的富有,孕育了生命的奇迹。

要创造人生的辉煌,须首先让心灵辉煌起来。当然,这里的辉煌绝非荣华富贵,名噪一时,而是有极其丰富的内涵。许多古今中外的大智大勇之士以自己的思想言行作了极其生动而又深刻的阐释。

自古以来在人们口中一直传着这样一句话:“人无志不立。”人没有远大的志向,就站立不起来。人有脊梁骨才能直立行走,否则就难以脱离爬行的状态。人精神上没有支柱,没有志向,没有追求,就会失魂落魄。没有理想的人,如同松弛的琴弦,是弹奏不出动人的生命乐曲的。人没有了主心骨,就失去了人的尊严,堕落为行尸走肉。明朝王守仁说:“志不立,天下无可成之事。”没有志向,没有明确的目标追求,人生飘忽半空中,怎能成事?

志存高远,树立远大的志向,是创造有价值人生的源泉,是生命活力的不竭动力。例如,大家熟知的司马迁因替汉将李陵辩解,获罪下狱,并被施以腐刑。受此侮辱,似乎应生命终结,但他活了下来,原因何在?他在《报任安书》中说:“所以隐忍苟活,幽于粪土之中而不辞者,恨私心有所不尽,鄙陋没世,而文采不表于后世也。”即我之所以暗暗地忍受，苟活偷生，关在粪土般污秽的监狱里而不肯去死，就因为心中还有未实现的理想。如果在屈辱中死去，文章的才华就不能流于后世。什么理想？作为太史令，不仅要完成父亲司马谈临终前的嘱托，而且要记述历史与现状，上续孔子的《春秋》，他在《太史公自序》中说：“于是卒述陶唐以来，至于麟止，自黄帝始。”（于是，终于记述了唐尧以来的历史，止于猎获白麟的元狩元年，而从黄帝开始。）（汉武帝元狩元年即公元前 122 年，猎获白麟一只，《史记》记事即止于此年。《五帝本纪》，黄帝为首，轩辕氏。）由于志存高远，含辱发愤继续写完《史记》这部历史巨著。这是我国第一部纪传体通史，记载了黄帝至汉武帝时三千多年的历史。全书有《本纪》《表》《书》《世家》《列传》等 130 篇。它也是一部传记文学名著，结构精当，语言凝练，刻画的人物栩栩如生，极富艺术魅力。鲁迅赞之为“史家之绝唱，无韵之离骚”，对后世史学和文学产生了深远的影响。

一位著名学者对司马迁的人生价值说得十分精辟，说他不仅仅是一位杰出的史学家，而且是一个改变了所有中国人的人。是他，使每一个中国人成为“历史中人”。他以自己残破的生命、难言的委屈、莫名的耻辱，换来了一个民族完整的历史，千万民众宏伟的记忆，华夏文化无比的尊严。《春秋》，包括《尚书》，以一种大事记的方式提供了一种“史学理念”，但在“史学理念”之后还必须创造一个可以长久延续的“史学模式”。理念如云飘荡，可仰望它的色彩，而模式有一定的格式和程序，可继承下来。

司马迁做到了，构成了历史的气脉。世界其他一些古文明因未创建他们的“史学模式”而割断、流失。司马迁这种超越时空、走向永恒的伟大人物的人生价值在于他胸有大志，“心随朗月高，志与秋霜洁”。

又比如16世纪意大利文艺复兴时期的著名哲学家、自然科学家布鲁诺，他捍卫和发展了哥白尼学说。他被教会革除教籍，逮捕入狱，囚禁8年，但他坚贞不屈，宁死也不放弃自己的信念。他在《论无限宇宙和世界》中指出：宇宙是无限的，在太阳系之外还有无数个星体。而且指出，恒星并不是镶嵌在天体内壳上，而是有近有远地在无限宇宙之中。对宇宙真相探求的理想信念使得他的生命超越时空，闪现光彩。

在中国现代史及当今社会中，有高远的志向、创造有价值人生的人和事更是不胜枚举。且不说革命战争中的革命先烈、革命前辈，单是建设事业中，理想照耀生命的范例就数不胜数，令人感动。如大家熟知的、由衷敬仰的“两弹元勋”邓稼先就是一个把自己一生献给祖国的人。祖国利益高于一切的信念指引他克服了一系列难以想象的困难，给予他长盛不衰的勇气，和同伴一起创造了震惊世界的业绩，捍卫了祖国的安全和尊严。再如，每年感动中国的人物，他们都是在平凡岗位上的普通人，由于志存高远，心中有他人、有祖国，立志为人民造福，因而活得有意义，人生闪现光彩。

普通人不普通，平凡人不平凡，全在精神上树立高标准，思想上攀登高峰。青海玉树大地震中，位于巴塘废墟的第一民族中学创造了“零死亡”的奇迹。天未亮，老师叫醒了所有学生；强震来袭，带领学生紧急转移，并且抢救被压在废墟下的老师，教师和880名学生的生命安然无恙。“一切为了学生”的信念使校长周才仁、副校长严力多德、生活老师多吉才仁等临危不惧，指挥若定。汶川灾区、玉树灾区抢险救灾的可歌可泣事迹大量涌现，无不是以人为本、尊重生命、同胞骨肉亲的理念的生动展现。

莎士比亚曾说：“人是万物的灵长，宇宙的精华。”但人并不是生来就伟大，而是因为有思想、有精神才伟大。人的伟大与否无需靠别人赞美，行为本身会说话，历史会说话。

二、奋发进取是通往理想的阶梯

理想不是幻想、空想，幻想、空想是空洞的、飘浮的，理想是实在的，需要行动加以实现。鲁迅曾指出：“单是说不行，要紧的是做。”理想和行动要结合起来。《论语·公冶长》中说：“始吾于人也，听其言而信其行；今吾于人也，听其言而观其行。”“观其行”，说明行动的重要。所谓行动，不是惊天动地之举，也不是大手笔、大思路，而是从日常的一点一滴做起。老子《道德经》里曾说道：“合抱之木，生于毫末；九层之台，起于垒土；千里之行，始于足下。”合抱之木，九层之台，非常壮观，是追求的理想目标，而了不起的在于“生于毫末”“起于垒土”。小小树苗，一撮撮土毫不起眼，可贵在“生”、在“起”，充满了进取的精神，奋发的精神。要经受狂风暴雨的袭击，日晒雨淋的考验，一个劲儿长，一个劲儿垒。只有这样一步一步往前进，一个一个阶梯攀登，方能通往理想的境界。在交通极不发达的古代，千里实在遥远，要实现这样的目标，只有奋发精神，从脚下开始。荀子在《劝学》中说：“不积跬步，无以至千里；不积小流，无以成江海。”人们认识事物往往有种惯性，关注其富其大其宏伟其辉煌，而忽略乃至小视历经艰辛的过程，忽略那“跬步”，那“小流”。虽结果、目标是重要的，但关键在过程，在过程中的毫不懈怠。

历经艰辛的过程最需要的一是勇气、不畏困难，二是坚持不懈、锲而不舍。贝多芬有句令人震撼的话，“扼住命运的咽喉，决不能让命运使我屈服。”学习、工作、研究，不可能不碰到困难，数学家华罗庚先生说：“难”也是如此，面对悬崖峭壁，一百年也看不出一条缝来，但用斧凿，能进一寸进一寸，进一尺进一尺，不断积累，飞跃必来，突破随之。荀子也曾说过：“锲而不舍，金石可镂。”坚持、耐心、毅力助你抵达理想的彼岸；急躁、狂热、畏惧、怠惰，理想就可望而不可即了。

举例来说，英国人类学家古道尔，这位年轻的姑娘为了探求远古时代的人是什么样子，在藤蔓参差、浓荫蔽日的森林里先后生活了十多年，其中艰难险阻难以言说，最终以勇气与毅力取得了成功。1971 年，她出版了《人类的近亲》一书，轰动了世界。

邓稼先和他的同伴成为“两弹”的功臣，对国家核事业的建设作出极大的贡献，是由于他们十年如一日，勤恳刻苦，东奔西走，风餐露宿，承受大戈壁风刀霜剑的洗礼，经历了多少次失败的风险、试验的危险，这充分说明理想的实现靠坚忍不拔的执着追求，神圣渗透在大量一丝不苟的工作之中。“神舟九号”上天，“蛟龙号”潜海莫不如此。每做一件事都要认真负责，一丝不苟，确实不容易，这是一种精神，一种品德，一种习惯，而这又是靠远大理想的支撑，马虎、敷衍与实现理想无缘。

托尔斯泰毕生为人生和社会的改革进行真诚的探索。他的创作时期长达 60 多年，《战争与和平》《安娜·卡列尼娜》《复活》等长篇小说脍炙人口，对欧洲文学具有很大影响。且不说他创作的艰辛，单是修改的艰辛就可说明他锲而不舍的精神。《战争与和平》写了 6 年，修改了 7 遍。为《生活的道路》所写的序言，竟有 105 种稿本。

无数事实证明：只有向自己提出远大的目标，并以自己的全部力量为之奋斗的人，才是创造有价值人生的人，也才是最幸福的人。

三、清醒纯正，咬定青山不放松

要把正确的道理内化为自己的认识，感同身受，落实到行动上，须排除种种干扰与诱惑。要头脑清醒，心地纯正，树理想，立壮志，咬定青山不放松。

当今社会飞速发展，多元经济并存，多元文化碰撞，文化产业风起云涌，文化时尚鱼龙混杂，泥沙俱下。中学生在成长过程中，缺乏锻炼，缺少人生的经验，面对思想文化大潮裹挟而来的腐朽思想、垃圾文化、低俗文化、黄毒文化、暴力文化的侵袭，特别要保持清醒的头脑，要有文化判断力，切不可照单全收，错把腐朽当神奇。要独立思考，反复比较，多问几个为什么，学会寻根刨底，弄清是非、美丑。因为那些消极、颓废、恐怖袭来时不可能狰容毕露，而是披着各种各样乱人耳目的外衣，在你丧失警惕之时，悄悄地浸染你的心灵。

文化对青少年学生既有巨大的吸引力，又有巨大的穿透力。犹如水击石，或冲刷，或细缕，锲而不舍，日日夜夜，石头就被雕塑成令人叹为观止的形态。每个学生都生活在一定的文化氛围之中，由于兴趣、品位的差异，由于家庭环境、周边环境的不同，由于不同文化的浸染、雕塑，在不知不觉中，精神世界的高低就有区别，乃至大相径庭。为此，要使自己成为心灵丰富、志向高远的人，提高文化判断力至关重要。正如鲁迅在《拿来主义》中所说，要“运用脑髓，放出眼光，自己来拿”。要鉴别优劣，区分美丑，崇尚健康、高雅，鄙弃低俗、污秽。现代教育史上有所名校叫西南联合大学（由北大、清华、南开三校组成），在抗日战争物质条件十分艰苦的状况下办了不到八年，培养了众多的全国乃至世界级的顶尖人才。其中有一条颇值得深思。它的学生由于素质良好，文化底蕴扎实，因而有较高的文化判断力，以追求高尚文化为荣。他们在评人、谈文、论艺时，常用 Vanity（虚荣心）和 Taste（趣味）加以评判。如看到有人矫饰、卖弄、出风头，同学就会脱口而出：Vanity。谈论文化艺术时，有人见解卑琐，趣味低下，就会说“Taste 不高”，学生中形成了这样一种氛围，一种导向，就有助于心灵纯正无邪。

对金钱的顶礼膜拜，对网络的迷恋，对一味享受生活的鼓吹，都会在我们周围散发不良因子，要识别、抵御、拒绝。这些东西虽然是光怪陆离，眩人耳目，说到底其核心内容崇拜物质财富，重个人私利，享乐逍遥。钻进去，被腐蚀，精神坍塌，灵魂扭曲，怎可能活得像人样？对社会上存在的这些假、恶、丑看清楚了，看透了，就懂得尊重做人的准则是多么可贵，多么必要，就懂得要创建有价值的人生，对社会、对国家作出贡献，必须追求人格的完美，不断加强自己的身心修养。

人为物质所俘虏，就会丧失人性。面对诱惑人的各种各样的物品，如果放纵私欲，没有节制，人就化为物了。而人一旦被物化，就会丧失天理良心，什么坏事都干得出来。

人总是有物欲的，要生存就要发展，不可能不食人间烟火。我们从事经济建设，大量创造物质财富，不仅使国家强盛，更是要改善民生，让老百姓生活幸福。人和物质财富打交道，要不逾矩，在规范中行动，取之有道。在物质诱惑面前保持清醒的头脑，追求精神层面的富有，追求人格的完美。印度诗人泰戈尔曾打过一个生动的比喻：鸟的翅膀一旦系上黄金就永远也不能飞腾起来。常想到这一点，容易心明眼亮。

同学们积极向上，表现优秀，有理想，有抱负，希望进一步坚定远大的理想，一辈子为之奋斗，从现在做起，从身边做起，咬定青山不放松。理想就在岗位上，信仰就在行动中，让我们共同努力，共同勉励。

10. 人，活在价值体系中[1]

古今中外有个被永恒探讨的问题：人活着为什么？人生的意义与价值何在？对这个问题许多智者、贤者做了精辟而深邃的剖析，开启人们的智慧，促使人们深入思考。对这个问题，许多仁人志士不仅在认识上探寻，精神上追求，而且躬身践行，为国为民赤诚奉献，谱写了生命的精彩，创造了卓越的人生。这些人给我们留下了宝贵的精神财富，哺育我们青少年一代健康成长。

其实，人生在世就活在一个价值取向当中。价值观不但用来衡量物的价值，也用来衡量人生的价值。每个人对人、事、理的价值判断，就是价值观。人在青春年少之时立志走好人生的步履，憧憬美好的未来，就是进行价值取向的选择，树立正确的人生观、

[1] 本文是为《人，活在价值体系中》一书所写的序，上海书店2012年出版。

价值观。价值观是衡量人生有无意义的标尺，对于个人来说，价值观决定了人生的内涵，决定了人生的境界；对于社会而言，价值观决定了文明的程度。

在当今社会，我们究竟应该选择和信奉怎样的价值取向？这个问题关系到所有的人。党和政府要回答，全社会要回答，每个公民要回答，青少年当然也要回答。价值取向正确、先进，社会就能进步，就能和谐发展；反之，乱象丛生，人心涣散，就会后患无穷。对于青少年而言，更是影响一辈子的生活道路，影响能否成长、成人、成才的问题。青少年必须头脑清醒，对是非黑白有判断力，万不可掉以轻心。

上海市委书记俞正声在中共市委九届十六次全会上讲话时强调："文化是整个经济社会发展的灵魂，而价值取向是文化的灵魂。"这两个"灵魂"的判断道破了社会进步的本质所在。众所周知，价值取向左右着人的精神追求、生活道路，起着行为取向、评价标准、评价原则、评价尺度的重要作用。正因为如此，为了加强社会主义核心价值体系建设，推动上海文化大发展大繁荣，首先要抓价值观建设。全会提出支持倡导"公正""包容""责任""诚信"的价值取向，并以党和政府的诚信引领、践行。倡导这样的价值取向，不仅惠及全社会，革故鼎新，除弊兴利，弘扬正气，创造良好风尚，而且对青少年价值观的形成与树立作了方向性的指引，其意义重大。

青少年选择价值取向时须认识："公正、包容、责任、诚信"四大价值取向的倡导是社会发展的历史必然。

社会的发展是一个有规律的自然历史过程，它是统一性和多样性的辩证统一，曲折性和前进性的辩证统一。它在发展的进程中，无论是经济基础，还是上层建筑，都会出现各种各样的问题、困难、深层次的障碍；人们的价值取向、价值主张与态度也必然多元多样。此时此刻，作清醒的理性思考，以先进文化支撑、引领，倡导统一的价值追求，能凝聚精神力量，破解难题，推动社会持续进步。诗云："潮平两岸阔，风正一帆悬。"航向正了，就能乘风破浪向前行。

再说，上海正处于创新驱动、转型发展的关键时刻，新情况、新问题层出不穷，错综复杂的矛盾须剖析、疏解，化弊为利，更需要精神力量的支撑和引领。真正的国际大城市不仅取决于它的经济实力，更取决于它的精神力量和文化感召力。倡导四大价值取向是顺应上海历史发展的必然趋势。

选择时还须认识：四大价值取向的倡导是人们美好期望的内在需求。

经济建设成就辉煌，物质生活大大提高，生活方便令人瞩目。但是，社会的进步不可能只靠物质文明一条腿走路，一条腿支撑，还必须有精神文明的滋养、先进文化的引领、人民素质的提高，它才健康，才充满活力，才能奋然前行。而今，对物欲无止境的追求，严重腐蚀人的精神世界。人总是有物欲的，因为要生存就要发展。但无止境地追求，人就物化了；人一物化，什么伤天害理的事都做得出来，因为这些人已经把良心交给了魔鬼，变成极端的利己主义者。"人不为己，天诛地灭"是他们的信条。社会上出现的金钱至上，个人第一，导致责任缺失，道德失范，做人的底线被践踏，错误的价值追求混淆视听，乱人耳目，不少人困惑、迷茫，无所适从，无所依归。精神上失魂落魄，人为的障碍大大影响社会的和谐与进步。人是有精神需求的，期盼城市有精神支柱支撑，期盼心有依归，行有准则，思有追求，期盼有良好的社会风气。四大价值取向的倡导正是点到社会的要害之处，适应人民美好期盼的内在需求，它涵盖了社会公德、职业道德、家庭美德和个人品德建设，具有鲜明的时代特色和实践特色。

青少年对应该选择的价值取向心中有准绳，就不会被乌烟瘴气所蒙蔽，更不会随着污泥浊水流淌。灵魂的伟大，与其说攀登得多么高，跋涉得多么远，不如说在于自身的纯净与坚守。怎样才能纯净，才能坚守？本书提供了许多发人深思的范例。从小打下良好的精神品质的根基，就能挺直自己的脊梁骨，做一名堂堂正正的人：有理想，讲诚信，能担当，为事业添彩，为别人造福。这样，人生就不是一个空壳，一个没有任何意义的抽象符号，而是实在的、丰富的、动人的，亮丽的篇章。

愿我们青少年吮吸中华优秀文化的琼浆，作出正确的价值判断，在立志、立人的道路上执着前行，创造人生的辉煌。

11. 国歌，永远是我的生命之歌[1]

一想到国歌，我心情就非常激动，儿时刻骨铭心的记忆涌上心头。当我六七岁的时候，有一位年轻的男老师教我们音乐。他非常爱国，教我们唱很多爱国歌曲。尽管那所小学只有一架破风琴，但大家唱起歌来无比快乐。唱哪些歌呢？我至今还记得的就不少。一个就是电影《风云儿女》里的《义勇军进行曲》，老师教的时候非常激动，“起来，起来……”把我们这些孩子的全部感情都调动起来了。还教我们《大路歌》，“哄，哄，哄，哈哈哈哈，哄……”。再就是《卖报歌》，“啦啦啦，啦啦啦，我们是卖报的小行家……”。《渔光曲》也是一唱再唱。这位老师的爱国情怀给我们幼小的心灵播撒了爱国的种子。1937 年 7 月日本鬼子侵

[1] 本文是 2012 年 8 月 2 日应邀赴国歌纪念馆的演讲。

略我国，铁蹄蹂躏我大好河山，上海被占领后，日军沿长江而上，我们家乡也失守了。老师给我们上的最后一堂课是《苏武牧羊》。他一再讲，“苏武留胡节不辱，雪地又冰天，苦忍十九年……”，要牢记不要做亡国奴，并唱起了“起来，不愿做奴隶的人们……”。我们小小年纪，从来没听到“亡国奴”等字眼，一下子好像长大了。从此，这首歌在我心中留下了极其深刻的印象，那激昂的旋律常在我心中回荡。

每当听到国歌，唱到国歌，总是心潮澎湃，思绪万千，其中有几次特别难忘。一次是粉碎“四人帮”的时候，我被邀请到北京瞻仰毛主席的遗容，并到天安门广场参加升旗仪式。这是我第一次来到天安门，看到鲜艳的五星红旗冉冉升起，在蓝天下飘扬。我情不自禁地想到为这面红旗献出了青春、献出了生命的无数英雄、先烈，我们活着的人要永远记住他们的奉献，他们的牺牲，要有担当的精神，要有忧患的意识。还有到人民大会堂开会，特别是参加颁奖典礼时，心情总难以平静。如对“全国三八红旗手”表彰，上海有五位标兵，我也是其中之一。在颁奖典礼上，当国歌奏响的那一刻，我就激动地想到我们新中国妇女肩负着社会主义建设的半边天，确实要“起来，起来……”，一定要万众一心，在自己的岗位上作出贡献。又比如 1989 年，我作为全国劳模，参加在人民大会堂举行的颁奖典礼。当国歌奏响的时候，我的心热血沸腾。我们之所以有当家做主的日子，之所以能够有机会施展自己的才能，就是因为无数英雄儿女抛头颅、洒热血，而今在建设中攀登、创造，无私奉献。因此，国歌代表我们国家的生命，代表我们国家的尊荣，是我们每一个中华人民共和国公民的生命之歌。

一想到国歌，一奏起国歌的旋律，就会增强我的忧患意识、责任感和使命感。我是一名教师，我所从事的事业是培养学生成为合格的、优秀的中华人民共和国的公民。因此，我一定要把国歌这样一种精神，这样一种要奋斗、要奉献的精神，传递给我们的学生。教师的生命价值在于内心的深度觉醒。当一名教师把自己日常的平凡的工作和我们伟大祖国的建设事业、和我们中华民族的伟大复兴、和千家万户老百姓的幸福生活紧密联系在一起的时候，就会胸襟宽广，有用不完的劲儿。这是我孜孜不倦追求的目标。从儿时刻骨铭心的学唱歌，到一辈子接受国歌的教育，再到薪火相传，将这种精神传给一代一代的学生，深感重任在肩，一定要不辱历史使命。

国歌，永远是我的生命之歌。

12. 编者手记之五

兰保民

生命的成长，不只意味着身高的增长，体格的壮大，更重要的是心灵的发育，精神的提升，内心世界的建构和优化。这其中至关重要的则是价值取向的选择和价值体系的确定。因此，于漪老师说："人，活在价值体系中。"这一价值体系，既是外在自我的，因此，活在什么样的价值体系中，就会受到什么样的价值观的影响；同时，这一价值体系，又是内在自我生命中的，一个人内心中有怎样的价值体系，决定了他在这个世界上的生存方式和生命姿态。

明白这一点，我们才会理解，为什么于漪老师不仅对青少年进行理想观、价值观、世界观的教育，而且还不顾耄耋高龄，在很多社会集会中表达她的社会观察和教育思考。因为在她看来，教育不仅仅是学校的责任，社会、家庭对青少年心灵发育和成长的影响同样至关重要。社会的价值取向，家庭的思想导向，对青少年心灵世界的影响往往是潜移默化的，这种影响，从某种意义上来说甚至比学校教育要来得深刻。社会主流价值观，家庭主导幸福观是积极、健康的，而不是消极、功利的，这样才能给青少年传递丰富的正能量。因此，和谐的社会、幸福的家庭、活泼的校园，共同构成青少年健康成长的价值培育场，对青少年的价值观的优化、判断力的形成，产生积极的影响。正是出于这一原因，所以，我们会发现，于漪老师不仅为教师、学生写作、演讲，而且还经常在其他领域的公众集会中发出教育的声音。收录在本辑中的11篇文章中，有几篇文章，其阅读或聆听者就不是青少年，而是社会各界人士。其实，这并不是于漪老师的“越界行为”，而恰恰表现出她作为一位教育家的宽广的视野、深沉的忧思和深切的关怀。明白这一点，才能准确把握阅读于漪老师此类文章的基本姿态，因为她首先是一位教育家，而不是公共知识分子。

所以，本辑中的11篇文章，主要有两大类：一类主要阐述青少年价值观的建构，其中包括爱国教育、生命教育、理想教育、传统文化教育、心理建设等（参阅《青春无价》《当五星红旗升起的时候》《求知乐无穷》《理想照耀生命》《要有良好的心态》等）；另一类主要涉及社会价值观的批判和建设，呼吁社会共同构建积极向上的价值观念（参阅《弘扬包容的维度》《诚实守信岂是古板的信条》《价值取向与社会进步》《〈人，活在价值体系中〉序》等）。

记忆与情缘

1. 法制观念必须加强[1]

在庆贺人民代表大会成立四十周年的日子里，回顾自己当市人大代表的历程，深感在全体人民中树立法制观念的重要。邓小平同志说：“我们国家缺少执法和守法的传统，从党的十一届三中全会以后就开始抓法制，没有法制不行。法制观念与人们的文化素质有关。”一语破的，小平同志把法制的重要性说得入木三分。建立社会主义法制是建设有中国特色社会主义的重要保证，作为社会主义国家的公民，必须强化这个意识。

十多年来，无论是参加人代会、人大常委会，还是视察、检查，都是和“法”打交道。对我这样一名长期从事基础教育的教师来说，真是开阔视野，增长见识，接受一次次活生生的法制教

---

[1] 本文发表于《上海人大》1994 年第 9 期。

育，大大加强了法制观念。其中体会最深的有两点。

一、抓住时机立法，能促进建设事业的顺利发展

立什么法，不是凭少数人的主观臆断，而是事业发展的客观需要。立什么法，要有战略眼光，超前意识，要有全局观念，不是只顾眼前，只顾一时一事。现代化建设要有数以亿计的素质良好的劳动者，要有跨世纪的德才兼备的在国际上有竞争力的出类拔萃的人才。这些人从何而来？人不可能自然成才，要靠培养、靠教育、靠从小打下扎实的基础。基于这样的认识，许多代表认为上海这样的大城市应率先制定义务教育方面的地方性法规。于是由当时教科文卫委员会副主任委员孟波同志牵头，提出了制定上海普及义务教育条例的议案。经过反复酝酿，多方审核，在义务教育方面立了法。比全国义务教育法的制定早一年。“法”制定后，大大促进了上海基础教育的发展。单是学校的危房改造，就解决了几十年来未能解决的难题。“法”发挥了威力。职业教育、成人教育、义务献血、文化市场管理等等，都是抓住时机，成熟一个立一个法，保证了这些事业健康而顺利的发展。

二、法的尊严靠人来维护，法的威力靠人来发挥

“法”制定后，怎样发挥它的威力，维护它的尊严？一靠执法部门严格执法，二靠监督部门认真监督。这两条如果不落实，“法”就缺乏权威性，就不能起褒善贬恶、扶正压邪，促发展、促进步的作用。几千年来我们国家是人治，缺少执法和守法的传统。

再说，人总是各司其职，不可能万事通，不可能是所有行业的专家。因此，执法与监督的过程实质上是学法、宣传法，统一认识，增强法制观念的过程。大家执法、守法，法的尊严得到维护，威力就得到发挥。例如，上海市前几年是小学生入学高峰，根据测算，部分地区、部分学校须实行两部制。两部制给家庭、给社会带来的严重问题不言而喻。大家为了维护义务教育法的尊严，方方面面动脑筋、想办法，终于平稳地渡过难关，维护了法律的权威。

人民选我当代表，学习法、宣传法、遵守法是我应尽的义务。

2. 真难忘却[1]

打开记忆的闸门，眼前立即浮现出市人大常委会进行社会主义民主法制建设的生动情景。为了制定《地方性法规》，审议决定本市重大事项，参与者一次次开展调查研究，一次次广泛听取来自各方面的意见，一次次协商协调、统一认识，一次次推敲文字、反复斟酌，可谓倾注心血，高度负责。每参加一次会议，自己就深感对上海的国民经济和社会发展增添了新的认识；每参加一次会议，都受到了深刻的民主与法制的教育。

最难以忘却的是1988年市第九届人民代表大会第一次会议上提交《关于教育经费方案》的事。这一年，政府预算报告中教育经费占5.7%，而事实上，由于大批知识青年返沪后成家立业，所

---

[1] 本文发表于《上海人大》2000年第1期。

生孩子正好到入学年龄，因而小学生骤增，有些区增幅高达百分之十几。学生增长与经费增长差距很大，而经费匮乏又必然导致小学要改为上、下午两部制，即半天在学校求学，半天在家。两部制不可行，弊病甚多，于是60多名人大代表联名提出增加教育经费的议案。提交议案的法律依据是1986年全国人大常委会颁布的《中华人民共和国义务教育法》和1985年市人大常委会制定的《上海市义务教育条例》，这些法律和法规中明确规定，教育经费要做到两个“增长”，即教育经费的增长“应当高于财政经常性收入的增长比例，并使按在校学生人数平均的教育费用逐步增长”。提议案的事实根据是我们访问了教育部门的领导，访问了不少学校的校长和教师，对学校设备、校舍以及生源增长情况有了进一步的了解，并核实了一些数据。那年上海财政收入占8%，高于教育经费5.7%，因而，我们普教的、高教的许多人大代表写了要求增加教育经费的议案，谈家祯和李家镐等人大常委会副主任也签了名，表示支持。

在人代会主席团会议中，大家就这个问题立不立为议案展开了讨论。那时，人们对教育在兴国中的战略地位的认识没有现在这么深刻，再说上海要做的事太多，可以说是百业待举，而教育经费增长的幅度已经高于卫生与科技。然而，法是“准绳”，立了法就必须依法行事。我是教师，对学生有特殊的感情。如果儿童半天读书半天在家，那安全有很大问题；孩子在家无人照管，家长上班绝对不会放心；各行各业都碰到这个问题，社会的稳定会受到影响。出于对事业的负责，我慷慨陈词，澄清利弊，以求得不从事教育工作的同志对教育的了解与理解。会上各抒己见，讨论热烈，民主气氛极浓。当时担任中共上海市委书记的江泽民同志在仔细听取大家意见的基础上，最后发表意见：立为议案，修改教育预算，增幅改为8%。这一意见获得绝大多数与会同志的赞同。如果不是在开会，我一定会高兴得叫起来。依法行政，市政府作出了榜样。那年教育预算执行的结果，增长幅度达13%，所有小学生都在全日制学校就读，接受党的阳光雨露的哺育。从这件事以后，我更加感受到人大代表肩负的千钧重担，因为他们享有参与立法、依法监督的神圣权利。

3. 祝愿再创辉煌[1]

在《人民教育》50周年华诞之际，我作为一名老教师，特致以衷心的祝贺。

《人民教育》是我们教师自己的杂志，它宣传教育法规，宣传国家的教育方针、政策，开辟多种论坛，开阔视野，活跃思维，及时报道教育教学先进典型、先进经验，及时反映全国各地教育改革动态，它是一部丰富的、充满时代气息的教育读本，我从中获得许多精神养料。有些文章我一而再、再而三地阅读，并联系自己的工作实践，明方向，找差距，订措施，振奋精神，苦干实干，努力创新。从这个方面说，这本读物是我教学生涯中的精神加油站，使我产生了不懈的动力。

[1] 本文发表于《人民教育》2000年第5期。

最令我难忘的是20世纪80年代后期《人民教育》杂志记者来我校采访时的情景。他们不是走马观花，只听学校负责人口头述说，而是住进学校，深入教师与学生当中，从早锻炼看到晚自修熄灯；从课堂看到操场、宿舍，看到课外活动；与师生座谈、交流，个别访问，深入实际，调查研究。这种眼睛向下、扎实工作的作风，深受师生欢迎，也深得师生好评。尤其难能可贵的是他们深入基层认真调研的作风，大大增加了通讯报道的可信度，使师生受到了教育。

来采访的同志思想的敏锐也令人敬佩。当时国家教委对师范教育抓得很紧，办师范学校的条件很有利，但由于社会上有不少因素的干扰，师范学校要办好，要办出上乘质量却非易事。于是我们分析了大气候、小环境等诸多有利与不利因素，认清现状，明确目标，展望未来，提出要抵御外面不良因素的浸染，首先是强内，狠抓学校内部的思想建设、道德建设，狠抓校风、教风、学风的建设。以“一身正气，为人师表”作为办学的精神支柱，以“两代师表一起抓”建设教师队伍和培养学生队伍。记者对我们的各种做法提出一系列问题，追根寻源，剖析得失。通过反复比较，反复捶打，我们更坚定了办学必须具备“三个制高点”的信念，即站在时代高度、战略高度和与发达国家基础教育竞争的高度来思考问题，指导行动，提高办学质量。窥一斑可见全豹。我们第二师范学校是一所普通的基层学校，《人民教育》记者花那么多的力气来调查、了解、总结、促进，从中可体会到这本杂志的编采人员对教育事业是何等的忠诚。

《人民教育》走过了50年不平凡的路，创造了不平凡的业绩。而今，科教兴国的战略思想日益深入人心，关心教育、支持教育的力度不断增强，教育事业前程似锦，祝愿《人民教育》在新的世纪里再创辉煌！

4. 教学生命的第二个春天[1]

经历过严寒，才真正感受到春天的温暖；经历过黑白颠倒，人性遭践踏，才真正体会到人的尊严的珍贵。

1977 年“四人帮”已粉碎，但套在教师头上的“两个估计”枷锁还未打开。出于十年“文化大革命”高压下的恐惧，许多教师不敢说，也不敢干，徘徊观望。我更是如此。曾被冠以“修正主义教育路线吹鼓手”罪名，一切语文教学活动，包括上公开课，个别指导学生，都是为这条路线卖命，当然只能噤声。平地一声春雷，这年 9 月邓小平同志发表了《教育战线的拨乱反正问题》的讲话，充分肯定了新中国成立后 17 年教育工作的成就。以推翻“两个估计”为教育战线拨乱反正和思想解放的突破口。这年深

[1] 本文发表于《中学语文教学》2008 年第 7 期。

秋，上海在文化广场召开了教育方面的千人大会。会上，我与另外三名教师发言，批判“两个估计”的错误，吐露压抑在胸中的真言。整个大会群情激愤。砸开了“两个估计”的锁链，教育的春天到来了。我和许多“文化大革命”中受迫害的教师一样，迎来了教学生命的第二个春天。

这年深秋，南京路上海医药商店 7 楼上海电视台教育演播分室第一次向全市直播中学教师向学生教授语文课的实况。演播教材由我自选，选的是高尔基的《海燕》。尽管从未面对过电视镜头，心里有些紧张，但由于有冲出“文化大革命”暴风雨的欢乐，心理上还是很从容。朗读、剖析、讨论，辅之以简明扼要的板书，学生十分投入，我也得心应手，进入忘我境地。当读到“它深信，乌云遮不住太阳——是的，遮不住的！”时大家群情振奋，语调高昂。自信、豪迈、欢乐洋溢其间，这似乎已不是高尔基的诗句，而是师生发自肺腑的心声。课在朗读全文后结束。有学生风趣地说：“我们刚从海边归来。”此时此刻我顿悟到：上课是用生命在歌唱！三尺讲台饱含无限爱，爱学生，爱未来，爱蕴含着灿烂中华文化的语文。教课不是当旁观的课文评论员，只有用生命编织的、从心底里流露出的歌，才动听、才感人，才会如清澈明净的泉水叮叮咚咚流入学生的心田。随后，我收到好多从上海、江苏、浙江等地的来信，这些收看电视的老师和我虽素昧平生，但心中表露的却是共同的心声：勇敢迎接暴风雨。课堂里春风拂面，教育的第二个春天到来了。

1979 年 12 月，中学语文教学研究会第一届年会在上海召开，好几位我仰慕已久的老专家叶圣陶、吕叔湘、张志公、蒋仲仁等参加盛会，并作了重要讲话。会后选举时因为我须参加刚恢复的市人民代表大会常委的选举工作只得缺席。没想到我这名教学第一线的普通教师竟然也被选为该会的副会长。能进入研究语文教学学术的殿堂，多了许多学习的机会，真是心存感激。

1980 年 8 月的暑假，我有幸参加了中学语文教学研究会在北戴河召开的座谈会。会前，苏灵扬同志与我深入探讨语文教学的目的与任务。她是资深的教育专家，有十分丰富的教育经验，第一次见到她，我有点拘谨。她亲切和蔼，话匣子一打开，滔滔不绝，不知不觉我就放松了下来。她反复强调语文学科重要，教好语文极其不易，要有功底，要有文化，言简意深，我一直记在心中。座谈会上，围绕语文教改，与会教师谈了不同的认识与做法：有以作文为中心安排教学，有以阅读领先、读写结合，有强调听说，以听说促读写等，各抒已见，百花齐放。我真切感受到许多优秀教师对语文教学的满腔热爱之情，由衷感谢中学语文教学研究会给我以启迪思维、博采众长的机会。根据会议安排，我也作了发言，阐明读与写、教与学、教文与育人的关系。

20 世纪 80 年代初，云南省中语会与四川省中语会相继成立，时任研究会秘书长的陈金明同志与我二人被邀请参加。云南省中语会成立大会上，全体与会教师那种全神贯注、对语文教学开创新局面的渴望令人感动。会上，我就语文教改做了长篇发言，会后老师们围着我问这问那，对语文教学的钟情与热爱构建了一道美丽的风景线，我至今难以忘怀。四川省中语会成立的场景同样激动人心。开会的大礼堂台上摆满了当时最先进的电器设备，参加会议的教师代表济济一堂，挤满了礼堂，只得对外拉了许多根线。那种人气，那种追求，那种精神，是教育中极其宝贵的财富。这哪里是邀我去作报告？分明是让我接受一次难得的教育！分组讨论时，好些资深的老师对教学中的诸多问题发表了真知灼见，使我受益匪浅。

20 世纪 80 年代初，在武汉成立中国语言学会。上海语文学会派 5 人参加，会长罗竹风同志带队，我这名中学教师也算是其中一个。这个会议全国语言学家云集，学术流派纷呈，哪有中学语文教师的份儿？现在想来，全是前辈罗竹风同志对后辈的提携。他十分尊重中小学教师，认为中小学教育意义重大。会开幕了，一位位大语言学家步入会场，我目不转睛地看着他们，其中有些是我心仪已久的学者，如王力教授。读他的《古代汉语》，我常会激动不已。会议使我大开眼界，不少专家对自己构建的语法体系说起来如数家珍，爱护备至，那种投入，那种沉浸，那种执着，那种神往，令人肃然起敬。其中谈到初中暂拟语法体系的问题，评是说非，争论热烈，最后的结论是非改不可。

1981 年 7 月在哈尔滨召开全国语法和语法教学讨论会，研究中学教学语法的问题，语言界许多大专家也莅临了会议。会上，又是热烈的学术争论。我是来自教学第一线的，张志公先生嘱咐我紧扣第一线实际情况，谈自己的看法。发言中我虽强调语法要学，但要简明扼要，便于学生掌握，与学术研究讲究系统与精细要严格区别。中学课堂教学无深奥的学问，但必须用明确的语言把概念阐述清楚，切不可含含糊糊。两次参加学术会议，深感语法教材编写极其不易，倾注了很多专家对我们基础教育的关注。

80年代中期，国家教育委员会基础教育司组织我们在山东长岛审查中学语文教材。多样的自编教材是解放思想的成果，有以主题为单元的，有以语文知识为主线的，有以写作为中心的，有以阅读能力培养为线索贯串的。印刷的书本虽不精美，但涌动着的是对语文学科的挚爱深情与探索追求。我一本本认真地阅读，比较对照，剖析各类教材的利弊得失，联系教学实际，深入思考，受益良多。我领悟到：教学实践是检验编写指导思想的试金石，只要科学、合理，教材就会有生命力。与此同时，我也深深感受到从事这项工作要有开放与宽容的心态，切不可固执己见，更不能意气用事。只有百花齐放，才会春色满园。后来有机会参加初中与高中语文教学大纲以及根据教学大纲编写的语文教材审查工作，我总是抱着以学为先、积极配合的态度。一纲多本，人气旺盛，互相促进，语文教学勃勃有生机。

最难忘的是80年代教学第一线风起云涌的语文教改浪潮，百舸争流，繁花似锦。我也积极投身其中，一方面孜孜矻矻进行实践，开展研究，一方面向同行专家学习，博采众长，丰富自己，弥补不足。60年代初，我从改革教学方法开始，力求抓精要、去烦琐，抓实效、去形式，克服只见书本不见人的毛病。“文化大革命”中断裂，未作任何实验。获得第二次解放，可以放手进行改革，岂不快哉？我是一名教师，心中最为重要的是学生，生命中最大的事就是一个心眼儿为学生，让生命和育人的使命结伴同行。

要提高语文教学质量，关键在调动学生学习的内驱动力。学生有学习语文的主动性、积极性，做学习的主人，才能真正在学习过程中积极思维，全神贯注，用心听说读写，扎实而有效地提高理解与运用祖国语言文字的能力。为此，我在激发学生学习语文兴趣上下功夫，课内课外采用多种方法启发、诱导、培养，引领他们热爱中华民族汉语言的瑰丽神奇，体会经典文章的奇妙无比，深入文本中辨认字词，揣摩语言，把握文脉，体悟思想，提高语言文化素养。

我追求的目标是把每一堂课上好，既一清如水，又情趣盎然。这倒不是因为每堂课几乎都有老师来听，少则二三十人，多则几百人，而是为了培养学生对语文学习强烈的求知欲，滋生学习成就感、满足感、幸福感。为此，我研究课堂教学结构，探讨如何最大限度地调动每名学生学习语文的积极性，做到在有限的课堂教学时间里眼看，耳听，脑想，口说，手写。在教学中不断实验、改进，把教学中师生之间的线性往复模式转换为网络式结构。“教”作用于全体学生，即使提问，也设计得深浅有层次；“学”反馈于“教”，学生与学生之间切磋琢磨，交流促进。教师不越俎代庖，代替学生学习，而是组织、引导、启发、点拨。各个层面的学生积极性发挥了，课堂上的发光体就不是教师一人，而是能者为师。学生思想高度集中，常会超水平发挥，冒出惊人之言，闪烁智慧的火花。我及时抓住，在全班点燃，收到了水涨船高的效果。我从不到外地巡回上课，所以全国各地来听课的老师特别多。课后，他们经常问我的一句话是：“你们学生发言怎么旁若无人?”我总重复回答:“他们习惯了,靠的是自信。”

有些学生语文能力提高不明显,究其原因往往不在语言训练比别的学生少,而是思维跟不上。比如提问题,他们不是不想提,而是提不出,发现不了问题。不会思考大大阻碍了他们学习的步伐。为此,我探讨在学生进行语言训练的同时,如何大力发展他们思维的能力。“学而不思则罔”,思维训练和语言训练应放在同等重要的位置。思维是外界事物概括的、间接的反映,思维是借助语言来实现的。在教学过程中要有目的、有意识地促使学生生疑、质疑、解疑,再生疑、再质疑、再解疑,层层推进,在辨疑、析疑的过程中,掌握知识,获得能力。教学中精心设计,根据教学目的要求选用恰当的“钥匙”,不断拧紧学生思维的“发条”,使它转动起来,启发爱思考的学生多思、深思,不会思考的学生会思、爱思。耐心地、细致地、坚持不懈地培养,学生思维日益活跃,语言的理解与使用明显增添色彩。

在同一课时内,如何让学生多方面获得培养,提高学习的综合效益,是我钻研80年代、90年代语文教学大纲不断深思的问题。大纲的“教学目的”用两个句子表述。第一个句子是学习语言文字、培养语文能力方面的,第二个句子是发展智力、培养审美情趣和爱国主义精神。在教学实践中,往往把前者看做是硬任务,对后者并不作精心思考,随意性大,甚至丢在一边。其实,前后两句并非是不相干的两件事,而是糅合在一起的,“在教学过程中”把它们紧密融为一体了。形式和内容是一个统一体的两个侧面,不可分割。缘文解道,因道释文,语言文字的表现力、生命力才得以充分展现，学生思想情操、价值判断也可受到良好的熏陶。基于这样的认识，我在教学实践中探索课的立体化和多功能。在单位教学时间里提高学生学习语文的综合效益，全面落实教学大纲中的“教学目的”。以语言文字的知识传授、能力培养为核心，融入智力发展和习惯养成，思想情操的熏陶、感染。上课不是只抓知识、能力一个维度，而是多维培养，将教育功能、审美功能、发展功能与实用功能融为一体，有效提高学生的语文素养。

在应试教育绝对强势，一课一练、题海题库甚嚣尘上之时，语文教学逐步异化。初三、高三毕业班以题代教，以题代读代写，已司空见惯。许多文辞优美的文章剖分肢解，作为训练的例子，学生在知、情、意方面有多少收获要打个问号。学习兴趣、学习热情下降，语文能力与素养也随之下降，距离语文教学大纲的要求甚远。面对这种情况，在研究学生现状及学习国内外语言学科发展进步成果的基础上，我较为深入地思考主宰我们教学的语文教育观念，尤其是语文教育观念中最为核心的性质观。经过多年研讨，我认识到：语言不是单纯的载体，而是意识、思维、心灵、情感、人格的形成者。它不但有自然代码的性质，而且具有文化代码的性质；不但具有鲜明的工具属性，而且具有鲜明的人文属性。汉语言文字不是单纯的符号系统，它有深厚的文化历史积淀和文化心理特征。语文的基本特点应是工具性和人文性的统一。没有人文，就没有语言这个工具；舍弃人文，就无法掌握这个工具。工具性和人文性是一个统一体的两个侧面，不可分割。由于在这方面作了较多思考，在教学实践中持续不断地探索，并撰文阐明自己的观点，因而读到《语文课程标准》有关这方面的表述时，倍感亲切。

观点可以讨论，认识可以深化，改革在实施过程中可以不断完善，但语文教学在努力前进，这是无可辩驳的事实。

数十年来，我一直是在教学第一线跌打滚爬的普通教师。无高深理论，无震人耳鼓的口号，上的是常态课，说的是常识性的话，尽心尽力跟上语文教学前进的步伐，让生命绽开春天的光彩。

5. 铭心的记忆，不解的情缘[1]

《语文学习》创刊三十周年，我这名老教师向它致以衷心的祝贺。在这喜庆的日子里，记忆的闸门不由自主地打开，往事不断浮现在眼前。

那是整整三十年前的事。粉碎“四人帮”，教育获得第二次解放。师生对知识的渴求与对教育质量提高的期盼遍及全国。语文教师对提高学生语文水平的途径与方法各抒己见，见解纷呈。

在《语文学习》编辑部召开的一次大型座谈会上，就语文教学理念与实践的问题，讨论热烈，群情振奋。有一种看法逐步占压倒性优势，简言之就是：语文教学不能讲思想教育，一讲就必定降低教学质量，削弱语文能力的训练。发表这种意见的教师的心情，我完全可以理解。“文化大革命”期间，一切以阶级斗争为

[1] 本文发表于《语文学习》2009 年第 10 期。

纲，摧残文化教育，害得我们苦不堪言，因而一提到“思想教育”就谈虎色变。其实，学科教学中对学生的教育与“文化大革命”中打着旗号整人害人性质迥异，无任何可比之处。学科教学不能与人的培养脱离。学生不可能自然成才，总要靠教育，而学科教学是重要的不可替代的教育载体，抽掉了教学的教育性，教学就失去了灵魂。

基于这样的认识，我阐述了自己的教学体会：既教文，又教人，把思想教育渗透到语文知识教学与语文能力训练之中，使学生的思想情操和理解与运用祖国语言文字的能力获得双提高。会后，当时的市教育局语文教研员杨质彬同志用深沉的四川普通话对我说：“这才叫语文！丢掉了情和意，表什么达啥子啊！”于是，我就写了篇《既教文，又教人》的短文，刊登在《语文学习》上。不久，收到了时任人民教育出版社副总编辑刘国正同志的来信，称赞我这篇文章切中时弊。随后，又陆续收到外地一些语文教师的信函，探讨语文教学诸多问题。一篇短文如此传播，可见《语文学习》在当时影响之大。许多语文教师喜爱《语文学习》，把她作为学习中学语文教学鲜活思想与生动经验的好教材。

三十年岁月不寻常。在语文教学发展历程中，每个关键时刻，《语文学习》总能集语文专家与第一线教师的智慧，发表有分量的文章，醒人耳目，引领前进的步伐；有的做法更是开风气之先，给人以创新的惊喜。刊物与语文教师结下了不解的情缘，我这名教师从中深受教益。在她诞生三十周年之际，向尽心尽力为她成长与发展的操劳者奉上我深深的敬意与诚挚的感激。

6.《陶行知箴言》序[1]

陶行知先生是伟大的人民教育家，他普及教育的“基石”思想，“爱满天下”的博大胸怀，“千教万教教人求真，千学万学学做真人”的真知灼见，“捧着一颗心来，不带半根草去”的献身精神，长期以来一直照耀着教育领域，给予教育工作者办好教育的不竭动力，给予广大教师丰富的精神哺育。

我是学教育的，毕业论文就是写的陶行知先生“生活教育”的学习与研究。那是新中国成立初期，学校的图书资料比较匮乏，自己的书更少，要作一点较为深入的学习与研究，困难不小。即使如此，只要接触陶先生教育思想的核心，我就被深深感动。“生活即教育”，阐述教育与实际生活的相互关系，反对教育脱离生

---

[1] 本文是为《陶行知箴言》写的序，上海教育出版社2011年出版。

活；“社会即学校”，阐述了生活教育理论的基本内容与范围，主张把学校的教育延伸到大自然、社会中，使社会和学校合一，使广大劳动群众都有受教育的机会；“教学做合一”是生活教育理论中的教育方法论的基础，“教学做是一件事”，“要在做上教，在做上学”。这些充满智慧、充满理想色彩的语言，启发我深思教育真谛，深思教师肩负的重任，深思教育学生求知、做人的途径与方法。陶行知先生为社会、为教育、为民众的献身精神永远是我们广大教师的光辉榜样。

《陶行知箴言》的编者叶良骏同志是陶行知先生创建的行知中学（育才学校）的早期毕业生，是陶门的再传弟子。她在上海市陶行知纪念馆工作时，每年我都要带领新考入我校的师范生到纪念馆参观凭吊，聆听她讲述陶行知先生的教育思想和光辉业绩。她对陶先生的崇敬、虔诚，对陶先生的为人处世如数家珍，对陶先生的爱国思想、崇高精神由衷礼赞，常使我们师生感动不已，深受教育。虽说这些讲述距今已二十多年，但那满怀激情的生动语言仍常在耳畔回响。听说她还不辞辛劳，奔波全国各地，宣讲陶行知先生的教育思想和爱国精神，播撒敬陶、学陶、爱陶的种子。这种执着的精神可敬可佩。

叶良骏同志不仅作报告宣讲陶行知先生的业绩与精神，而且先后编写了《陶行知教育思想论述》《陶行知的故事》《陶行知诗文故事选》等书，向教师、向青少年宣传教育之道、做人之道。正值陶行知先生诞辰120周年，她又编写了《陶行知箴言》以表缅怀纪念的赤诚。这本编写的箴言不局限在谈教育的层面，涉及政治、文化、艺术、做人等诸多方面。从这些箴言中，我们可以感受到陶行知先生对苦难中的祖国和人民炽热的爱，感受到他对当时社会的深重忧思，对科学建国的高瞻远瞩，对自由平等的向往，对教育立国的大声疾呼，对旧教育及考试制度的深恶痛绝，对改造乡村的亲身实践，对青年、对孩子们的了解、爱护……从这些箴言中，我们深深感受到这位“中国性、平民性很丰富的”堂堂正正的中国人捧出的赤诚之心。

阅读这本书，能提升思想，净化感情，以陶行知先生爱憎分明的伟大一生为光辉榜样，面对纷繁复杂的社会现象，能“必先养皑皑冰雪之心志”，有“推己及人的恕道和大公无我的容量”，坚守做人之道，坚守教育之道，爱岗敬业，为中华民族的伟大复兴奉献力量。

叶良骏同志又为师陶、学陶、研陶做了一件很有意义的事，为此不揣浅陋，做短序以表敬意。

7. 课堂春秋忆恩师[1]

这是赵继武老师在教李密的《陈情表》。教科书他一眼不看，脑子里好像刻着这篇文章，逐字逐句讲解。讲到“外无期功强近之亲，内无应门五尺之僮，茕茕孑立，形影相吊”，他右手食指摇晃着，大声说，“茕，茕，不能读错，也不能写错”，接着，在黑板上写了大大的“茕”，并叮嘱：“和‘贫穷’的‘穷’一个读音，字的下面是‘卂’，不能看走眼，最后一笔不是撇，是竖，笔直的，‘穷’，要站得笔直。”说着，做了个笔直的姿势。好生动啊，我一下子就记住了。课读读讲讲，委婉恳切，把祖孙相依为命的亲情表达得淋漓尽致，我们这些学生不知不觉进入了文章的情感之中，深受触动。

---

[1] 本文发表于《思想理论教育》2011 年第 9 期。

这不是一般的传授知识，而是老师用心在教我们，给我们以精神上的哺育。

那时，教师穷，学生穷，缺的是物质，志气却没少。抗日战争胜利，1946 年 2 月，省立镇江中学复校。名为省重点学府，但原校舍被毁，只得在日寇养马场复校。此处环境破烂，污秽不堪，经月余的清理修缮，才略似校园。学校在七里甸，十分荒凉，与市区隔绝，学生皆住读。无电灯照明，靠小煤油灯；无自来水，靠一台手工泵抽取地下水。住的是原日本士兵住的一间间小房间。房间里无床，只有一个榻榻米（用木板搭的高两尺的大方块），10 个女同学一间，一人一张小席子，排成两排，铺在塌塌米上。空间很小，睡觉必须文雅，稍不留心就会“侵占”别人的“床铺”。房间里除榻榻米外一无所有，面盆、漱口杯都放在泥地上。伙食，谈不上有营养，能填饱肚子就不错了。食堂里只有几张破桌子，一律站着吃饭。

虽然条件艰苦，但大家并不以为苦，因为学校许多优秀教师的课教得十分精彩，对学生有巨大的吸引力。他们铆足了劲儿，要在日寇投降、山河光复之后，办好学校，为国家培养栋梁之才。他们黎明即起，与学生一起参加晨会；夜晚，到一个个教室巡回晚自习，为学生解答疑难。夙兴夜寐，十分辛劳。老师不仅创建了良好的教风，也引领学生创建了良好的学风。别的且不说，单是晚自习就是学校的一景。教室里每张课桌上一盏煤油灯，两个同学合用。尽管煤油灯大大小小、高高低低有差别，但排列整齐、星星点点，远远望去，简直有纳兰性德《长相思》中“夜深千帐灯”的味道。年轻学生伏案读书求知的背影和老师轻轻走动悉心指导的身影交织成“一切为民族”的生命交响曲，那么生机蓬勃，那么充满希望。

教中外地理的严老师，学生称他为“活地图”。他手拿粉笔在黑板上一钩，地界、山脉、河流、城市、交通线……再配以文字、数据说明，极其形象生动，久久难忘。数学毛老师一边板书、一边用英语讲述，推理之严谨令人折服，他那“……is equal to zero”的语调成为他的代号。

国文老师赵继武特别令我佩服，他是著名国学大师黄侃的弟子，文学修养深厚，十分儒雅，无学究气。他上课别说备课讲义没有，有时连课本都不带，只拿两支粉笔，学问全在他肚子里，上课时只要调动情绪就全出来了。他教诗词更是一绝。不同风格的诗词到了他的嘴里都会别具风采，余音缭绕。有人说，人生最快意的事之一就是用家乡音调引吭朗诵诗词。他的家乡话很悦耳，抑扬顿挫，富于音乐感，尤其读诗词，颇具歌唱的韵味。教学辛弃疾的《南乡子·登京口北固亭有怀》，“何处望神州？满眼风光北固楼。千古兴亡多少事？悠悠，不尽长江滚滚流……”老师朗诵时头与肩膀左右摇摆着，真是慷慨悲歌。我们这些做学生的，忧国忧民的情怀油然而生。此后，每逢假日三五同学登上北固楼，总是感慨万千，抒发“生子当如孙仲谋”的宏愿。这首词我至今还能背得滚瓜烂熟，从此，我也深深爱上了辛弃疾的词。

赵老师从不训斥学生，总是和颜悦色地谈自己的看法、想法，从不把自己的意见强加于人。对待同学中的突发事件，处理的艺术更是令人钦佩。班级里调皮捣蛋的男生总要制造点小事端。有一次上作文课，有个同学恶作剧，偷偷地把我的凳子搬走，我十分生气，不去找，就站着写。那次是自由命题要求写“丙戌重阳”，记不清楚了，但清晰地记得我针对这件事大发议论。其实，事属鸡毛蒜皮，没什么了不起，而那时我竟不知哪里来的那么多意气，那么多文思，笔端汩汩滔滔，写下了一篇类似“檄文”的东西。写好一看，觉得不妙，大概要被老师责怪了。出乎意料的是老师大为赞赏，风趣地批道：“……于生失座，成此佳作，遂使孟嘉落帽的事不专于前矣！”妙笔轻点，化解了矛盾，慰藉和安顿了我这颗少年气盛的心。那种宽容，那种用典故、用文化底蕴循循诱导的艺术，我永生难忘。三十五年后，与同班同学忆及此事时，我情不自禁地写下了“草‘檄’何曾两腿麻，灌夫骂座笔生花。鸡虫得失浑闲事，赢取先生说孟嘉”。

教师教育学生的最高境界大概是不摆教育人的架势，而是自然的、质朴的、从心底里流淌出做人的道理与知识的传授、能力的培养融为一体，课内课外播撒到学生心田，春风化雨，滋养心灵，学生品尝到成长的喜悦，深切感受到成长的幸福。赵继武老师为我播下了成长的良种，师恩浩荡，刻骨铭心。

8. 复旦精神谱就我生命的底色[1]

我这名已年过八十的校友今日能获得“第八届复旦大学校长奖”的殊荣，感到无上的光荣与幸福。

大学毕业离开母校走上工作岗位已整整一个甲子。岁月流逝，六十年一晃而过，但当年复旦许多老师上课的精彩情景仍历历在目。子彬院、A 教学楼、B 教学楼，我们奔跑着去上课，抢座位，对知识的渴求难以言表。至今，许多老师的谆谆教导仍常在耳畔回响、萦绕。母校的培育之恩刻骨铭心，永生难忘。特别是母校博学笃志、切问近思的复旦精神谱就了我生命的底色，激励我一辈子锐意进取，奋勇向前，将自己的生命和教书育人的使命结伴同行。

---

[1] 本文 2011 年 9 月 29 日发表于《复旦学报》，是在第八届校长奖上的发言稿。

人无志不立。人有了脊梁骨才能直立行走。人没有志向，没有理想信念，没有精神支柱，就不可能成为名副其实的人，脱离卑琐的动物状态。复旦的精神，“笃志”，教育了我四年。志，要一心一意地立，专心致志地立。在复旦精神的感召下，在许多优秀老师的教育下，我立下了这样的志向：一辈子从事基础教育，做人师，做一名合格的人师。这个“格”，不是打分，不是量化；这个“格”，是国家的期望，人民的嘱托。我做老师，老百姓把孩子交给我，我就要让党和国家放心，要让千家万户老百姓放心。我怎样才能不做知识的二传手，而是人师呢？智慧要如泉水一样喷涌而出，思想言行能为别人做榜样的德才兼备的人，方能为人师。为此，我刻苦修炼，要求学生做到的自己一定率先做到。教师对学生的影响不可能是零，不是正面影响，就是负面影响，为了孩子的健康成长，我必须努力做到德才兼备，带领学生打好做人的基础，有一定的文化积淀。基础教育打得好，高等教育就能有万丈高楼。

我带过中学各个年级，各个层面的学生也都教过，特别是“文化大革命”期间，说我是“修正主义教育路线吹鼓手”，除挨斗挨批，还要罚我带差班差年级。我都努力把他们带好，包括被家长赶出去的孩子。这是复旦精神“笃志”要我做的事情，是党和国家交给我的任务，因为教师一个肩膀挑着学生的现在，一个肩膀挑着国家的未来。今日的教育质量，就是明天的国民素质。

教育教学工作中碰到许多困难，有的时候真是问题成堆，怎么从困境中走出来，克服那些困难？又是复旦精神“博学”指引我，使我开了窍。做老师，要提高教育教学的有效性，身上必须有时代的年轮，跟随着时代前进。为此，我不断学习，努力学习，摆脱无知，增长才干。有人问我：你做了一辈子老师，有什么经验？我告诉他：与其说我一辈子做教师，不如说我一辈子学做教师。为了可爱的学生，为了他们的成长、成人，我一辈子在学。怎么立德，怎么修身，怎么求知，怎样才会有比较丰厚的文化积淀，怎样才能有娴熟的教学艺术。

孩子只有一个青春，青春是无价宝。每个学生都是国家的宝贝，家庭的宝贝，工作中我不敢有丝毫的懈怠。复旦精神中的“切问而近思”常给我鞭策。我经常拷问自己的灵魂：“你尽责了没有？尽心了没有？你耽误了他的青春没有？”中学生进学校求知，一天要上七八节课，生命的大量时间是在课堂上度过的，因此，课的质量会影响学生生命的质量。课如果只教在课堂上，教在黑板上，就会随着你声波的消逝而销声匿迹。课要教到学生身上，教到学生心中，成为他优良素质的因子，才尽到了责任。因此，每堂课下来，我都要反思，寻找和记下自己教学的不足、缺陷乃至错误，探求学科教学的规律，探求育人的规律。我的几百万字的文章、书籍，如《于漪文集》《于漪新世纪教育论丛》都是反思教学、探索学科性质功能、探求教育教学规律的表述。正如罗曼·罗兰所说：“累累的创伤，就是生命给你的最好的东西，因为它标志着你前进的步伐。”我做了一辈子的教师，上了近两千节的公开课，反思下来，没有一节十全十美的课，有的还创伤累累，为此，我必须不断学习，刻苦学习，这种永不言败的内驱动力来自复旦精神的支持与哺育。

基础教育不像高等教育尖端，但是基础教育是每个孩子都必须接受的，关系国民素质的提升。我们中华民族的伟大复兴，不仅要靠物质文明，还要靠精神文明，国民素质的提高至关重要。

我一辈子承受母校的教育之恩，难以言说。现在尽管我已82岁，还在做些工作，为审查上海中小学12个年级的语文教材，基础型的、拓展型的、教学参考、初审、复审、复核，来来回回多达几百次。又为基础教育培养中青年骨干教师，教育的希望在中青年教师身上，一名优秀教师，就能恩泽莘莘学子。为此，我尽心尽力带教，带出了三代特级教师团队。我有限的知识、有限的精力能为基础教育做出奉献，是我此生荣幸。

即使到现在，我仍然承受着母校的教育之恩。报纸上、校刊上、校友杂志上，只要有老师的发言，校长的讲话，我都会认真学习，特别是一些育人的真知灼见，阅读时总抑制不住心中的激动。高等教育确实应该是时代的良知，智能的火把，是自强不息、追求卓越的教育精神的代表。衷心祝愿学校在新时代弘扬复旦优秀传统，大力开拓创新，为国家培养各个领域的优秀人才、杰出人才作出更大贡献。

9. 追忆“夜深千帐灯”[1]

年华似流水，转眼间学生时代的岁月已流逝一个甲子。许多事烟消云散，难以辨踪，但童年编织生活花环的美梦、中学求知跋涉的艰辛与欢乐，仍常在眼前跳跃，形成永恒的怀念。

学生时代的生活乐趣，很大程度来自读书。书，带给我无穷无尽的神奇，让我乘着想象的翅膀上天入地地遨游。其中引导我编织许多美丽生活花环的，竟是一本使人看不上眼的石印本《千家诗》。《千家诗》中很大部分诗歌歌咏祖国风物，按春夏秋冬时序编排，翻开书往下念，四季风光就活生生展现在眼前：“万紫千红总是春”“五月榴花照眼明”“青女素娥俱耐冷，月中霜里斗婵娟”“梅雪争春未肯降，骚人阁笔费评章”……吟诵这些诗句，

[1] 本文发表于《语文世界》2012 年第 4 期。

春花秋月，夏云冬雪，一年四季都沉浸在诗的意境之中。诗句中丰富的颜色给生活涂上了绚丽的色彩："红紫芳菲""橙黄橘绿""黄鹂鸣翠柳""白鹭上青天"，令人眼花缭乱，心旷神怡。脑海里常常浮现五彩缤纷的世界，沉浸在美的享受中，好不惬意。

暮春三月，江南草长，群莺乱飞之时，三五个同学总要去踏青。周六下午准会在田野里撒腿跑一阵。菜花黄了，满视野清香扑鼻，少不得信口吟诵几句"莫问早行奇绝处，四方八面野香来""儿童急走追黄蝶，飞入菜花无处寻"，此时就不仅是《千家诗》了，俨然宋人杨万里就在身边。

中学求学就不再是这种神仙般的日子，而是艰苦备尝。日寇铁蹄蹂躏我大好河山整整八年，民不聊生，满目疮痍。且不说逃难、辍学、辗转求学之苦，就是抗战胜利后求学也是十分艰辛。学校名为省重点学府，但原校舍被毁，只得在日寇养马场复校。此处环境破烂、污秽、荒凉，与市区隔绝。学生皆住读。无电灯照明，靠小煤油灯；无自来水，靠一台手工泵抽取地下水。无床，只有一个榻榻米（木板搭的高两尺的大方块）。10 个女同学一间，一人一张小席子，排成两排，铺在上面。无桌子、板凳，面盆、漱口杯都放在泥地上。

榻榻米爬上蚂蚁是常事，天热少不了蟑螂的光顾。梅雨季节，连绵阴雨，就会出现如杜甫《秋述》文中所说的"多雨生鱼，青苔及榻"的状况。天酷热，蛇虫百脚也会显威。有一天下晚自习，回宿舍脱鞋上榻榻米，一脚踩在蜈蚣上，它狠狠咬了我一口，脚立即肿了起来，疼得难以忍受。药无处寻，有同学突然想到鸡和蜈蚣是死对头，把鸡涎滴到伤口上就能消炎止疼。哪儿有鸡呢？听说伙房里有个伙夫养了一只鸡，于是几个同学架着我到伙夫家，敲门，抓鸡，把鸡的嘴硬掰开，伙夫用手指挖出鸡涎，涂在咬的地方。校园里黑灯瞎火，人喊，鸡叫，折腾了半夜。一碰到不测之事，同学中总有好汉站出来帮忙，一个个讲义气，共患难，真是有情有义。

虽然物质生活极其艰苦，食不果腹乃常事，但精神追求的充实与快乐，洋溢教室，洋溢校园。

听老师讲课简直是一种享受。教中外地理的严老师，我们称他为“活地图”。他用粉笔在黑板上一钩，地界、山脉、河流、城市、交通线……再配以文字、数据说明，极其形象生动，久久难忘。数学毛老师一边板书、一边用英语讲述，推理之严谨令人折服。知识大门打开，理解、掌握某一定理某一定律，悟到某篇文章某个问题真谛时，自控能力好的同学会莞尔一笑，无所顾忌的就手舞足蹈，千姿百态，生机勃勃。

教国文的赵老师特别令我佩服，他是著名国学大师黄侃的弟子，文学修养深厚，十分儒雅。他教课不讲究方法，经常不是眼睛看着天花板，就是朝窗外看，我们女同学少，总是靠边坐一排，他从不管我们。奇怪的是大家都全神贯注，生怕他说的话被遗漏。

赵老师教诗词更是一绝，不同风格的诗词到了他的嘴里都会别具风采，余音缭绕。他吟诵李后主的《虞美人》“春花秋月何时了，往事知多少……”那种故国之思，凄楚之情，随着音调的传播，弥散在教室里，令人心酸心颤。他教完，我们就背出来了，那种感染力，难以言表。教辛弃疾的《南乡子·登京口北固亭有怀》却是另一番景象。此后我每次登上满眼风光的北固楼，望着滚滚长江水，回顾千古兴亡事，总是感慨万千，忧国忧民的思想充盈胸际。

虽然物质条件极其艰苦，但志气却没少。不说别的，单是晚自习就是动人的风景。年轻学生伏案读书求知的背影和老师轻轻走动悉心指导的身影交织成“一切为民族”的生命交响曲，那么生机蓬勃，那么充满希望。

“一切为民族”是母校校训，它激励我在求学生涯中笑迎困难，孜孜矻矻，努力进取。这五个大字掷地有声，镌刻在我心中，成为我铸造师魂的宝贵基因。

10. 化作春泥更护花[1]

耄耋之年的吕型伟同志仙逝，走完了他一直眷恋的七十余载的教育人生，给基础教育留下了宝贵的精神财富，启迪后辈不尽的思考。

我见到吕型伟同志是在粉碎“四人帮”、结束“文化大革命”的20世纪70年代末。那时候，信息渠道不像今日通畅、快捷。我是一名草根教师，学校地处贫穷的工人区，又名不见经传，没有机会直接聆听市教育局有关的教育教学报告。60年代初，育才中学教学改革风起云涌，蓬勃发展，在全市乃至全国产生很大影响，我这名年轻教师积极争取，才有机会到育才中学等名校听课，参加一些教学研究活动，参加孙兰局长召开的小型青年教师座谈

[1] 本文发表于《思想理论教育》2012年第18期。

会。那时吕型伟同志已调至北京工作，未能见到。

尽管未直接聆听指导与教诲，但他对语文教学的看法已深入我的心中。因工作需要，我先教历史，再又改行教语文。说实在的，我非中文系科班出身，教语文碰到许多困难。究竟如何切实提高语文教学质量，使学生真正具有理解和运用祖国语言文字的能力，一直是我朝思暮想须破解的难题。切入口在哪里？怎样突破？语文界众说纷纭。此时，吕型伟同志对语文教学提出了八个字：字、词、句、篇、语、修、逻、文。后来被语文教师称之为“八字宪法”。现在看来，就是明确了语文教学的内容，不要为一篇篇课文所局囿，为教课文而课文，须教字、词、句等语言常识，须教文章的篇章结构，还须教些语法、修辞、逻辑及文学知识。当时，给我最深的启发是：语文是一门综合性很强的学科，须有整体意识，单打一、支离破碎，不可能切实提高教学质量；尽管综合性很强，但字、词、句是语文教学的原点，以此为切入口，既能深入底里，又能纵横驰骋。随着课程教学改革的深入，尽管人们对语文学科的性质、目的、任务、功能等的认识大大向前发展，但对当时处于教学困惑中的年轻教师而言，“八字宪法”的提出无疑是一盏指路明灯。

吕型伟同志为基础教育的地位、质量、发展，一辈子鼓与呼，并数十年如一日身体力行，感人事迹甚多，我眼见耳闻，亲身经历到的就不少。

在那个“知识越多越反动”的荒唐年代，教育被推向苦难的深渊，教师头上戴的是甩不掉的“臭老九”帽子。十年浩劫后，教育的问题成堆。教育究竟怎样拨乱反正，怎样建立正常的秩序，重拾办学校教育的信心？吕型伟同志专门撰文，强调要造舆论，大力宣传教育的重要性，具体分析上海教育的优势与劣势，阐述不能把教育当作消费事业，要重视智力投资，培养人才。鼓励大家因地制宜，想办法争取各方面的支持，办好教育。许多地区、许多学校受到鼓舞，想方设法办好学校，短短几年，教育就出现了新的面貌。

工读学校的创办确实是好事一桩，它既挽救了有轻微犯罪行为的中小学生，又减少了普通中小学校的压力，为创造学校稳定的教育秩序提供了重要保障。由于十年浩劫中打、砸、抢的恶劣影响，由于读书无用论的泛滥，由于原本的社会秩序被摧毁，许多方面都处在无法无天的状况，许多孩子生下来就未能受到良好的教育。又由于家庭和周边环境的种种影响，有些学生误入了犯罪歧路。当时，我是市人大代表、教科文卫委员会的委员，周谷城教授是我们委员会的主任委员、市人大常委会副主任，我们多次讨论青少年犯罪问题，并寻求解决的途径。教科文卫委员会还组织我和毛蓓蕾等同志到很多中小学校调研，深入了解青少年学生的犯罪情况，了解犯罪背景及成因，寻求对策。也就在这个时期，吕型伟同志提出如何看待学生的问题，反对简单地将有轻微犯罪行为的中小学生推给政法、公安部门处理的做法，主张办工读学校，进行教育挽救。在他的建议下，上海办了多所工读学校，根据教育对象实际，开设多门课程，制定合适的管理规章，以治病救人的原则教育失足者。经过多年努力，青少年犯罪率明显下降，收到了显著效果。唯有对学生的仁者之心，才会想出如此的妙招。

20世纪80年代中后期，教育质量评价的问题困扰着许多地区从事教育的同志。质量评价似乎只有一把尺子，而这把尺子又追溯到我们的教育计划、课堂设置、教学大纲与教材编写。那时，教育部基础教育司首先尝试在“一纲多本”上突破。我清晰地记得，基础教育司组织了全国好些中学语文方面的专家，对各省市报送全国的六套中学语文教材进行评审。当时全国没有统一的语文教学大纲，报上的六套教材各有不同的思路、不同的结构，虽质量上有差异，但姿态多样、形式新颖，给人以生机勃勃的兴奋感。这次山东省长岛会议上大家畅所欲言，觉得从东海之滨到青藏高原各学科只用一套教材的时代即将结束，迎来的必将是解放思想、从实际出发编写教材百花齐放的春天。吕型伟同志不仅看到了这一点，而且思想更为激进，他认为实行“一纲一本”高度统一的制度不可取，应在统一方针的指导下，采取“多纲多本”的制度。我比较保守，在计划经济模式下形成的思维习惯使我认为“一纲多本”的突破已有大进展，“多纲多本”总得一步步来吧。事实证明，吕型伟同志的看法有前瞻性，他明确提出要允许并鼓励各省市自编教材，中央可加强宏观指导，并建立全国的审定制度。基础教育要地方化与多样化。由于这个主张有利于同时调动中央与地方的积极性，释放地方同志办好教育的才能，因而获得了认可。上海一期课程改革的实施热火朝天，已远远超越学科“多纲多本”的范畴，在以学生为主体，注意学生个性发展的高度上攀登了一大步。

20 世纪 90 年代开会，吕型伟同志谈得最多的是“三个面向”。尽管会议的内容不同，但他总要提邓小平“三个面向”的指示。他说，作为教育工作者必须有教育敏感，“三个面向”不能只看做是题词，而是教育改革的方向，要宣传，要真干、实干。他说，1983 年，通过拨乱反正，教育的正常秩序已经恢复，人们在思考教育前进的方向，邓小平同志“教育要面向现代化、面向世界、面向未来”的题词，就是把教育放到战略重点地位，为实现社会主义现代化这个总目标服务。“三个面向”是对传统教育观念的一场革命，须对教育进行整体革命，而教育内容的改革又是整体改革的核心。一方面，他身体力行到全国各地宣讲和支持教育改革；另一方面又严肃批评相当多的地区和学校，不认真学习，不按要求去实践。他说，这些人心中有另外三个面向：一是面向升学率，二是面向竞赛率，三是面向创收率。他忧虑地说：“如果这样，‘三个面向’的教育思想要到何时才能落实呢?”并非什么教育都可以兴国，关键在把学生培养成为怎样的人，这是关系国家命运、人民幸福的根本大事，忽悠不得，虚伪不得，功利不得，精致的利己主义更是罪过。吕型伟同志 90 年代敢于直言的真挚情感仍然是今日的一面镜子，令人清醒，令人汗颜，更应深刻反思，拨正教育发展的方向。

20 世纪八九十年代，中小幼教师出书有一定困难，为了不让他们行之有效的办学经验与教学经验流失，上海市中小幼教师奖励基金会筹划出版《上海教育丛书》，组织一批老校长、老教师著书立说，与出版社联系资助出版。该套丛书吕型伟同志任主编，从策划、选题、组稿、催稿，到具体修改，他无不躬身参加、分析、指导，其认真、执着的精神令人叹服。我也被组织在写书之列。90 年代初，我患了严重的心脏病，常住医院诊治，说心里话，实在不想写。有次教师奖励基金会召开教育丛书组稿会，我也应邀参加。见组稿有一定难度，会议中间吕型伟同志看着我大声说："于漪，你不死就要把书写出来！"看到他那副神态，我感动了，他这位原市教育局的老领导，是在为我们教学第一线的教师作经验的积累和学术上的支撑，这份深厚情意与关怀期望，我们怎能无动于衷？参加会不是就事论事，而是受到一次教育。尽管我当时身体极差，但还是家里、病房，病房、家里，总算完成了《语文教学谈艺录》的写作任务。我深深体会到：做事难，做好事也难。出丛书碰到了阻力，吕型伟同志不改初衷，排除困难，执着追求，这种对工作高度负责的精神值得我们学习。

七十余年的教育生涯，吕型伟同志为教育、为教师、为学生做了许许多多好事，我接触不多，能表述的也微乎其微。吕型伟同志说，他喜欢龚自珍《己亥杂诗》第五首，其中有这样的诗句："落红不是无情物，化作春泥更护花。"他一辈子钟情基础教育，遗留下来的丰富的精神财富必能"化作春泥"，培育更多地为教育作奉献的校长、老师。

11.《岁月留痕》序[1]

资深教育记者金正扬同志将教育新闻的采访与写作的有关文章集成《岁月留痕》出版，嘱我写序，我深感荣幸。一睹文稿，我就情不自禁地回忆起初见他的岁月。往事并不如烟，留下的痕迹是那么清晰。

那是三十多年前的事。1978 年 12 月，我被评为首批特级教师。也许是幸运之神特别青睐，我清醒地认识到比我优秀的教师多得很，只是际遇造访，自己一定要清醒定位，努力奋斗，让偶然性为必然性开拓道路，不断缩短“实”与“名”的差距。为此，上海教育出版社甘雪娟同志遵从教育部门领导意见，多次来

[1] 本文是为《岁月留痕：教育新闻的采访与写作》写的序，上海社会科学院出版社 2013 年出版。

学校找我，要我把教学经验整理出书，宣传、推广。我自知只是经验碎片，难以担当重任，故一再婉言辞谢。一天，《上海教育》两名记者来听课，一位是徐金海，一位就是金正扬，听课后又说到写书一事，说由他们来写，我只要口说就行。看来再无法推脱，协商作了这样的安排：每周六下午我讲半天，二位记者带录音机来录，他们随时提问，我现场回答。这件事竟然坚持了一个学期。听我讲述时，不仅录音，金正扬同志总是认真做笔记。与此同时，他们还不断听我的课，开座谈会，听取以往的、在校的学生的意见。初识金正扬，他给我的印象是年轻，认真，一丝不苟，对交付的任务积极负责。

从那以后，由于教育事业的改革发展和语文教学规律的探索与研究，我们常来常往，成了好朋友。《岁月留痕》中所叙许多人和事我均亲见亲闻，倍感亲切。在三十多年的交往中，金正扬同志的执着追求、深入实践、勤奋开拓一直给我以深刻的教育。

在人生旅途上，能够最终领略美妙风景的必然是那些强烈渴望登顶并为之不懈跋涉的追寻者。是心灵的渴望，开阔了求索的视野；是心灵的飞翔，催进了奋进的脚步；是心灵的富有，孕育了人生的奇迹。一个人要创造人生的辉煌，首先要让心灵辉煌起来。金正扬同志深知其中奥秘，一辈子为此而追求。尽管童年岁月艰苦，少年生活十分拮据，心中埋下的梦想种子却不断在孕育，那就是对写作、对记者这一崇高职业的不懈追求。在每一个人生转折点上，都努力与笔杆子为伴，从稚嫩的校报记者到连队“文书”，从三尺讲台的锻炼到特殊环境中思想、文字的敲打，持之以恒地寻梦、追梦，最终梦想成真，成了一名真正的记者。人生在世，认准了高尚的目标，就应执着追求。执着是什么？是人生的境界，是一步步引导人迈向成功的阶梯。人在前行时，总会遇到坎坷，总会碰到意料之外的艰难困苦，“执着”犹如小草一样，不惧千斤磐石的重压，仍然顽强地亮出自己的生命底色。金正扬同志数十年执着追求，顽强拼搏，造就了他当记者的丰硕的文字成果。

无论从事什么职业，高高在上，脱离实际，说的话必然落不了地，写的文章乃文字游戏，于事无益。当记者深入实际至为重要。深入实际，腿勤、口勤，亲见亲历，才能从教育第一线获得鲜活的、生动的报道资源。为写而写，官样文章，难以引起读者的共鸣。教育新闻，教育报道，要写得吸引人、启迪人、震撼人的心灵十分不易，它没有爆炸新闻吸人眼球，没有惊天动地之举敲击人心，它是谦和中显正气，平凡中寓伟大，柔性中见刚强，天理人情孕育其中，爱的暖流潜滋暗长。它的动人靠的是深邃的思想、精辟的见解、奉献的精神、崇高的境界。要写到这个份儿上，靠拍脑袋、靠文字排列组合显然不行，得沉到教育实践中，眼看、耳闻、感受、体验，占有办学、育人等第一手资料，提炼、锤打，去粗取精，去伪存真，由此及彼，由表及里，方能形成报道佳作。金正扬同志当记者、做编辑，信奉深入实际的真经，跑基层，听课，开座谈会，调查研究，倾听来自各方面的意见，已形成习惯。因此，他的报道、他的教育评论总是时效性强、针对性强，带着教育生活的露水，受到读者的青睐。

如把语文课上得有味的问题，金正扬同志早在三十多年前就发表教育评论，至今仍是须直面的认真克服的难题。评论文章的形成不是主观臆断，而是来自较多的听课实践，较多的对师生教学的观察领悟。课上得有味，学生学习积极性就高涨，就主动。“有味”既不是故作高深，也不是庸俗贫嘴，而是遵循学生认知规律，彰显语言文字个性，激发学生学习语文的兴趣，指导他们有效的学习方法，关注他们个性的发展。显然，深入实践不是一般的方法问题，而是一种素质，一种责任。心寄托在教育事业上，脚就会立即跟上，不辞辛苦，不怕艰苦，跑出思想，跑出精神。

当一名记者不仅要勤奋，而且要别具眼光，开拓创新。勤奋不只是拼时间、拼精力，更重要的是用脑子。不动脑筋的“勤奋”就好比把许多“零”加起来，其结果仍是“零”。金正扬同志的勤奋是与开拓创新结合在一起的，不断拓展报道新领域，编辑新方向。从结集的文章来看，不仅采访了一些重量级的教育人物，而且普教的中学、小学、幼教，城区的、农村的方方面面的人与事均囊括其中。基础教育几十年改革的踪迹可从中辨识。20 世纪 90 年代初，《邓小平文选》第三卷出版，在组织学习之时，《教育参考》杂志立即组织编写学习邓小平教育思想专刊，对推动学习起了积极作用。又如，从报刊社领导岗位退下来后，创办《语言文字周报·双语周刊》，办得有声有色，深得小读者欢迎。特别是世博会期间，开展了“世博心语日记本”的传递活动，凝聚人心，充满创意。金正扬同志的勤奋不仅表现在业务的开拓，而且在如何采访、如何写稿上下工夫，这大概与从小爱好写作的渊源密不可分。

《岁月留痕》汇聚作者数十年教育新闻采访与写作的心血与智慧，是职业生涯的美好展示，更是对后来者的无声启迪，一定会受到读者的喜爱。

12. 编者手记之六

兰保民

阅读本辑收录的 11 篇文章，思绪常常会随着于漪老师深情的回忆和娓娓的叙述而悠悠荡开，仿佛眼前就站着她所回忆的人，仿佛立刻就进入了她所描述的那些鲜活的场景中，仿佛正经历着她所叙述的那些难以忘怀的往事。课堂上播撒成长良种的恩师，对基础教育饱含深厚情意与关怀期望的教育局老领导；点点灯光里莘莘学子刻苦读书的情景，人大会议上她与人大代表们为教育经费而力争、为教育立法而热烈讨论、为校舍改造而陈词的场面，还有那些深入校园采访报道的记者们，当然，还有教学生命的第二个春天到来时她自己怀着激动喜悦的心情全身心投入到教育教学改革中的切实行动。所有这些，从一位完整经历了新中国基础教育发展全过程的杰出教师和教育家的笔下写出来，其意义恐怕不仅仅在于对往事的回忆和对人际情缘的珍惜了吧。因为对于一位终生从教的教育家来说，她的经历中必然蕴藏着发人深思的教育密码，她的记忆里必然隐藏着深沉丰富的人生感喟，她的叙述中必然珍藏着割舍不断的生命情缘！

从笔调和写法上来看，本辑中的文章与其他文章相比，有明显不同。如果说前几辑里的文章是于漪老师作为一位教育家的审视、沉思、呼吁与呐喊的话，那么本辑里的这些文章则是一个老教师的生命自叙，她在叙说着自己的人生经历，叙说着自己的从教心路，叙说着自己的使命和感悟，笔调因而也就随着她的叙述时而沉静，时而激昂，清晰而又温暖，明朗而又深情。因此，带给人们的阅读体验与前几辑中的文章相比也多有不同，这里的一个个教育故事令人读来欲罢不能，一个个人物令人心生敬佩，一个个场景令人感到如在眼前，仿佛读记叙文那样生动鲜活，仿佛读散文一样灵动而又独特。

但是，这些生动鲜活、灵动而又独特的叙述，却有着丰富的包孕力，等待人们去充分解读，深入挖掘。比如在《课堂春秋忆恩师》一文中，于漪老师写到了自己读中学时赵继武老师的三件事。“茕”字的写法，伴着笔直的身体姿势和铿锵的话语——“穷，也要站得笔直”，深入学生心中；调动满腹的学问，用家乡话教辛弃疾的词作，不仅能让学生当堂成诵，而且既激发了学生的忧国忧民之情，又让学生爱上了辛词；一则风趣巧妙的习作评语，既宽慰了一颗年少气盛的心，又保护并激发了一腔求知向道的热情。所有这些往事的回忆，既包含着对恩师的深深感念之情，对老师传递给自己的生命精神的深刻体认，同时又让我们认识到，教育的真谛就像一颗火种一样，一代代优秀教师就是通过课堂教学，通过言传身教，把这颗火种播撒到学生的心中。我们现在不是仍然在讨论学科德育的有效性问题吗？我们现在不是依然呼吁教师要提升文化素养吗？我们现在不是还在强调教学如何做到“春风化雨，润物无声”吗？于漪老师从赵继武老师那里感悟到了前辈优秀教师埋藏在自己心中的教育良种，并通过自己的实践与思考将其发扬光大。因此，这些文章同时在启发我们这样一个道理：我们现在如何教书育人，不仅仅关乎一代学生的成长，还关乎教育教学真精神的留存，关乎教育真谛之火种的传递。

本辑中11篇文章所写的其他内容同样如此，无论是她少年到青年时期求学读书的往事，还是她在教书育人之路上探索跋涉的足迹，抑或是她与社会各界人士交往、履行人民代表使命与责任等诸多难以忘怀的故事，其中都蕴含着丰富的内容，需要我们仔细咀嚼，用心体会。

如水于漪

（代编后记）

2013年暑假期间，于漪老师给我打电话，请我把她近几年发表的文章和部分演讲稿编辑整理一下，准备出版，在电话里还一个劲儿地说给我添麻烦了，此后每次见面，也总是这么说。实际我哪里有什么麻烦，所有文章和演讲稿都是于老师自己收集准备好的，然后请李吉林老师输入电脑里，我是坐享其成，只需把这些文章分分类，编编顺序，再给每一章节写个编者手记，就万事大吉了。其实，这样的事情，对于老师来说，很快就可以搞定，而且从体例架构的完备度、篇目归类的准确性等方面，与我现在做出来的样子相比，完全可以做得更好。之所以让我来做，实在是出于她一贯提携后学的一片热心啊！这一用意，于老师当然不会说出来，但我心里怎么会不知道呢？因为著作对于作者来说，是自己的精神产儿，谁不希望自己辛辛苦苦的思想结晶更加完美呢？更何况，于漪老师著作的出版，并不仅仅是她自己的事，其意义还关乎新中国成立以来基础教育和语文教学的历史、现实和未来，关乎当前的课程改革和教育发展，每思及此，我心中就会充满警惧，深知自己本来就水平不高，唯恐再不用心，那罪过可就大了。

在编辑过程中当然少不了和于老师就一些具体事宜进行沟通，提出我的想法，征询老先生的意见。大到整套书的呈现形式，小到某个词语的定夺，总之不管我提出什么想法来，老先生总是认可、赞同的，那种宽容、信任和期许，既鼓舞了我的自信，又解放了我的手脚，还让我心里暖融融、跃跃然，整个编辑过程的体验，真的是舒爽极了！当我把编辑成型后的书稿呈交于老师时，老先生竟然极力称赞，夸我做事用心，内容编排得好，当然还少不了那句“添麻烦”的话。我听出了那些温热话语里的鼓励之意，而在心里，则是感激与惭愧交并，感动与感悟共生。

于漪老师谈及课堂教学时，经常说“课要上得一清如水”；谈到教师的知识储备，她早先说“要给学生一杯水，教师先要有一桶水”，后来又把“一桶水”发展为“长流水”；在谈到教育的功能时，她非常喜欢用“滴灌”这个词，“滴灌学生的心灵”，“滴灌学生的智性和德行”，类似的话，在她的文章里也好，演讲中也好，总是经常出现的，也还离不开一个“水”字。我常常想，于漪老师的教育思想、语文思想，假如方之于物，什么才是最合适的呢？想来想去，其实就是这个“水”字。不知道是不是巧合，于漪老师的名字里也有“水”；漪者，波纹也，风生而水起，水动而波兴，感天地之气息，动于中而形于外，遂至荡漾迭推，绵延广被。

水是至纯的，真正的教育就应该如水，纯粹洁净，远离污染，拒绝添加剂。唯其如水，方能涓涓滴滴，润泽心灵；唯其如水，方能载歌载舞，使粗糙的石头变成美丽的鹅卵石。在我看来，于漪老师的教育观，其实说到底两个字，一个就是“爱”，一个就是“人”，合在一起就是“仁者爱人”。用于漪老师的话说，教育就是用满腔热情满腔爱去帮助每一个学生实现精神的提升，生命的发展；做教师就是要做一个能爱人、会爱人，把学生生命的发展时时刻刻放在心上，用自己的生命去撬动、提升的“仁者”。于漪老师的教育思想，就是回归到教育的最真纯、最彻底的本原的一系列实践经验和思考结晶，由此生发出她的学生观、教师观、学校观、课程观、质量观等等。而反观当前教育中出现的种种不良现象，分数至上，名利为先，口号横飞，西语肆虐，这些被有意无意掺入的功利因素，使教育就如同纯水勾兑上了果味剂、甜蜜素、酒精、柠檬酸钠、咖啡因，变成了啤酒、可乐、果粒橙，乍饮爽口，常饮伤身。教育如水，水是生命之源，如水的教育才是生命须臾不可缺少的。

对于自己的教育思想，对于自己的语文思想，于漪老师从来不提什么口号，也反对那些乱提口号的做法。而对于别人硬贴给自己的什么“情感派”之类的标签，对不起，敬谢不敏，“敬谢”是真的，“不敏”显然是谦词。其实，不管是“情感派”，或者其他什么名头，哪里能够准确概括其全部呢？在这一点上，我说于漪老师同样如水，因为她唯真唯实唯善唯美，兼容并蓄，广采博收，遂至浩浩荡荡，无际无涯。古代哲人老子尚水，他说“上善若水”，他所追求的“道”就是无可名状的——“道可道，非常道；名可名，非常名。”实际上，如果以教育教学的真理为毕生追求，确实是无需什么名号和标签的。只有那些急于推销自己，企图在市场上占一定份额的饮用水生产商，才会打出“某某山泉”或“某某活源”的名头。

于老师的思想并非一成不变，而是始终与时俱进，不断发展，因为她始终开掘时代的、文化的“源头活水”，是“长流水”。她以对教育教学的本质思考和学理探寻为经，以教育教学的现实问题为纬，在学校教育、语文教学和教师教育的实践大地上不断探索，因此永葆时代的气息和青春的活力。正因为如此，所以在她的文章、著作和演讲中，始终荡漾着基础教育和语文教学的天光云影。比如，在工具主义盛行的80年代，她针对时弊，提出“既教文，又教人”的观点，在语文学科本质属性模糊不清的90年代，她旗帜鲜明地倡言“弘扬人文，改革弊端”，直接影响了新世纪语文课程标准对语文学科性质的界定。

说“于漪如水”，还有许多可说的话，如她的实践品质，她的教育智慧，她的人格风范，她的话语特征，等等。在我看来，无不如海浩博，如江奔涌，如泉温润，这里我就不再更为具体地多说什么了。一是我没有作出精彩、深刻评论的能力和水平，因此即便再怎么说，可能依然免不了流于表相，甚至还可能只是唱一些赞歌而已，而对于老师来说，赞歌是苍白无力的，徒增赘疣而已。二是每一章节的“编者手记”里我也写了一些感想，虽然不一定真的能够达到于老师思想之堂奥，却都是我仔细研读后的真实想法和内心感受。三是我总坚持认为，于老师的文章也好，书籍也罢，或者她的演讲、报告，最好的学习方法还是读原文、读原书，甚至是进现场，因为在原文、原书或者现场里有一股于漪老师独有的“精气神”，一加置喙，那股“精气神”往往就少了不少。

是啊，江河湖海一旦纳之于沟渠堤坝，焉能期其奔涌哉！其实，这正是“于漪研究”的难点之一。期待读者能够在阅读于漪老师的著作时，把这股“精气神”运用到自己身上，更期待优秀的“于漪研究”成果能够不断形成，为于漪老师所属望的“建设中国本土教育学”做贡献。

兰保民

2014年2月7日